U0875005

南京市中华中学教育探索与实践丛书

编委会

主编　毕泳慈　徐　飞

编委　毕泳慈　徐　飞　李　兵
邓　葵　宋　辉　王圣华
周立新　李朝军　钱　华
陈晓浒

国家社会科学基金课题“普通高中学生批判性思维培养研究”研究成果

南京市中华中学教育探索与实践丛书

批判性思维与中学学科教学融合研究

PIPANXING SIWEI YU
ZHONGXUE XUEKE JIAOXUE RONGHE YANJIU

主编◎徐　飞　姚发权

中国科学技术大学出版社

内 容 简 介

本书包含基础理论、学科融合和实践案例三个部分。“理论基础”部分阐述了普通高中学生批判性思维培养的理论和实施策略；“学科融合”部分对批判性思维在高中各学科教学中的教法进行了思考与总结；“实践案例”部分提供了一批经过实践检验，具有很强操作性的教学案例。本书代表目前国内普通高中批判性思维培养研究的较高水平，可供同类中学的教师在工作中参考使用，也可作为师范院校师生教学资料，并可为高校、科研院所的相关研究提供基于实践的参考材料。

图书在版编目(CIP)数据

批判性思维与中学学科教学融合研究/徐飞，姚发权主编．—合肥：中国科学技术大学出版社，2020.4

(南京市中华中学教育探索与实践丛书)

ISBN 978-7-312-04820-3

Ⅰ．批…　Ⅱ．①徐…　②姚…　Ⅲ．中学—教学研究
Ⅳ．G632.0

中国版本图书馆 CIP 数据核字(2019)第 269435 号

出版　中国科学技术大学出版社
安徽省合肥市金寨路 96 号，230026
http://press.ustc.edu.cn
https://zgkxjsdxcbs.tmall.com

印刷　合肥市宏基印刷有限公司

发行　中国科学技术大学出版社

经销　全国新华书店

开本　880 mm×1230 mm　1/32

印张　11.625

字数　345 千

版次　2020 年 4 月第 1 版

印次　2020 年 4 月第 1 次印刷

定价　50.00 元

序 言

“批判性思维”已经成为当今时代的重要文化概念之一。互联网上“批判性思维”的条目数以万计，其英文形式“critical thinking”的条目更是多达数百万。批判性思维的意义是巨大的，它是一个和谐社会民主法治精神和科学精神不可或缺的基础。多拉·蒙维尔指出：“批判性思维和创造性思维是推动知识社会前进的主要动力。”查斯·翰迪在《思想者》中指出：“如果不对假定的前提进行检验，将它们束之高阁，社会就会陷入僵化，信仰就会变成教条，想象就会变得呆滞，智慧就会陷入贫乏。社会如果躺在无人质疑的教条的温床上睡大觉，就有可能渐渐烂掉。要激励想象，运用智慧，防止精神生活陷入贫瘠，要使对真理的追求，或者对正义的追求、对自我实现的追求持之以恒，就必须对假设质疑，向前提挑战，至少应做到足以推动社会前进的水平。”批判性思维的意义和价值突出表现在教育领域。爱因斯坦说：“学校的目标在于培养独立行动和独立思考的人。”哈佛大学校长福斯特说得更加干脆：“教育的目标就是要让学生能够识别这个世界上有人在胡说八道。”社会学家萨姆纳说：“批判性能力教育是唯一真正称得上培养好公民的教育。”正因为这样，在20世纪40年代，批判性思维是被用于标示美国教育改革的一个主题；70年代，批判性思维成为美国教育改革的焦点；80年代，批判性思维成为美国教育改革的核心概念。我国的批判性思维研究和批判性思维教育起步较晚，但发展较快。理论的引领和实践的启迪都告诉我们，批判性思维教育是教育进步的康庄大道。南京市中华中学的批判性思维教育实践正是一个成功的典范，他们的经验给我们带来许多生动的启示。

一、在简易与丰繁之间保持一种张力

理解批判性思维教育，首先要理解批判性思维，准确把握“批判性思维”的内涵与本质特征。批判性思维是以逻辑思维为核心的一种综合思维，是一种崇尚人类理性的精神气质。这种精神气质表现为好奇、怀疑、审慎的心态，不轻信、不盲从；崇尚真理和精神独立，追求正确性和合理性；崇尚思想开放，多元价值取向兼容。约翰·查菲教授提出了批判性思维应当特别关注的14类问题：① 问题和结论是什么？② 理由是什么？③ 哪些词语的意义模糊不清？④ 价值冲突和假设是什么？⑤ 描述性假设是什么？⑥ 论据是什么？⑦ 抽样选择是否典型？衡量标准是否有效？⑧ 是否存在竞争性假说？⑨ 统计推理是否错误？⑩ 类比是否贴切中肯？⑪ 推理中是否存在错误？⑫ 重要的信息资料有没有遗漏？⑬ 哪些结论能与有利的论据相容不悖？⑭ 争论中的价值偏好是什么？中华中学的老师们把握了这些内涵和特点，他们的批判性思维教育就是丰富的、有深度的。然而，这么多的内涵往往令人眼花缭乱。如果将这些内涵一下子全部灌输给学生，学生将更不知所措。

中华中学的老师们清醒地意识到了这一问题。他们认为，只有从简易入手，才能顺利地开展批判性思维教育。要简易，就必须把握批判性思维最本质的内容。在研究批判性思维的过程中，他们把握了批判性思维的本质，那就是“反思”。美国教育家杜威较早提出了批判性思维（又称反省性思维）的定义：“反省性思维是对任何信念或被假定的知识形式及其支持理由和它所指向的进一步的结论进行的能动持续而细致的思考。”引用较多的是恩尼思的定义：“批判性思维是聚焦于决定相信什么和做什么的合理的反思性思维。”最简洁的当属麦克·派克的定义：“批判性思维是一种反思的倾向和技巧。”我们看到，在这几个有代表性的定义中，“反思”或“反省”是批判性思维根本性的特点。所谓反思，就是对思想或思维进行思考。或者说，反思就是以思维为对象的思考。要反思，就要从质疑开始。中华中学的批判性思维教育就从质疑起步了。当学生开始质疑一个判断或一种说法的时候，他就已经是在进行批判性思维了，就已经在独立思考了。批判性思维的要义就是，任何思想都没有不受到质疑的豁免权，任何思想都有为自己辩护的权利。逐渐地，学生们爱问问题了，思想越来越活跃。课题组主持人徐飞在《中国教育报》发表的文章，题目是《会质疑、重实证、讲逻辑》，将"质疑"放在了首要的位置。文章说："从根本上说，批判性思维是把一切置于理性范畴内加以检省和评判的意识和能力，是通过理解、质疑、逻辑地考察论据和论证的合理性从而决定应当相信什么或不信什么的思维。"夏新峰老师说："质疑是觉悟的开始，而只有觉悟才能进步。"

为了使学生敢于质疑，中华中学的老师们启发学生不迷信权威："科学以求真为要务，而结论的真要用证据与逻辑来支撑，即使权威者的德性不容怀疑，那也不是一个结论为真的保证。更何况权威只有优异的判断力，只是比常人更高概率地察觉到事物的真相，但低概率的误判也是客观存在的，这就是权威完全可以被批评质疑的基本理由。我们讲批评质疑是科学精神的核心，基本的思路即是：科学认识求真的追求，要求包括学生在内的认识者具有实事求是的品格；一个结论是否正确，只能拿证据和逻辑说话，即使是权威的结论也同样可以批评和质疑。"

为了培养学生的质疑习惯，中华中学的老师们让学生了解质疑在科学发展中的重要价值。"光速有限"的发现让人们对"空间相对，运动相对"的观点产生了疑惑：既然运动都是相对的，那光速对于不同的人来说就应该是不一样的，可无论观测者怎样运动，光速都是一样的。这是怎么回事呢？于是爱因斯坦挖掘出经典物理学所使用的"同时性的绝对性"的不当预设，问题迎刃而解。根据牛顿的"万有引力"学说，如果太阳突然消失，那地球瞬间就失去了太阳引力而停止公转，可诡异的是，由于光速有限，我们还能看见太阳留在空中，直到8分钟后才消失。这让相对论很头疼，于是爱因斯坦将"狭义相对论"发展到"广义相对论"。

就这样，他们一步一步地、一点一点地展开批判性思维教育。既教学生质疑结论，又教学生质疑前提甚至是隐含的前提；既教学生反思推理论证的过程，又教学生思考其他可能性论断；既培养学生批判性思维的能力，也培养学生批判性思维的精神气质。而在整个过程中，又始终把握着质疑和反思这一批判性思维的本质。也就是说，始终在简单与丰富、浅易与深刻之间保持一种张力。

随着批判性思维越来越受到重视而成为一种时尚的概念，有些研究者有意无意地将许多东西置于批判性思维的名下，从而将批判性思维人为地复杂起来。通道必简，把握最简单的东西才能以简驭繁。如果要概括批判性思维的内涵，我赞成南京大学张建军教授的提炼，那就是“合理怀疑，合理置信”。

二、渗透到具体的学科教学中去

课堂教学是教育的主渠道，批判性思维教育同样如此。我们可以开设专门的批判性思维课程，将批判性思维渗透融合到具体的学科教学中去，在日常的课堂教学中培养学生的批判性思维，更是批判性思维教育不可或缺且行之有效的途径。中华中学的批判性思维教育遍及每一个学科。

将批判性思维渗透到具体的学科教学中，批判性思维既是目的，又是手段。目的是说，通过学科教学培养学生的批判性思维；手段是说，批判性思维本身就是一种教学思想、教学策略、教学方法。通过引导学生的批判性思维，可以使学生将某个学科学得更好。如果不能促进某学科的教学，批判性思维教育就成了一种负担，教师就不可能有批判性思维教育的自觉。中华中学的老师们在课堂教学中，鼓励学生提问质疑，鼓励他们发表自己的意见，有时精心创设问题情境组织学生讨论，使他们在不同的意见中相互启发，集思广益，从而培养学生全面思考问题的习惯和能力。有时，教师故意示错，或有意留下漏洞让学生去发现，或适当布置一些改错题。这样学生在学习过程中就会有意识地注意老师是不是有错误，会主动去探索、去发现、去解决。这样，学生会将学科学得更好。例如，在“直线与平面垂直的判定定理”的教学中，数学老师设置如下问题：平面内任意一条直线和已知直线垂直，为什么不能证明这条直线和这个平面垂直？如果平面内有两条直线和已知直线垂直，能够判定这条直线和这个平面垂直吗？如果平面内有无数条直线和已知直线垂直，是否可以证明这条直线和这个平面垂直？在学生的质疑争论中，逐渐明晰，最终确定正确结论：如果一条直线和一个平面内两条相交直线垂直，那么这条直线和这个平面垂直。

将批判性思维渗透到具体的学科教学中，教材就是很好的批判性思维教育资源。例如，历史教师引导学生思考“汉武帝巩固大一统王朝”的章节，“雄才大略”的汉武帝造就了封建时代的鼎盛局面，那为何还会发布《轮台罪己诏》？汉武帝穷兵黩武，为何被称为“雄才大略”？汉武帝有无下诏？是不是在轮台下的《罪己诏》？今天所熟知的“雄才大略”的评论来自班固《汉书·武帝纪》，那么问题是班固的评论“雄才大略”究竟意在何处？班固的评价有一个特点叫抽象肯定，具体否定，抽象说他雄才大略，但是具体在论述的时候，只讲汉武帝的文治，不提汉武帝的武功，而不提的本身就是一种委婉的批评。至于汉武帝发布《轮台罪己诏》，事实是汉武帝确实下过《轮台诏》，历史上评价也很高，毕竟这是来自一个至高无上的皇帝的自我批评。但在这个诏书里汉武帝说的最严重的话只是说自己不够明智，自己常常背痛，并没有罪己。但历史说罪己是有证据的，汉武帝确实说过罪己的话：“朕即位以来，所为狂悖，使天下愁苦，不乐追悔。自今事有伤害百姓，靡费天下者，悉罢之。”可这段话不是在轮台说的。所以，“轮台罪己诏”的说法，还需画一个问号。批判性思维教育需要生动的案例，这些案例可以来自历史故事，可以来自社会生活。然而，教材才是最好的批判性思维教育资源。因为教材本身就是教学活动不可或缺的要素。就教材中的内容展开批判性思维，最直接、最自然、最有效。就教材中的内容展开批判性思维，其实就是以一种全新的思想方法来解释教材、分析教材、理解教材。如果我们只能用别人用过的案例来教批判性思维，却不能用批判性思维来分析教材，这样的教学、这样的批判性思维教育就始终隔着一层纱。如果说以批判性思维来解释教材是“我注六经”，那么，将教材作为批判性思维教育资源，就是“六经注我”。只有“我注六经”恰到好处，才有自然而然的“六经注我”。

将批判性思维渗透到具体的学科教学中，一定要有好课。好课，是教师教学成功的根本，也是批判性思维教育成功的根本。上好课，是教师的本分。能上好课，能上具有典范意义和推广意义的好课，是教师发展的主要方向。与论文或课题相比，好课更为本质，因而重要得多。如果不能上好课，论文再多也不是好教师。能上好课的教师，写论文更有真知灼见。好课也是评价教育教学课题是否成功的硬标准。如果一个课题没有好课，论文再多，也不算成功。上好课，是中华中学老师们批判性思维教育的明确追求。仅 2017 年 10 月的一次全国性的活动中，他们一下子就拿出了 9 个学科的 18 节好课。我本人听了两节语文课，都是很好的课，都是很好的语文课，都是很好的批判性思维教育课，都是具有典范意义的、可以在全国推广的好课。听了这样的课，推广批判性思维教育就有底气。如果有人问我，批判性思维教育的语文课应当怎么上？我就可以理直气壮地说，就像南京的谢老师和徐老师那样上。批判性思维教育的好课标准是什么？那就是批判性思维的方法与具体的学科、具体的教学内容结合得自然，丝丝入扣，水乳交融，浑然一体。

中华中学的批判性思维教育有自己更具体的好课标准。一是授课范式。例如徐飞老师在语文教学中提出了“质疑-共解”模式，质疑包括自读、交流和提问三个环节，共解包括整合、求解和共识三个环节。二是融合程度。教学内容，要考虑学生的需要、教材的要求和文本的特点。教学方法，要看是否创造主动学习的环境，是否激发学生的好奇心，是否提出学生无法立即解决的问题，是否鼓励学生有效地思考，是否帮助学生找到解决问题的不同方法。三是提问技巧。例如，“为什么你是这么想的呢?”“你能够想出构成这些信念的事情吗?”“你为什么相信这一点呢?”“人们相信这一点的理由有哪些呢?”“你是如何看待这种对立观点的?”“相信这一结果将会怎么样?”“为了付诸实践我们应该做什么?”之类的问题。四是目标达成。一看学科目标的达成度,二看批判性思维的训练力和发展度。

三、逻辑是批判性思维的核心

批判性思维与逻辑的关系,是批判性思维研究和批判性思维教育的一个根本性的重大问题。批判性思维研究当然不仅是逻辑研究,它要比逻辑研究更丰富,要具体问题具体分析。逻辑的根本在于前提到结论的推理有效性,一般不管前提或结论的真假。批判性思维不仅要关注推理是否有效,也要关注结论的真假或前提的真假,甚至是隐含前提的真假。但批判性思维的核心是逻辑,其主要内容是论证的评估和论证的建构。论证是逻辑推理的应用,对概念的审查是明确概念的逻辑方法,批判性思维属于逻辑应用的范畴。

我国的某些批判性思维研究和批判性思维教育,有淡化逻辑的倾向。这既与批判性思维教育培植理性精神的文化诉求背道而驰,也有违批判性思维能力和精神气质形成和发展的内在机理和规律。批判性思维需要弹性,更需要刚性。失去了刚性,弹性会变成随意性。从根本上说,批判性思维所追求的知识信念和所彰显的人类理性正来自逻辑。

逻辑的意义或价值就在于它是对人类的知识信念进行合理反思的基本工具。即人们凭什么相信一个命题或一句话是真的?事实命题可以靠眼见为实,价值命题呢?何况每个人的生活时空都有限,那些没有耳闻目睹的事实命题怎么办?再进一步说,眼见也不一定为实,因为事情有假象,人类有错觉。知识信念必须建立在论证的基础之上。也就是说,你要人们相信一个命题或一个思想是真的,必须要靠论证,必须要提供充分的理由,这些理由又必须能够支持你的观点或命题,而论证就要靠推理。亚里士多德的伟大贡献就在于研究和整理了推理形式,告诉我们什么样的推理形式是有效的,什么样的推理形式是无效的。所谓推理形式有效,就是只要前提真,那么结论一定真,这就是从前提到结论的保真性。逻辑是人类长期思维实践最重要的经验总结和理论成果，是人类智慧最深刻的体现，是人类文化的一个根。

有人说："逻辑只能求真，不能确定某个命题是假的，不能用于反驳。"这是对逻辑的误解。逻辑从前提到结论的保真性，同时就意味着从结论到前提的保假性。也就是说，只要推理形式有效，如果结论虚假，那么一定有虚假前提。例如，人们质疑和反驳南京彭宇案法官断案的大前提，就是靠了逻辑从结论到前提的保假性。法官问彭宇："不是你撞的，你为什么救她？"这里有一个隐含的大前提"凡救人者都是作案者"。该大前提只要一个反例就能驳倒。"凡救人者都是作案者，张三是救人者，所以张三是作案者。"如果张三事实上是一个见义勇为的人，即上述三段论推理结论虚假。根据逻辑从结论到前提的保假性，则法官的大前提虚假。逻辑从前提到结论的"保真性"和同时所具有的从结论到前提的"保假性"，都是质疑和评估论证的必要条件。正因为逻辑在批判性思维中的核心地位，杜威甚至在一个注释中说，他用"推理"这个词表达他所谓的批判性思维或反省性思维。有人说："仅仅依靠逻辑推理可以解决的问题是非常有限的，往往是一些并不重要的小事情。"这是用稻草人的谬误来排斥逻辑。所谓"仅仅依靠逻辑推理解决问题"就是一个稻草人。谁讲过仅仅靠逻辑就能够解决大问题呢？谁讲过逻辑是正确思维的充分条件呢？我们说逻辑重要，是说逻辑是正确思维的必要条件。换言之，离开了逻辑，就不可能有正确的思维。"仅仅靠什么解决问题"，这是很奇怪的思维方式。无论多么重要的事物，"仅仅"靠它，能解决的问题当然非常有限。

南京中华中学的批判性思维搞得好，一个鲜明的特点就是重视逻辑。上文我们说到，课题组报告的题目就是《会质疑、重实证、讲逻辑》。在这里，逻辑有根本性的地位。学校开风气之先，直接为高中生讲逻辑，作为校本必修课，去年开了 7 个课时，今年发展到 15 个课时。学校领导之所以舍得花时间开逻辑课，是由于他们认为，教学生学逻辑，是批判性思维卓有成效的根本举措和最佳策略。逻辑理性的培养，不仅对学生的终身发展意义深刻，而且在当下就能有效地改善学生的思维品质，促进各门功课的学习。老师们说，引导学生学好逻辑，培养批判性思维素养，获得的高分是“绿色分数”，与通过题海战术提升成绩有本质上的天壤之别。

中华中学的批判性思维教育重逻辑，有一个很好的条件：课题主持人徐飞老师是从喜欢逻辑进而喜欢批判性思维的。徐老师有很扎实的逻辑学功底和良好的逻辑思维品质。他的论文思路清晰缜密，词句精准，字里行间有很强的逻辑性。他能深入浅出地为高中生开逻辑课，对文本的逻辑解读令不少逻辑学教授耳目一新。这与那些没有逻辑根基的教师搞批判性思维研究和批判性思维教育有很大区别。中华中学批判性思维教育的经验告诉我们，要研究批判性思维，要搞批判性思维教育，教师必须懂逻辑。没有逻辑基础或逻辑基础不扎实的教师应当补逻辑课。这样，批判性思维研究和批判性思维教育方能事半功倍。当前国内批判性思维的培训也应当改变逻辑缺位的状况。须知，国外高校批判性思维课程的受众一般都具备逻辑学的基础。

四、思维的发展是最重要的发展

中华中学从 2012 年开始批判性思维教育实践，先是省级课题，然后发展为国家社会科学基金项目。批判性思维教育促进了学生综合素质的提升。虽然目前尚无条件和工具进行大规模测试证明学生批判性思维素养的提升以及这种提升与其他方面成绩的内在联系，但学生接受批判性思维培养后的一些积极改变是可见可描述的：学生课堂主动提问的频次和质量有很大程度的提高；表现出强烈的质疑、举证和说理的意识，以及接受不同观点的开放性和矫正或改进观点的自觉性。学生在数理化、信息、英语等学科竞赛中获得的奖项更多，奖次更高，2016 年至 2017 年，获得国家级奖项 55 项，省级奖项 92 项。近年来学校连续有学生获得青少年科技创新发明奖，其中 2017 届袁逸凡同学发明的“防回火的火箭发动机”获得了国家专利。在考验逻辑思维以及思辨与表达的活动中学生表现不俗，在南京市中学生五四辩论赛中多次闯入半决赛和决赛，屡次获得特等奖和一等奖。

参加“扬子晚报”杯作文比赛，高中组进入复赛人数占全国进入复赛人数的20%，最终获奖人数占第一。在侧重考查学生逻辑思维和综合创新能力的高校自主招生、综合评价等项目中表现更为突出，2017年高校招生中，中华中学学生在综合评价录取中获南京市第一名。学校高考成绩总体稳步上升的同时，高分学生人数明显增多，2016年到2017年，学校相继出现3名南京市文理科前四名的学生。学生毕业后仍能感到批判性思维的深刻影响。进入高校的学生说：“在中华中学形成的思维习惯让我很快适应大学的学习，我更容易发现问题，更知道独立思考、不断追问，然后找到探究的方向。”学生发展的背后是教师的发展，因为批判性思维教育的前提是教师首先学习批判性思维，提升自己的教学思想。在批判性思维教育的实践中，老师们可以不断地总结经验，并将实践经验上升到理论。这些经验和理论就是教育的真知灼见。这些经验和理论又引导老师们改进批判性思维教育，从而形成一种教学相长的良性循环，几年来，仅公开展示的优秀课例就有30多个。实践和思考促进了教师的科研，仅公开发表的批判性思维教育论文就有50多篇。批判性思维教育的种子教师已有12名。

为什么中华中学的批判性思维教育有这样了不起的成效？因为思维素养是人的综合素养中最重要的根本性的素养。人是思维的动物，思维是人区别于其他动物的根本标志。帕斯卡尔说：“人是能思想的苇草。”笛卡儿说：“我思故我在。”恩格斯把思维比作地球上最美的花朵。依靠思维，人类发展科学技术，提高适应自然的能力。凭借思维，人类形成社会契约，构建和谐关系。正是思维使人成为万物的灵长。瘫痪在轮椅上的霍金是一位伟人，是人类与宇宙对话的代表，他凭借的就是思想的力量、思维的力量。爱迪生说：“文明社会最重要的任务是教会人们思考。”发展思维应当是教育永恒的主题。我们说批判性思维教育是教育进步的康庄大道，其深层的理由就在这里。

思维的发展已经作为核心素养提出，因为思维素质是最重要的素质。离开了思维，语文就是一堆没有生命活力的词句和文化碎片，数理化就是一些僵死的公式，连音乐和美术都会因浅薄而失去艺术生命和审美趣味。审美是感性和理性的统一。一个“审”字，揭示了“审美”的理性思辨色彩和深刻内涵。我们说批判性思维是教育进步的康庄大道，其教育的内在规律和理由就在这里。

倡导思维，还因为我们的教育、我们的课程改革曾经忽视思维的发展。以语文为例，课程标准强调感性而淡化理性，重体验而轻理解，只谈独特体验而不谈独立见解，知识的相互联系和系统化被作为错误加以否定。我们说批判性思维是教育进步的康庄大道，其历史的理由就在这里。

我们所处的时代，是一个浅阅读的时代、娱乐文化的时代。一百年前小赫胥黎《美丽的新世界》的预言正在变成现实：“人们只知道笑，却不再思考，并且不知道为什么不再思考。”面对这样的浅阅读和娱乐文化，难道我们的教育不应当给孩子们一些深刻理性吗？不然，谁来思考人类的终极关怀？谁来主张社会的公平正义？人们还能不能清醒地生活？我们说批判性思维是教育进步的康庄大道，其现实的理由就在这里。

批判性思维是发展思维的最佳方式。批判性思维是反思，属于高阶认知，有深度、有活力、有后劲，蕴含着逻辑理性，伴随着正义感和人格魅力。我们说批判性思维是教育进步的康庄大道，其直接的理由正在这里。

在人类的蒙昧时代，身强力壮就是幸福。随着人类社会的文明进步，思维发达、富有智慧的人更幸福。当人们的思维普遍得到相当发展的时候，善良而富有正义感的人最幸福。当然，当人们的思维和善良的德性都得到充分发展的时候，还是健康的人幸福指数最高。不过，这是后话。

中华中学《批判性思维与中学学科教学融合研究》即将付梓，值得祝贺，是为序。

江南大学教授
中国逻辑学会逻辑教育专业委员会主任
江苏省逻辑学会副会长
吴格明

前言

新一轮课程改革对高中生思维发展提出很高的要求。2016 年 9 月,中国学生发展核心素养研究成果发布会公布,18 个要点中与思维直接相关的至少有 5 个,分别是理性思维、批判质疑、勇于探究、勤于反思、问题解决。[①] 2017 年 9 月中共中央办公厅、国务院办公厅印发《关于深化教育体制机制改革的意见》,提出"关键能力"的概念,首先列出的就是独立思考、逻辑推理、信息加工等认知能力。[②] 2017 年底颁布的高中各学科课程标准亦是如此,例如《高中语文课程标准》中出现"思维"共 48 次,其中 3 次直接点出批判性思维。

这些高难度、系统性、项目化的思维要求如何落实?在求诸学科教学的同时不妨把目光投向批判性思维。

批判性思维是自觉通过理解、质疑、查证、推理等探究活动考察观点及其论证的可靠性从而决定应该信什么和做什么的思维。[③] 其基本要点是会质疑、重实证、讲逻辑。[④] 批判性思维和关键能力、核心

---

① 核心素养研究课题组.中国学生发展核心素养[J].中国教育学刊,2016(10):1-3.

② 中华人民共和国中央政府网站.http://www.gov.cn/xinwen/2017-09/24/content_5227267.htm.

③ 徐飞.批判性思维与学科教学融合:以高中语文为例[J].课程·教材·教法,2018(7):64.

④ 徐飞,李玲,张跃志.会质疑 重实证 讲逻辑:南京市中华中学"普通高中学生批判性思维培养研究"课题研究纪实[N].中国教育报,2017-10-24 (12).

素养的要目大量重合、高度相关。这意味着有可能开掘出和分科教学有所不同又相辅相成的思维培养方式——批判性思维整合。

不仅如此，批判性思维还是独立人格的保证、健康社会的基石。从个体看，面对海量的知识信息，只有拥有了"决定信什么和做什么"的批判性思维，"互联网＋"(或"＋互联网")下的学习才能成为高效率和有意义的学习，学生未来在纷繁复杂的信息社会才不会失去自我主导和理性引领，从而赢得人格的独立和尊严。从社会看，只有更多的公民具备一定的批判性思维能力，公共空间(如网络社区)才能少一些不负责任的发布、不加甄别的接受、不经思索的运用和不计后果的传播；公共事务的广泛参与和公共利益的理性探讨才能成为可能。可以说，具有批判性思维的人格是健康社会的基石之一。

更值得重视的是，批判性思维在激活生命潜能、滋养圆融人性方面有着无可替代的作用。批判性思维由于对理性主体的高扬，易于激发人思考的热情；由于着眼于观点及其论证这一普遍存在的对象，易于找到在生活和学习中的用武之地；又由于与"信什么""做什么"这样普遍存在的决策紧密相联，易于让人体会理性的重要性并养成理性的习惯……更奇妙的是，几乎每一项批判性思维的原则或方法都有一项或多项理智美德与之对应。

当一个人努力遵循批判性思维原则和运用批判性思维方法时，他将自然而然向着一些美好的气质和德性努力。批判性思维虽然不是一个人思维的全部，却很可能带动起一个人全部的思维；批判性思维虽然属于理性范畴，却与情绪、直觉、灵感等非理性要素息息相关；批判性思维不仅意味着高阶的思维技能，更意味着美好的人性和创造的潜能。

近几年来，我国基础教育阶段对学生批判性思维培养有很多积极探索，也不乏深度思考，但还未能建立起相对系统的理论和方法体系。中华中学自 2012 年起，先后成功申报江苏省教育规划课题"高中语文教学中学生批判性思维培养的实践研究"(D/2003/02/290)，国家社会科学基金课题"普通高中学生批判性思维培养研究"(BHA160148)，进行了持续的探索和反思，有了一定数量的实践案例和一定程度的理性思考。本书收录了课题组目前为止比较有代表性的论文和案例，从一个侧面忠实记录了一所学校对学生批判性思维培养从认同、憧憬，到谋划、尝试，再到反思直至自主构建的艰辛而美好的实践历程。

基础教育致力于学生批判性思维的培养，必须解决三个问题：一是在理论认识上弄清楚批判性思维的内涵、要点以及培养目标；二是在路径定位上探索出批判性思维培养和学校课程固有格局的关系；三是在微观操作上总结出以“课”为单位培养学生批判性思维的具体经验、办法、策略及一般流程。而本书的三个部分“理论基础”“学科融合”“实践案例”正分别是对这三大问题的试答。

整理书稿之际，又逢江苏省教育厅和财政厅立项的江苏省首个“普通高中批判性思维课程基地”正式落户中华中学，这预示中华中学的批判性思维探索将从课题走向课程和课堂。八个年头的探索，终于有望全面转变成学校每一位学生生动的成长。

然而，在崭新愿景渐渐清晰的同时，毋庸讳言，批判性思维培养的探索过程，始终伴随也将长期面临传统观念的制约、效率主义的阻挠、应试教育的掣肘、信息传播的冲击、浮躁心态的干扰……重重困境将如影随形。

批判性思维培养，任重而道远。

本书仅代表着一个开始。

目录

第三部分　实践案例

第一部分 理论基础

本部分主要立足于批判性思维要义，对如何在高中阶段培养学生的批判性思维进行相对系统的理论建构。

批判性思维的人性视角考察及教育启示

徐　飞

批判性思维是人类自古就有的一种认知方式[1]，又是20世纪逐渐成形的一项专门之学[2]。批判性思维直译于英语中的critical thinking，对其定义国内外学者不尽相同。总的来说，批判性思维体现了把一切置于理性范畴加以检省和评判的意识和能力，是一种自觉通过理解、质疑、查证和推理等探究活动考察论证的合理性从而决定应当信什么或做什么的思维。[3]

关于批判性思维包括哪些构成要素，国内外有大量的研究可供借鉴，在众说纷纭的表述中，可以看出批判性思维至少包括情意特征和认知能力两个维度：前者可以看作是批判精神，体现批判性思维的人文性；后者可以看作是批判技能，体现批判性思维的工具性。

情意特征方面：

① 坚持任何观点都不能获得理性审判的豁免权；② 推崇自主思考和独立判断，不人云亦云；③ 信任逻辑；④ 拥有好奇心与求知欲，渴望获得更加合理的解释与完满的结论；⑤ 不畏惧错误，乐于进行智力冒险；⑥ 追求真相与真理；⑦ 平等地对待一切观点，能直面来自他人的否定；⑧ 把自身置于他人立场来思考问题；⑨ 知道个体乃至人类所掌握的知识还有很大的局限性。

认知能力方面：

① 理解并集中思考问题；② 对言辞特别是歧义的言辞进行分析，对关键概念进行界定；③ 分析话题、结论以及理由，捕捉预设和隐藏前提；④ 运用多种办法判断资料的可信性；⑤ 识别逻辑关系，发现矛盾，进行严密的推理；⑥ 提出竞争观点、解释或方案并综合评

估，从而确认或改进、重构原论证或方案；⑦ 通过对话澄清概念、辨明立场、追踪假设、改进认识；⑧ 对自己的思维过程进行反思和监控，并适时作出调整。[4]

对上述定义和要素进行进一步梳理、分析和整合，最后得出批判性思维的三个基本要点：会质疑、重实证、讲逻辑。[5]

需要特别强调的是，并不是发现错误才是批判性思维，通过检省发现别人的正确也是批判性思维。批判性思维并不意味着普遍性、习惯性、随意性的质疑与否定。批判不等于批判性思维，当下社会少的不是批判，而是批判性思维。批判性思维认定任何观点都需要理性的检省，因此常常以否定和怀疑的形式出现，但其本质不在于批判，而在于建构与创造。

相对于西方发达国家，我国批判性思维及其培养的研究和实践起步较晚。近几年来，特别是随着"核心素养"的提出，相关话题持续加热，论坛、论文明显增加，微信公众号也随之诞生。继部分高校开设专门的批判性思维课之后，基础教育阶段也开始了相关的探索和实践。

然而，批判性思维培养的推广过程中，始终有一头热、一头冷的现象。一头是热心人士不遗余力的呼吁，一头是行政部门和大多师生的沉默、观望和犹疑；一头是业内学者千方百计的正名，一头是追随者和初学者的懵懵懂懂甚至以讹传讹。这固然说明人们对批判性思维的接受有一个相当长的过程，但根本上还是因为倡导省察的批判性思维本身，在中国至今仍是一个未经全面省察的事物，人们只知道它在国外推进状况良好，其本身规定性看起来也符合个体与社会的发展需要，但并没有专门考量过它在人一生的发展中究竟会起怎样的作用以及如何起作用，在学校教育和学科教学中应该获得怎样的定位，而类似问题的回答显然需要政治、文化、教育和人性等不同视角的考察。

人性是人的属性，包括先天具有的"天性"和后天养成的"习性"。人性是许多学科共同关注的对象：哲学上自古就有本善与本恶的争论、灵魂与肉体的思辨，近代有休谟关于建立"人性科学"的倡导和尝试，现代又有“哲学人类学”的兴起；心理学中弗洛伊德等人的精神分析、奥尔波特等人的特质论、华生等人的行为主义理论、马斯洛的需要层次论等各自从迥异的视角揭示了人性的部分奥秘；管理学先后有经济人、社会人、文化人等人性假设；社会学则更多地从集群的视角研究人的行为特点；经济学关于人类理性及理性限度的研究是经久不衰的热点……从人性视角考察批判性思维，会发现，批判性思维本身源自和代表人性的某些方面，并和其他方面形成相互补充、相互成全又互有抵牾的关系。

一、批判性思维代表人的理性

自亚里士多德提出“人是理性的动物”以来，理性一直被认为是人的本质属性或本质属性之一。理性是一个历史悠久的概念，西方哲学中的理性概念源于古希腊语的“逻各斯”，逻各斯同时又是“逻辑”的词源；是否遵循逻辑规则一直是理性与否的基本标准。理性又是一个丰富而复杂的概念：从本体意义上说，它体现不以人的意志转移的本质规律或客观真理；从认识意义上说，它是人们借以认识自我和把握客观事物的概念、判断、推理等思维形式和相关能力；从心理意义上说，它是在把握客观事实过程中对用实证和推理的信赖，对情感和直觉的怀疑。

带着对理性的认知再把目光投向批判性思维，就会发现批判性思维在本质上就是理性的表达和实现方式。批判性思维的基本过程包括理解主题论点、分析论证结构、澄清观念意义、审查理由质量、评价推理关系、挖掘隐含假设、考察替代论证、综合组织论证[6]等步骤，这些基本属于理性活动。可以说，本体意义上的理性是批判性思维有效的前提，认识意义上的理性是批判性思维能力要素的基础，心理意义上的理性则是批判性思维情意要素的核心。没有理性就不可能有批判性思维，批判性思维是理性的代表和结晶。

理性和批判性思维的深刻联系首先在于逻辑。理性的概念虽然丰富，但逻辑始终是其不变的核心。批判性思维的要点之一也在于逻辑，而且其滥觞和逻辑学的发展有着千丝万缕的联系。20 世纪 70 年代，传统形式逻辑学以及数理逻辑学与生活实际脱离的问题日益凸显，引起了越来越多人的不满，很多逻辑专业工作者和学习者开始关注逻辑的实际应用而不是形式推演。于是，首先在北美兴起一门新的逻辑学子学科——非形式逻辑，同时兴起的还有批判性思维运动的浪潮。在有些学者眼里，这两者根本上就是同一事件的两个视角，而这一事件被很多学者恰当地称为“非形式逻辑与批判性思维运动”[7]或“基于非形式逻辑的批判性思维运动”[8]，这些说法既意味着批判性思维并不能完全化约为逻辑，又意味着两者有无法分割的联系。

此外，造成批判性思维与理性深刻联系的还有批判性思维所植根的文化土壤。批判性思维与西方的怀疑主义传统、唯理主义传统、经验主义-逻辑实证主义传统有着深刻渊源，又吸收了科学哲学和心理学的研究成果，这些思想传统和研究成果都属于理性范畴。其中，最令人称道的是，西方哲学史中唯理主义和经验主义这两种扞格已久的研究取向，在批判性思维理论中得到了很好的融合。培根在其《新工具》中这样表达了对当时或之前的唯理主义和经验主义方法的不满以及对理想方法的期待：“历来处理科学的人，不是实验家，就是教条者。实验家像蚂蚁，只会采集和使用；推论家像蜘蛛，只凭自己的材料来织成丝网。而蜜蜂却是采取中道的，它在庭园里和田野里从花朵中采集材料，而用自己的能力加以变化和消化。”[7]以“会质疑、重实证、讲逻辑”为基本要点的批判性思维，推倒实践和思辨的壁垒，密切证据和推理的关系，贯通“采集”和“消化”的联系，不正是培根心目中的“蜜蜂”的工作方式吗？可以说，批判性思维不仅继承了理性的传统，而且很好地发展了理性的传统。

二、批判性思维成全人的美德

值得注意的是，批判性思维所代表的理性，并不纯粹是马克斯·韦伯所谓的“工具理性”，它还是一种气质和德性。美国哲学学会从

1988 年开始，采用匿名函询的德尔菲方法反复征询专家意见，经过 3 年共 6 轮磋商，终于形成关于批判性思维的定义，其中“好奇、见识多广、相信推理、思想开放、灵活，能合理公正地作出评估、诚实面对个人偏见、审慎作出判断、乐于重新进行思考”[8] 等内涵明显指向人的精神气质和品质。美国著名的《加利福尼亚批判性思维倾向问卷》（The California Critical Thinking Disposition Inventory，简称 CCTDI）将批判性思维人格倾向分为追求真理（truth-seeking）、思想开放（open-mindedness）、分析性（analyticity）、系统性（systematicity）、自信性（self-confidence）、求知（inquisitiveness）和成熟（maturity）7 个维度[11]，其中大多指向人的德性。而国际公认的批判性思维权威、美国“批判性思维高层理事会”主席理查德·保罗（R. Paul）教授认为批判性思维是公正性的思维，它要求人们具备智慧谦虚、智慧勇气、换位思考、智慧正直、智慧坚毅、心智自主以及对推理的信心等思维特质。[12] 这些标准和主张都显示了批判性思维不纯粹是一种技能，它还和人的德性密切相关。

想要成为君子，就会有君子的准则要求你，想成为一个批判性思维者，就必须接受批判性思维的要求和砥砺。人的知情意行之间存在着密切的关系，当一个人努力遵循批判性思维原则和运用批判性思维方法时，他将自然而然向着一些美好的品性努力，比如冷静、审慎、客观、自信、开放、包容、进取……反过来说，如果具备这些品性，将对进行批判性思维非常有利。

例如，批判性思维以“重实证”为基本要点，要求评价、接受或提出任何观点都必须举证，这就克服了凭印象或直觉的草率鲁莽、刚愎自用，也防止了从偏好和利益出发的个人中心的倾向；批判性思维要求任何证据都来自事实，并且只允许用逻辑推导的方式从证据过渡到结论，由于事实真相的唯一性和逻辑推导的确定性或可接受性，这样的要求就带来了实事求是和公正。批判性思维认定任何论证或方案都有改进的余地，要求对任何反例都要作出合理的解释，不轻易停止认知的进程，这就要求人们有一种智力上的进取心；批判性思维不仅针对别人，还针对批判性思维的主体自身，这就要求人们有包容异见的胸怀、自我反省的诚实、自我否定的勇气、自我改进的坚韧。有批判性思维学者提出，为了消除人们为保护自己的形象而拒绝考虑不同观念的心理障碍，任何人争论时应该定一个规则：每个人在讲自己观点前，他必须首先重新表述前面说话人的情感和看法，一直到那个人觉得表达准确为止。[13]这本身就是很好的品格教育。可以说，几乎每一项批判性思维的原则或方法都有一项或多项理智美德与之对应。表1是这种对应关系的部分呈现。

表1　批判性思维原则与理智美德对应表

原则、方法	理智美德
敢质疑	独立、智力冒险
重实证	求真、审慎
讲逻辑	公正、理性
求最优	进取、执着
挖掘隐含前提	敏锐、深邃
考察对立观点	包容、开放

三、批判性思维克服人的弱点

批判性思维之所以重要，一是因为客观世界的因果关系错综复杂，人的认知需要不断纠错、修正和改进；另一方面则是因为人自身存在的一些弱点常使其认知出现偏差。后者是人们之所以需要批判性思维的根本原因。

经济学和心理学研究表明，人是理性的，但并非“完全理性”，而是“不完全理性”。[14]下面的案例生动地说明了人性的这一特点。

假设某人准备去听音乐会，票价是200元，票还没有买。在他马上要出发的时候，发现把最近买的价值200元的电话卡弄丢了。他是否还会去听这场音乐会？实验表明，大部分的回答者仍旧会去听。

可是如果情况变一下，假设他昨天花了200元钱买了一张今天晚上的音乐会票。在他马上要出发的时候，突然发现票弄丢了。如果他想要听音乐会，就必须再花200元钱买张票，他是否还会去听？大部分人回答说不去了。[15]

可仔细想一想，上面两种选择实质是自相矛盾的。不管丢掉的是电话卡还是音乐会票，从损失的金钱上看，都是200元，并没有区别……之所以出现上面两种不同的结果，其原因是2017年诺贝尔经济学奖得主理查德·塞勒提出的"心理账户"[16]的问题。

由于"不完全理性"，人们在认知过程中普遍存在误区。比较常见的一种误区是：当面对的结论和自己直觉一致的时候，多数人都不会去考察其证据是否可靠。美国社会学家伊恩·罗伯逊列举了20世纪"火星人入侵地球"(1938)、"马顿的幽灵般的麻醉师"(1944)、"西雅图汽车挡风玻璃麻点"(1954)、"保罗麦卡特尼之死"(1969～1971)[17]等震惊欧美的谣言，并分析了谣言传播的内在机制，充分证明了人们的认知过程普遍存在"确认偏误"。所谓确认偏误，是指人们会倾向于寻找能支持自己观点的证据，对支持自己观点的信息更关注，或者对已有的信息进行有利于自己观点的解释。美国新闻评论家和作家、传播学史上的重量级学者沃尔特·李普曼认为，大部分人对世界的认识是通过他们的感情、习惯、偏见这个三棱镜的反射而得到的。他在其经典著作《公众舆论》一书中以新闻工作者的视角深刻阐述了"确认偏误"的发生过程："我们在看到这个世界之前就被告知它是什么模样，我们在亲身经历之前就可以对绝大多数事物进行想象"[18]；这些先入之见"在我们所意识到的信息尚未经过我们思考之前就把某种性质强加给这些信息"[19]；"成见系统一旦完全固定下来，我们的注意力就会受到支持这一系统的事实的吸引，对于和它相抵触的事实则会视而不见"。[20]

确认偏误还只是认知偏误的一种而已，后者在人们的认知和决策过程中普遍存在，维基百科页面上记录的就多达175种。[21]没有人能绝对避免认知偏误。甚至心理学家、精神病学家这些长期和人类的心智弱点斗争的人，他们本身也难以彻底逃脱认知偏误。1973年，斯坦福心理学教授大卫·罗森汉恩做了一个轰动世界的心理学研究。他安排8个人(包括他自己)扮演精神病人。他们把自己送到医院后，就不再表现任何症状而且行为正常，然而在长达 7 天到 52 天不等住院时间里，竟没有一个被任何医务人员识破。当他们被释放时，他们的心理状况被认为是“精神病恢复期”而记录在他们的病历中。有趣的是，当医院的医务人员没能鉴别出假病人时，3 个假病人所在的医院的 118 个真病人中有 35 人表示了明确怀疑：“你不是疯子！你是记者或编辑。你们是来检查医院的！”

有医院在罗森汉恩的研究结果发表之前就听说了有关消息，罗森汉恩利用这一点又进行了一次有创意的实验。他通知该医院，在以后的 3 个月时间里，一个或多个假病人将试图进入他们管辖的精神病区。3 个月之后，193 人被确认是假病人。然而，罗森汉恩在 3 个月的时间里，并没有派一个假病人去这家医院！[22]

恰恰因为认知偏误在人性中如此顽固地存在，自我反思的批判性思维才会如此重要。认知偏误大都来自人们的心理特性，如首因效应、晕轮效应、投射效应、近因效应等，如何纠正、规避认知偏误，克服、控制相关的心理效应，从不同的学科视野出发会有不同的求解方案，其中大多数方案和批判性思维或殊途同归，或相辅相成，甚或就是同一种思维活动的不同表述。例如，排除情绪干扰、挖掘潜藏因素、考察多种可能等纠正认知偏误的有效手段，既是心理学的建议，也是批判性思维的基本要求。另外，批判性思维中的一大任务是识别谬误，很多谬误其实就根源于认知偏误或利用了认知偏误，在分析、提防和反击谬误方面，批判性思维有比较成熟的理论和系统的办法。[23]

四、批判性思维本身存在局限

不仅人的理性是一种“不完全理性”，甚至理性本身也是“不完全”的。作为人类理性的重要基础——逻辑，已被罗素悖论和哥德尔定理证明存在着难以克服的局限。[24]既然批判性思维代表着人的理性，那么理性的局限自然也会表现为批判性思维的局限。

有些领域并不适宜或并不总是适宜进行批判性思维。批判性思维在处理某些问题时是无能为力的。例如，作为人类基本现象的“爱”，就不完全适用批判性思维。以下是马克斯·舒尔曼的作品《爱情就是谬误》的片段：

“亲爱的，”我友好地对她笑了笑，“我们已经一起度过了五个晚上，我们相处得很好。显然我俩是很相配的。”

“草率结论。”波丽伶俐地说。

“五次约会就不少了，毕竟你不必把整个蛋糕吃下去才知道蛋糕的甜味。”

“错误类比，”波丽敏捷地说，“我可不是蛋糕，我是个女孩子。”[25]

要从情书或情话中寻求逻辑谬误，一定会发现很多，但这无疑是煞风景的行为，因为这些谬误通常不会影响爱情的正常进行，反倒增添了浪漫的色彩。不仅男女之爱，一个人对亲人、朋友、社会、自然的爱也不是仅仅用批判性思维就可以解释、考量和评判的。

对某些情境和对象而言，有些心智模式能够协助甚至替代批判性思维确定什么可信与什么可做。不仅在情感领域，即使在认知领域，幻想、灵感和共情等超越理性的能力有时要比批判性思维更能帮助人们准确把握自身与外物。科学史上也有很多重要发现并不完全是严格的批判性思维的结果，例如在苯环分子结构的发现过程中，批判性思维帮助凯库勒不断接近真相，最后梦幻意象也起到了关键的作用。在日常生活中，控制某种情绪干扰的未必是批判性思维，而是另一种情绪或情感带来的平衡。例如人们在评价医患矛盾的问题时，很容易产生对医生的不合理的非难，因为大多数人都有患病的体验。但他们如果同时体察到医生工作的艰辛，认知将会走向客观中立。

甚至有时放弃批判性思维是更为明智的做法。在很多重要决策中，批判性思维并不是最好的方式。批判性思维是一种高阶思维，也是一种“高成本”思维，生活中的很多认知和决策同时必须遵循经济原则。人们在判断有些状况时并没有足够的时间运用批判性思维。居维叶用基于知识和观察的逻辑推理判断出眼前的“怪兽”（学生装扮）是“食草动物”，于是安然如常[26]，这是一个批判性思维的正面案例。但事实上，如果人类的祖先遇到了从未见过的怪兽都在原地审慎地思考一番的话，其存活的概率将会非常小，那种情况下，“恐惧”及相关的应激反应要比批判性思维更能带来明智的抉择。

而有些不同于批判性思维的心灵模式有着批判性思维不能替代的社会价值。著名的约翰·纳什的非合作博弈模型（“囚徒困境”）[27]证明了由理性的个体组成的团体并非总是理性的。“囚徒困境”的破解之道除了变“不合作”为“合作”，变“利己”为“利他”之外，对理性的超越也应当是可能的选项之一。事实上，人的不完全理性，既是人的弱点，又是人的优点。“最后通牒”试验也很好地说明了这一点。

“最后通牒”实验的规则是：两个受试者瓜分一笔钱（如 1000 元）。这笔钱大到能提供足够的诱惑，且实验结束后当真支付博弈两方的收益。实验者先让第一个受试者对这笔钱的瓜分提出一个方案，例如，一个受试者分得 990 元，另外一人分得 10 元。然后，实验者让第二个受试者做出选择，即是否同意这一方案。如果选择“不同意”，那双方收益都是零；如果选择“同意”，那么双方就按照这一方案来分配收益。

博弈参与者直接面对的可能是真实的“人”，也可能是“电脑”。一组以真人为对手的受试者，被允许在屏幕上看到对手的面孔，如同面对面的博弈那样。另一组受试者，他们在开始时被告知将要与一台电脑博弈。

实验者的基本假设是：第二个受试者是完全理性的话，哪怕得到 1 元的收益，也比完全没有收益要“好”。

这一实验的大量数据表明：在人与人的博弈中，比较公平——对半分或接近对半分的分配方案最容易通过。越是不公平的方案，被拒绝的可能性越大。但直接面对电脑的对手大多数选择接受无论多么小的收益分配比例。

实验中的核磁共振技术分析表明：“最后通牒”实验的被试者在选择“同意”或“否决”时，大脑的额叶部分——在功能上负责“计算”——被激活的程度其实不很显著，而道德判断的脑区被强烈激活了。[28]

和“心理账户”的系列实验以及“囚徒困境”模型一样，“最后通牒”实验证明了人的不完全理性，对古典经济学“经济理性人”假设构成深刻的质疑，而“最后通牒”同时还表明人们的不理性是有其社会价值的，在“不公平”的情况下，某些人会不惜牺牲个人利益进行反抗。而这并不是运用批判性思维或理性的结果。

五、批判性思维的教育启示

在批判性思维的内涵分析及人性视角考察的基础上，思考批判性思维对学校教育的价值以及在学校教育中的定位，可以得出以下结论：

（一）批判性思维有助于强化学校教育、提升国民素质

批判性思维的培养对国民素质的提升乃至社会文明程度的提高至关重要。批判性思维对学生学习能力的提升、理性态度的形成和独立人格的塑造，对社会公序良俗的维护、健康风气的养成和包容精神的张扬有着积极的意义。

从西方发达国家的实践来看，批判性思维教育的兴起也与社会发展对公民素质的要求紧紧相连。以美国为例，20 世纪中叶，美国渐渐步入信息社会，在这一过程中，美国的学校教育也开始强调培养出适应现代社会发展的、能够自主地判断并处理信息的公民；批判性思维作为决定信什么和做什么的有效思维也开始受到追崇。70 年代，批判性思维成为美国教育改革的焦点；80 年代，批判性思维成为美国教育改革的核心；而 1991 年美国的《国家教育目标报告》则指出：“培养学生对学术领域问题和现实生活问题的批判性思维能力不仅是教育的重要目标，这对于当前复杂多变的世界，培养会思考的公民和有能力的劳动者……意义深远。”

为什么美国等国家对批判性思维提升信息社会的公民素质寄予厚望？这主要是因为批判性思维作为有效的认知工具，能够帮助个体淘漉真知并促进社会抵制浮躁。从个体看，面对海量的知识信息，

只有拥有了“决定信什么和做什么”的批判性思维，“互联网＋”（或“＋互联网”）下的学习才能成为高效率和有意义的学习；学生未来才能在纷繁复杂的信息社会不失去理性的自我主导，从而赢得人格的独立和尊严。

从整体看，只有更多的公民具备一定的批判性思维能力，公共空间（如网络社区）才能少一些不负责任的发布、不加甄别的接受、不经思索的运用和不计后果的传播；公共事务的广泛参与和公共利益理性探讨才能成为可能。可以说，具有批判性思维的人格是健康社会的基石之一。

（二）批判性思维可以作为学校思维教育的突破口

重视学生思维的培养，是这些年我国教育发展的一个鲜明趋势。就拿高中教育来说，国家层面对学生思维的重视发展到了前所未有的程度。

2016 年 9 月，中国学生发展核心素养研究成果发布会公布了中国学生发展核心素养的总体框架和基本内涵（见表 2）。[29] 18 个要点中思维方面或与思维密切相关的有 6 项：理性思维、批判质疑、勇于探究、勤于反思、信息意识、问题解决。

表 2　中国学生发展核心素养的基本内涵

文化基础						自主发展						社会参与					
人文底蕴			科学精神			学会学习			健康生活			责任担当			实践创新		
人文积淀	人文情怀	审美情趣	理性思维	批判质疑	勇于探究	乐学善学	勤于反思	信息意识	珍爱生命	健全人格	自我管理	社会责任	国家认同	国际理解	劳动意识	问题解决	技术运用

2017 年 9 月中共中央办公厅、国务院办公厅印发《关于深化教育体制机制改革的意见》，提出“强化学生关键能力培养”，列在前 3 项的就是“独立思考”“逻辑推理”“信息加工”，此外还提出了“培养创新能力，激发学生好奇心、想象力和创新思维，养成创新人格，鼓励学生勇于探索、大胆尝试、创新创造，解决实际问题”，等等。[30]

2018 年颁布的各学科课程标准总体也对学生思维发展提出更多更高也更具体的要求，例如语文的课程标准 48 处提到思维，其中 3 处直接点出了批判思维，强调思维的频度和力度前所未有。其他学科的课程标准也有这个趋势。

进一步考察“核心素养”“关键能力”和各科课程标准中思维发展要求的具体内容，就会发现它们和批判性思维高度重叠：或囊括着同样的技能与倾向，或基于同样的认知逻辑和情意规律，或指向同样的能力、价值观和人格特质。这意味着可能开掘出和分科教学有所不同又相辅相成的关键能力和核心素养培养方式——批判性思维整合。

把批判性思维作为思维教育的突破口，不仅在于它与新一轮课程改革的学生思维发展目标高度重叠，还在于它在激发思维方面无法取代的优势。虽然思维是一个难以穷尽的多元结构，但国内外包括学校自身的实践表明，批判性思维由于对理性主体的高扬，易于激发人思考的潜能；由于着眼于观点及其论证这一普遍存在的对象，易于找到在生活和学习中的用武之地；又由于与“信什么”“做什么”这样普遍存在的决策紧紧联系，易于让人体会理性的重要性并养成理性的习惯……批判性思维虽然不是一个人思维的全部，但却很可能带动起一个人全部的思维。批判性思维培养是思维教育的极佳入口。

（三）批判性思维教育是学校培养创新人才的重要路径

国家发展的战略，要求学校教育不仅要完成国民素质普遍提升的任务，还要担负起创新人才培养的使命。而无论是回顾批判性思维在人类历史中的重要作用，还是考察批判性思维和创新活动的内在联系，都不难得出一个基本结论——批判性思维对创新极其重要。这一点已经得到学术界和大众舆论的广泛认同。

批判性思维在人类认识的延展、新知的创造以及思想的革新过程中有着不可取代的作用，可以说一部科学文化史就是人们运用批判性思维不断超越过去的历史。作为认知方式的批判性思维不是现代才有，古代就有；不独西方有，东方也有。在历史长河中，它有时隐隐闪烁，有时汇成强光，当它汇成强光的时候，往往是文明进程飞跃的时候，例如轴心时代和启蒙时期。批判性思维对人类思想革命之所以有巨大作用，就是因为它是一种创新的力量。事实上，半个世纪以来对“李约瑟难题”的求解、近几十年对“钱学森之问”的试答，都曾涉及批判性思维或其要点。爱因斯坦所谓“提出一个问题往往比解决一个问题更为重要”为人们所熟知，而另一段话“西方科学的发展以两个伟大的成就为基础，那就是希腊哲学家发明形式逻辑体系（在欧几里得几何学中），以及发现通过系统的实验可以找出因果关系（文艺复兴时期）”[31]，则被国内外不少学者看作破解李约瑟难题的一种思路：这充分体现了质疑、实证、逻辑在一切探索和创新活动中的重要作用。而会质疑、重实证、讲逻辑，正是批判性思维最基本的要点。

批判性思维和创新的深刻联系是多方面的：从发生原理来看，批判常常是创新的先导，而创新又往往是批判性思维的内在动力；从价值取向来看，批判性思维和创新拥有同样的“理智美德”，例如求真、进取、开放等；从认知过程来看，批判性思维发现的不足为创新活动提供了空间，而创新活动的成果又需要批判性思维来获得清晰性、精确性和系统性；从思想方法来看，批判性思维和创造性思维存在“交集”，批判性思维考察替代论证（方案）其实是一种发散式创造性思维，批判性思维选择（综合）最佳论证（方案）其实是一种聚敛式创造性思维。由此可见，培养批判性思维就是在为形成创新能力奠定基础，甚至有时就是在培养创新能力本身。学校的批判性思维教育是创新创优人才先期培养的重要路径之一。

（四）批判性思维教育的根本目的在于师生人格的完善和人性的圆融

批判性思维教育既要放眼国民素质的普遍提升，又要紧盯国家的思维提升要求，还要聚焦拔尖创新人才培养，更要立足人的全面发展，促进师生的人格完善和人性圆融。因此，学校批判性思维教育的基本定位是:立足能力训练,重视美德培养,同时关注情感等非理性因素的积极作用。

首先,教师在发展学生批判性思维能力的同时更要重视滋养其理性精神,涵育其理智美德。不能把批判性思维窄化为认知工具、评估手段,更不能将其误认为仅仅是挞伐异见、维护自我的利器,而应该从全人教育出发,引导学生运用批判性思维砥砺思想、磨炼人格:对己,要求勤于反思和积极进取;对物,争取穷究事理和逼近真相;对人,力求包容异见和平等考量。使批判性思维成为学生实现物我相通、谋求群己和谐、追求个人幸福、创造社会价值的伴随终生的思维方式和生活方式。

当然,在培养学生批判性思维的同时,教师也运用批判性思维使自身的专业素质提升和教学生涯丰盈。例如,基于批判性思维的进取性,教师本人也要不断学习,丰富自己的内涵,在批判性思维与学科融合的教学中,摆脱对教材和权威的依赖,运用批判性思维遴选教学资源、精炼教学内容、制定教学策略,逐渐形成属于自己的教学风格和教学思想。基于批判性思维的反思性,教师努力"站在自身之外"对自己的思想观点、工作态度、方法手段以及知识能力结构客观评判,纠正不足、改进升级;全面考察优势劣势以及发展空间,努力实现专业境界的提高和教学生涯的完满。其次,基于批判性思维的包容性和开放性,教师面对不同的观念行为,学会置身于对方的立场上思考问题,努力做出公正的判断和有效的协调,促使自己形成包纳多元意见的师者胸怀、处理观念冲突的教学智慧和适时引导学生的教育艺术;并使学校教育的过程成为师生相互支持、相互砥砺,互为援手、互为阶梯的共同的精神攀升过程。

在致力于师生能力发展和美德完善的同时,批判性思维教育还应该把情感等非理性因素纳入视野,这是目前批判性思维理论界还没有足够重视的问题。批判性思维教育应该注意寻求或打通理性和非理性的内在联系,至少不能造成两者的偏废。

哲学上把一切有别于理性思维的精神因素,如本能、欲望、情感、直觉、幻觉等,统称为人的非理性。西方自启蒙以来经历了从理性的觉醒到理性的僭越，从非理性的受抑到非理性的觉醒的此消彼长的过程。反思这个过程，对理性与非理性任何一面的偏倚都会带来人与社会发展的失衡。从根本上来说，人是理性和非理性的统一体，两者相互补充、制衡而又秘密地衔接、融合。叔本华用以分析意志与理性的模型完全适用于非理性与理性：意志是强壮的瞎子，理性是明眼的瘸子。强壮的瞎子冲动、有力，却盲目；明眼的瘸子看得清楚，却举步维艰。健全的瞎子只有背负明眼的瘸子，才能健步如飞地走向正确的地方。其实，非理性给理性不仅提供动力，也提供方向或线索。就拿批判性思维来说，其过程的不少环节常常需要非理性的参与，发现问题和隐含前提有时是因为感觉或直觉，寻找替代解释或备选方案有时是因为想象或灵感……人们固然不能仅凭非理性来把握自我和世界，但若只有理性，理性也就失去了动力甚至一部分意义。当下中国社会的发展总体来说还需要高扬理性，远远到不了提防理性僭越或复魅的地步。尤其是面对互联网生活碎片化、平面化、情绪化的巨大冲击，学校教育迫切需要培养学生的批判性思维并予以抵御、平衡和拨正。但也要防止片面强调批判性思维所带来的局部偏颇，特别是在基础教育阶段，不能使批判性思维培养成为一项额外的任务、增设的目标甚至凌驾于学科之上的宏旨，而应该使其和各个学科教学深度融合，和学科其他素养的养成互联并进，共同培育学生全面发展的健全人格与情智俱佳的圆融人性。

参考文献

[1] 彼得·费希万，诺琳·费希万，爱格尼丝·蒂瓦里，等. 作为普遍人类现象的批判性思维：中国和美国的视角[J]. 北京大学学报(哲学社会科学版)，2009(1)：56.

[2] 阮松. 西方的非形式逻辑运动与我国逻辑学的走向[J]. 南开大学学报，1996(6)：37.

[3] 徐飞. 批判性思维与学科教学融合[J]. 课程教材教法，2018(7)：61.

[4] 徐飞，蒋薇. 批判性思维培养的目标、资源与路径[J]. 教育研究与评论，2016(3)：47.

[5] 徐飞，李玲，张跃志. 会质疑 重实证 讲逻辑：南京市中华中学“普通高中学生批判性思维培养研究”课题研究纪实[N]. 中国教育报，2017-10-24(12).

[6] 董毓. 批判性思维原理和方法[M]. 北京：高等教育出版社，2010：23，52.

[7] 崔清田. 非形式逻辑与批判性思维[J]. 哲学研究，2002(4)：33.

[8] 武宏志. 批判性思维：多视角定义及其共识[J]. 延安大学学报(哲学社会科学版)，2012(1)：6.

[9] 培根. 新工具[M]. 许宝骙，译. 北京：商务印书馆，1986：75.

[10] Facione P A. Critical thinking：A statement of expert consensus for purposes of educational assessment and instruction (executive summary)[A]//The Delphi Report. Millbrae，CA：California Academic Press，1990.

[11] 武宏志，周建武. 批判性思维：论证逻辑视角[M]. 2 版. 北京：中国人民大学出版社，2010：352-355.

[12] 保罗，埃尔德. 批判性思维工具[M]. 侯玉波，蒋佟琳，译. 北京：机械工业出版社，2016：15-24.

[13] 董毓. 批判性思维原理和方法[M]. 北京：高等教育出版社，2010：368.

[14] 西蒙. 管理行为：管理组织决策过程的研究[M]. 杨砾，韩春立，徐立，译. 北京：北京经济学院出版社，1991：78-82.

[15] 李爱梅，凌文辁. 论行为经济学对传统经济理论的挑战[J]. 暨南学报(人文科学与社会科学版)，2005(1)：28.

[16] 周静，徐富明，刘腾飞，等. 心理账户基本特征的影响因素[J]. 心理科学进展，2011(1)：124-131.

[17] 罗伯逊. 社会学[M]. 黄育馥，译. 北京：商务印书馆，1990：756-758，763-768.

[18] 李普曼. 公众舆论[M]. 阎克文，江红，译. 上海：上海人民出版社，2002：73.

[19] 李普曼. 公众舆论[M]. 阎克文，江红，译. 上海：上海人民出版社，2002：80.

[20] 李普曼. 公众舆论[M]. 阎克文，江红，译. 上海：上海人民出版社，2002：96.

[21] https://en.wikipedia.org/wiki/List_of_cognitive_biases.

[22] 霍克. 改变心理学的 40 项研究[M]. 白学军,译. 北京:中国轻工业出版社,2004:308-313.
[23] 武宏志,马永侠. 谬误研究[M]. 西安:陕西人民出版社,1996.
[24] 赵总宽,陈慕泽,杨武金. 现代逻辑方法论[M]. 北京:中国人民大学出版社,1998:316-342.
[25] 舒尔曼. 爱情就是谬误[J]. 外国文学,1982(1):77.
[26] 常占国. 浅显的道理[J]. 思维与智慧,2004(3):10.
[27] 齐格弗里德. 纳什均衡与博弈论[M]. 洪雷,陈玮,彭工,译. 北京:化学工业出版社,2011:42-45.
[28] 汪丁丁. 理性选择与道德判断[J]. 社会学研究, 2004(4):31-38.
[29] 核心素养研究课题组. 中国学生发展核心素养[J]. 中国教育学刊,2016(10):1-3 .
[30] http://www.gov.cn/xinwen/2017-09-24/content_5227267.htm.
[31] 爱因斯坦. 爱因斯坦文集:第一卷[M]. 许良英,范岱年,译. 北京:商务印书馆,1976:574.

(该文原载于《江苏社会科学》2019 年第 6 期)

会质疑 重实证 讲逻辑

——南京市中华中学“普通高中学生批判性思维培养研究”课题研究纪实

徐 飞 李 玲 张跃志

“一所高中语数外政史地理化生 9 门学科齐头并进探索学生批判性思维的培养,18 位校内外教师同课异构,7 位校内外专家进行主题报告,这在我国基础教育阶段批判性思维培养探索的过程中尚属首例。”在“全国高中批判性思维教学展示研讨会”上,南京市中华中学校长毕泳慈自豪地说。

什么是批判性思维?中华中学党委书记、国家一般课题“普通高中学生批判性思维培养研究”主持人徐飞首先给我们讲了这样一个案例。

在人们的印象中,丹麦、芬兰、挪威、冰岛、瑞典这几个国家的生态环境非常好,无论空气还是水,都没有什么污染。如果告诉你,这几个国家政府部门对食品监管很严,鲜有含毒食品;这里的人们生活节奏慢、压力小、心情舒缓……这些因素都可以有效预防阿尔茨海默病,即我们所熟知的老年痴呆症,想必你一定会深信不疑。但事实却让我们大跌眼镜,据统计,欧洲的阿尔茨海默病发病率非常之高,北欧五国也不例外。而阿尔茨海默病发病总人数和发病率低的地区实际是非洲。

为什么这些发达国家阿尔茨海默病发病率这么高呢?答案很简单,因为他们平均寿命长,阿尔茨海默病是一种老年病。而为什么我们愿意相信关于北欧五国阿尔茨海默病发病率低的误导呢?原因也很简单,就是因为我们在很多的时候,并不是在寻求事实的真相,而是在证明自己的看法,即便这个看法事实上与真相背道而驰。

不要轻易相信任何断言,这就要求我们有批判性思维。什么是批判性思维呢？培养批判性思维又有着怎样的意义？中华中学“普通高中学生批判性思维培养研究”课题组给我们一一呈现了答案。从根本上说，批判性思维是把一切置于理性范畴内加以检省和评判的意识和能力，是通过理解、质疑、逻辑地考察论据和论证的合理性从而决定应当相信什么或不信什么的思维。

批判性思维目前在国内的部分高校已经成为一门课程。作为一所高中，怎么在各科教学中体现这一门专业性很强的学问呢？答案就是紧紧扣住批判性思维的要点：会质疑、重实证、讲逻辑。

徐飞引用了冯梦龙《智囊全集》中的一个案例对这三个要点做了说明。

有一个农夫耕田时挖到一瓮马蹄形黄金，送到县衙去，县官担心公库防护不严，就放到自己家里。隔夜打开检验，发现都是土块。瓮金出土时，乡里人都曾去见证。县官无法辩白，只能承认将黄金掉包的罪名。就在案子快要判定的时候，事情传到了一个叫袁滋的官员耳里。袁滋说：“我怀疑这案子里有冤情。”州府长官就让他重新调查。他点验出瓮中马蹄金共二百五十多块。请金铺铸造同样形状和大小的马蹄金，才造出一半数目，总重就达三百斤了。又了解到当初是两个农夫用竹担抬着瓮到县府的。算一下，如果这二百五十多块是真金，就不是两个人抬得动的。这说明在运送的过程中，金子就被换成土块了。至此县官得以洗清冤屈。

[质疑] 猜想袁滋说“某疑此事有枉耳”的心理：“作案”手法怎么这么低劣？将黄金掉包可能在三个环节——出土、运送、保管，为什么没有人考虑运送环节？这么多“黄金”两个人抬得动吗？

[实证] 铸造同样形状和大小的马蹄金。

[逻辑] 袁滋的推理过程：假设县官以土换金，运送到他那里的必是真金；如果运送到他那里的是真金，总重量会有六百斤；如果总重量达到六百斤，那么不可能只有两个人用竹扁担抬过来。但事实上运金的只有两人，用的是竹扁担。所以县官不可能以土换金。

徐飞指出，中外众多学者在试答“李约瑟难题”时皆言国人缺乏逻辑与实证精神，这一论断在袁滋身上显然不能成立。

一、缘起

中华中学校长毕泳慈一向倡导“于他人思维处前行”，相信“任何工作都有改进的余地”，这与批判性思维的精神实质高度吻合。他主张，要以精益求精的态度做好教科研工作，带动学校的品质提升。学校的教科研工作得到了日新月异的发展，创造了很多值得效仿的新例，这项课题就是其中之一。

而课题负责人徐飞早在1999年于金陵中学任教时就开始带领学生从事研究性学习，当时虽然意识到培养学生严谨的逻辑思维的重要性，但还并没有批判性思维的概念，只是隐隐约约地朝着这个方向努力。2008年，他来到南京外国语学校任教，当时学校有很多学生直接升入国外的高校，徐飞有机会接触国外知名高校的培养标准，他们无一例外地都提到了批判性思维。这也促使了徐飞在自己的教学中开始了关于批判性思维的探索。

在中华中学的工作实践中，毕泳慈、徐飞等人越来越认识到高中生批判性思维的培养与研究，在实施素质教育和新一轮课程改革的时代背景下，有着一定的紧迫性和重要性。

基于对批判性思维研究的热情，尤其是对普通高中学生批判性思维培养的浓厚兴趣和扎实的研究能力，中华中学申报了全国教育科学“十三五”规划2016年度课题“高中生批判性思维培养研究”，并入选“国家一般”课题。据悉，全国教育科学规划办公室2016年公布的145项国家一般课题中，全国普教系统仅有16项。同时，中华中学也是南京市21世纪以来获得国家社会科学基金课题立项仅有的两所中学之一，也是南京市仅有的一所能在历届国家社科基金五年规划首批次课题中立项的中学。

二、奠基

对于中华中学而言，如果说批判性思维培养研究的紧迫性和重要性是申报国家一般课题“普通高中学生批判性思维培养研究”的一大动因的话，那么之前的研究成果，特别是学校的江苏省“十二五”教育规划课题“高中语文教学中学生批判性思维培养的实践研究”的顺利结题，为此次国家级别课题的顺利获批奠定了坚实的基础。

关于高中教育以及各科教学中培养学生的批判性思维，具有实践和推广价值的研究可以概括为以下几个方面：① 倡导培养学生的批判意识和习惯；② 梳理学生批判性思维培养的基本前提；③ 关注培养学生批判性思维对教师提出的挑战；④ 探索培养学生批判性思维的资源、途径、教学方式和学习方式；⑤ 总结归纳培养学生批判性思维的结构化程序；⑥ 与批判性思维培养相关的知识点分析和教学片断反思。

除了前期取得的阶段性研究成果，让中华中学在国家一般课题研究上树立强大自信和勇气的另外一大因素是过硬的科研团队。作为国家示范高中，中华中学聚集了一批德高望重、教有特长的著名教师，有全国及省劳动模范、全国优秀教师、享受政府部门特殊津贴专家、江苏省名教师、特级教师、教授级高级教师、江苏省“333 高层次人才培养工程”培养对象等 40 余人。此次课题项目研究，更是集结了精兵强将，为课题研究提供了技术保障。

三、开题

在“普通高中学生批判性思维培养研究”课题组成员反复研究、讨论的基础上，该课题的研究对象逐步明确。即主要研究普通高中课程、教学中学生批判性思维培养的目标、要点、资源、路径、流程和评价以及作为支撑和辅助，需要或可能需要同时研究的内容，具体包括批判性思维的一般性定义以及高中教育视域下的定义，批判性思维的内涵、要素及其结构、高中生批判性思维培养文献综述、高中生批判性思维形成规律、课程标准（核心素养）中对批判性思维培养的要求、考试对批判性思维的要求、高中生批判性思维的实际状况和应有水平、培养学生批判性思维对教师的要求等几个方面。

研究框架则主要分纵横两个维度：其中，纵向为目标、要点、资源、路径、流程和评价；横向为传统科目教学、校本课程建设、文化建设、制度设计……

不同维度的栏目的交错即构成研究项目（子课题），框架表内每一个空格代表一个项目（子课题）。例如：Ⅰ普通高中学科教学中批判性思维培养目标的研究（适用于高中教育）；Ⅱ普通高中语文教学中培养批判性思维的要点研究（适用于语文学科）；Ⅲ普通高中数学教学中培养批判性思维的资源研究（适用于数学教学）；Ⅳ普通高中学生批判性思维测评研究（适用于高中教育）……

伴随着研究内容的明确，该课题研究的基本思路也逐步清晰：以新一轮基础教育课程改革为契机，以培养健康人格为宗旨，以高校和科研部门为依托，以不同层次普通高中的教师为主体，以普通高中教学实践为取向，理论探索与实践反思相结合，基础研究、课程开发和分科试验同步进行、相互参考，基本按照下列环节进行：确定选题、文献检索、申报课题、文献研究、调查研究、开题准备、基础研究（目标、评价）、分科教学试验、校本课程开发、制度与文化建构、中期评估、模式建构、案例汇编、论文撰写、结题准备等。

经过精心的准备和勤垦的耕耘，终于到了瓜熟蒂落、水到渠成的那一天。2017 年 1 月 6 日，国家级课题“普通高中学生批判性思维培养研究”开题报告会在中华中学顺利举行。主持人徐飞在报告会上作了开题报告，江苏省教育科学规划办副主任蔡守龙、南京师范大学心理学院发展与教育心理学专业教授谭顶良、南京市教科所所长肖林元、课题规划研究室主任姚慧以及南京市外国语学校特级教师谢嗣极参会。此次会议的召开，标志着中华中学的国家级别课题从立项论证阶段顺利转向了实践研究阶段。

四、分解

在课题的实践研究阶段，课题组根据研究的主要内容和基本框架，将任务进行了科学合理的分解。课题组分为综合组和学科组。

综合组由徐飞、姚发权、钱华、夏新峰等人组成，主要负责基础研究，诸如：高中生批判性思维培养文献综述（跨学科），高中生批判性思维测评（跨学科），高中生批判性思维的应有水平和实际状况（数据引用与问卷调查），批判性思维培养与核心素养养成，考试与批判性思维，培养学生批判性思维对教师的要求，以及其他跨学科研究等方面。学科组的成员主要负责研究学科教学与校本课程实施中学生批判性思维培养的目标、要点、资源、路径、流程和评价。每个成员负责一门学科，考虑开设校本课程。

2017 年 5 月 23 日，中华中学国家级课题“普通高中学生批判性思维培养研究”个人课题及子课题评审反馈会顺利召开，共有 20 余位教师参加了此次评审反馈会。其中申报个人课题的共 6 项、子课题共 11 项，分别涉及语数外、政史地、理化生等学科。

伴随着子课题的立项完成，各个学科的研究重点也逐步清晰。以英语学科为例，聂菁老师主要总结了两个方面。(1) 在教学中，将批判性思维培养融入以下教学环节：① 阅读：课文预习中，让学生思考，假设课文标题是陈述句，其逆命题是否成立？疑问句是否成立？论点是什么？哪些事实或数据支撑了论点？主题与材料佐证；文章结构和逻辑关系；对主题的质疑和反问的讨论等。② 写作：如何明确主题，怎样佐证，句式变化等。③ 教学过程中：采用头脑风暴法，用思维导图形式梳理信息，展开讨论和辩论等。(2) 思考如何借鉴国外考试试题设计，启发、培养批判性思维；探索如何借鉴国际认可的 PISA 进行雅思或托福等考试试题设计，力争设计出“启发、培养批判性思维”的试题。

五、创新

创新是一个民族进步的灵魂，是国家兴旺发达的不竭动力。对于课题研究而言，创新更是其核心所在。在课题开题报告中我们不难发现，其创新之处主要体现在以下 3 个方面：

1. 力求在国内基础教育阶段率先对在学科教学中培养学生批

判性思维进行系统的探究和总结，并确保有理论和实证的支撑，有方法和操作的指南，有标准和量级的测评，有目标、路径和策略的体系，有可见、可用与可推广的成果。

2. 力求在研究批判性思维培养的同时研究相关核心素养的培养。探寻相关核心素养的形成规律，探寻基于统合与分解的认知类型核心素养的培养方式。

3. 采取基础研究与分科试验互联并进的研究方法。在批判性思维的目标和测评的把握上，立足教学实践进行理论研究，以理论成果指导教学实践，再以教学实践检验理论成果……从而实现理论与实践的不断改进，形成教育理论与实践相结合的成功案例，为一线教师进行类似的、有一定学术要求的课题研究提供范例。

六、落实

普通高中要落实学生批判性思维的培养任务，有两个关键点：一是求简单，二是找结合。

一是求简单。批判性思维的培养要点很多，但真正要在高中的一门课当中做这件事，一定要抓最关键、最本质的东西。

批判性思维的目标就一个：决定相信什么、否定什么。

批判性思维的对象就一种：论证，包括论点、论据、论证形式。

批判性思维的要点就三个：会质疑、重实证、讲逻辑。

二是找结合。就是要和学科教学自然结合、深度结合。在学科教学中培养批判性思维，绝对不是另外增加一个任务。既然批判性思维是针对论证的，那就找到教学过程（课文、材料、习题、讨论）中的论证来尝试运用批判性思维，而且这种尝试运用是有助于固有教学任务的实现，也是有助于学科关键能力培养的落实的。不鼓励本来两课时的教学内容，因为要培养批判性思维变成了四课时，通常不要这么做。

从这两个要点出发，课题组把案例研究作为重中之重。关于批判性思维的大量教学实践案例不断涌现。

徐飞在讲《史记·李将军列传》时，有学生质疑：李广这么有本领为什么"难封"？真的全是朝廷不善用人的原因吗？他带着学生认真研读课文寻找证据，展开讨论，最后得出结论：从课文内容来看，"李广难封"也有其自身原因。课文中李广追射匈奴射雕者，竟然连所部都不知道他的去向；作战射击时"度不中不发"，导致"将兵数困辱"等情节体现了李广尚武好斗超过了知兵谙战，甚至在军事观念、军事纪律和素质方面有明显的缺失。而行军过程中的失导迷路极有可能暴露出他对大规模军事远征的不适应。在讲《廉颇蔺相如列传》时，学生对"完璧归赵"的真正原因产生怀疑，经过讨论，师生一起构建了一个二难推理：秦王或者图璧或者窥赵，除此没有其他可能。若秦王图璧，璧已不可得，没必要再大动干戈；若秦王窥赵，赵国有能人，秦王不敢贸然行动。所以蔺相如能够完璧归赵。当然，蔺相如可能也有他的高明之处，高明之处就在于他猜到了秦王的心理。经过一段时间的训练，学生的质疑水平和逻辑思维能力明显提高，甚至有学生对贝多芬的那句名言——"公爵现在有的是，将来也有的是，而贝多芬却只有一个"提出合理质疑：头衔（身份）是不好和自然人进行比较的，公爵也可以说"音乐家何其多，而我只有一个"。

七、价值

2017 年 10 月 19～20 日，由陕西师范大学基础教育研究院和南京市中华中学联合主办的"全国高中批判性思维教学展示研讨会"在中华中学举行。在研讨会上陆续展开关于"普通高中学生批判性思维培养研究"课题报告、批判性思维教学专家报告、"普通高中学生批判性思维培养研究"精品子课题交流、九学科教学展示等环节，进一步推动了这项国家级课题的研究实践，也凸显了中华中学对区域教育发展的引领和辐射作用。

中华中学"普通高中学生批判性思维培养研究"课题研究的意义重大，它的独特价值主要体现在系统性、可操作性和实证性等方面。

1. 确立理论和实证支撑，建立方法和测评体系。该课题立足普通高中教学实践，率先在国内对高中生批判性思维培养的目标、要点、评价、资源、路径、流程等几个重要维度进行系统的探索，形成在高中课程、教学中培养学生批判性思维的成体系、可操作、可观测的办法，把关于批判性思维培养的理想构筑与理论探讨变成教学一线有标准、有章法、成体系的实践方法。

2. 探索与批判性思维直接相关的核心素养形成规律和培养方法。批判性思维主要包括批判精神和批判技能两个方面。而核心素养为文化基础、自主发展、社会参与三个方面，包含人文底蕴、科学精神、学会学习、健康生活、责任担当和实践创新六大素养，并进一步细分为 18 个基本要点。比照而言，批判性思维、创新思维的发展与 18 种核心素养中的 7 种有着直接的关系。因此，研究批判性思维的培养同时也是在研究相关核心素养的培养。

“小荷才露尖尖角，早有蜻蜓立上头。”尽管“普通高中学生批判性思维培养研究”课题的研究实践才刚刚开始，便有一些研究成果见诸核心学术期刊和重大媒体上。《会质疑　有理由　讲逻辑——略论语文教学中批判性思维的培养》《史料教学中批判性思维的建构——以人教版选修课“王安石变法”为例》《质疑：语文课堂的起点》《文言文教学与批判性思维培养》《批判性思维测评初探》《批判性思维培养的目标、资源和路径》《在“质疑-共解”中培养批判性思维》等已在国家级、省级期刊上发表。

中华中学还将撰写《普通高中学生批判性思维现状调研报告》，刻录《案例精选》光盘，编制《评价方案》手册，形成《普通高中学生批判性思维培养建议》的建议书，出版相关研究专著……这些研究成果将是“普通高中学生批判性思维培养研究”课题组全体人员的努力方向。

（该文原载于 2017 年 10 月 24 日《中国教育报》）

批判性思维与学科教学融合

——以高中语文为例

徐　飞

批判性思维是一种自觉通过质疑、查证和推理考察论证的合理性从而决定信什么和做什么的思维。[1]一个完整的批判性思维过程包括理解主题论点、分析论证结构、澄清观念意义、审查理由质量、评价推理关系、挖掘隐含假设、考察替代论证、综合组织论证八个步骤。[2]批判性思维至少包括情意特征和认知能力两个维度:[3]前者可以看作批判精神，后者可以看作批判技能。

批判性思维和影响学生终身发展的认知性或认知高相关性素养——如尊重差异、崇尚真知、理性思维、勇于探究、勤于反思、批判质疑、问题解决[4]——直接相关。运用批判性思维必定调动和统合相关素养，进行批判性思维培养的同时也是在进行相关素养的培养。培养学生的批判性思维理应成为学校教育的重要课题。

从国外学校教育实践来看，批判性思维培养任务应该贯穿学生发展的不同阶段,方法也可以有多种，一般方法是开设专门课程，注入法是在学科教学中明确批判性思维教学目标，浸没法则在学科教学中不明确该目标，混合法则是以上三种之结合。[5]目前，我国批判性思维教育取得的成就在学段上集中于高等学校，在方法上侧重独立课程。这当然是由最初引入批判性思维的学术路径所决定的，但显然不足以体现批判性思维的日常性和渗透性，也不能充分发挥其促进国民素质普遍提高的价值。青少年阶段是思维习惯形成的重要时期，基础教育理应是批判性思维培养的主阵地。[6]然而，基础教育阶段的学科教学，又不能照搬批判性思维的专业理论和高校教程，否则不仅会妨碍学科教学任务的完成，也令批判性思维培养无法落地生根。基础教育阶段的性质、任务和学生特点决定了这一阶段学生的批判性思维培养必须走学科融合之路，以隐性目标为主，使培养意图“浸没”于具体学科之中。

一、求简易，聚焦批判性思维培养要点

中小学和高校的学生批判性思维培养应有合理的区分和转化。作为专门之学的批判性思维在我国从无到有，从有到“热”，高校的理论研究和课程建设起到了至关重要的作用。基础教育的相关探索，虽出于自发，但其理论参考主要来自高校学者的翻译和著述。这些翻译和著述很多脱胎于高校教材或教学参考资料，其囊括的知识、技能和思想相当之丰富，若要向中小学推广并落实到学科实践中，必经相当程度的简化方可适用。

为使高中生批判性思维培养成为可操作之事，教师在基本理解批判性思维及其培养的理论体系全貌的基础上应盯住一个目标——决定信什么做什么，关注一个对象——论证（或推理），扣紧三个要点——会质疑、重实证、讲逻辑，使批判性思维培养尽可能简易可行，同时又防止碎片化、花絮化。[7]

在上述批判性思维的目标、对象、要点中，会质疑、重实证、讲逻辑这三项，尤其是高中生批判性思维培养的基本着力点。质疑、实证、逻辑是人类理性之精华、求真之利器、创新之要件，是独立思考和决策的前提，是纠正盲从或封闭的良方，是不断开辟认知新大陆的奥秘。爱因斯坦所谓“提出一个问题往往比解决一个问题更为重要”为人们所熟知，而另一段话“西方科学的发展以两个伟大的成就为基础，那就是希腊哲学家发明形式逻辑体系，以及发现通过系统的实验可以找出因果关系”[8]，则被国内外不少学者看作破解“李约瑟难题”的一种思路。这两段话深刻诠释了质疑、逻辑和实证在一切探索活动中的关键作用。

会质疑，情意上要求学生有一种独立与怀疑的精神，能力上要求抓住论题、分析材料、寻找漏洞、发现矛盾并准确地表述问题。重

实证，情意上要求有一种求实与负责的态度，能力上要求亲身实践、收集信息、追踪前提，评估证据并有效地运用证据。讲逻辑，情意上要求有一种理性和严谨的追求，能力上要求理解概念、把握命题、进行归纳、展开推理并完整地构建论证。[9]

会质疑、重实证、讲逻辑，这三者统一于人们具体的认知和实践，所以它们虽各有其规定性，却完全可以编织和熔铸到某个具体的教学点上。

如在学习《最后的常春藤叶》时，有学生提出："苏艾是否事先知道贝尔曼的计划?"这是质疑，然后又指出："如果她不知道，为什么每次拉开窗帘都没有表现出应有的忐忑和焦虑?"这是举证，其中又有逻辑推理——反证。

学生集体讨论后得出结论：苏艾事先不知道真相。

理由一：从情节看，贝尔曼完成"杰作"后，"看门人在楼下的房间发现他痛苦得要命。他的鞋子和衣服都湿透了，冰凉冰凉的"，苏艾事先知情的话就不会发生这样的情况。

理由二：从人物看，贝尔曼特立独行的个性与完成"杰作"的抱负决定了他会在无人知情的情况下独立完成他的计划。

理由三：从作者看，如果把贝尔曼作为中心人物塑造，那就没有必要也不应该安排苏艾知情和参与。

至于说苏艾"没有表现出应有的忐忑和焦虑"，则很有可能是因为她对琼珊荒唐的信念不以为意。

这一简短的论证，肇始于一个合理的质疑，本身既有充分的证据，又有精细的逻辑推理。

抓住会质疑、重实证、讲逻辑这三个着力点，既能促进学生批判性思维的养成，还可以对目前盛行于语文课堂的"纯粹思辨""架空分析"有所拨正。有别于自然科学，语文学习中的实证意识和能力培养更多的是引导学生关注生活和社会，并指导他们去认真捕捉文本信息作为其思考和探究的支撑。带着质疑、实证意识并以逻辑推理为工具，学生会自动在文本细读中发现蛛丝马迹，在文本深读中挖掘隐藏信息，在信息考辨中寻求最佳支撑。作为教师，只要抓住这三个要点进行自觉的探索，批判性思维的其他专业性也会自然而然渗透进来。

二、抓精粹，寻找批判性思维最佳工具

求精粹，就是求取最能体现批判性思维本质且对学科教学最有价值的东西。批判性思维的很多思想、工具和办法，已经被证明具有广泛的迁移价值，但移植到特定学科土壤中，仍需“适切性”考察和“本土化”处理。基础教育对批判性思维理论的运用，要有一点“拿来”的意识，不必迁就体系，不宜照搬照套，而是要择我所需，为我所用。

在工具和方法层面，批判性思维模型是学生进入“批判性思维状态”的快速通道，多数模型都综融了会质疑、重实证、讲逻辑的培养要点和相关的技能与情意，对思维品质提升有长远意义。问题是，经典的批判性思维模型远不止一种，如苏格拉底的诘问模型、杜威的科学方法模型、图尔敏的论证批判模型（见图1）、弗里莱的辩论模型、李普曼的儿童哲学模型、布鲁克菲尔德的假设主轴模型、沃尔顿的对话模型等，每种都既有广泛的应用价值，又有鲜明的个性特点……该如何选择？以高中作文教学为例，可以更多尝试图尔敏模型，一是因为该模型历经检验，直观简明；二是因为它满足写作教学需要，对中学生议论文写作的常见问题有很强的针对性。

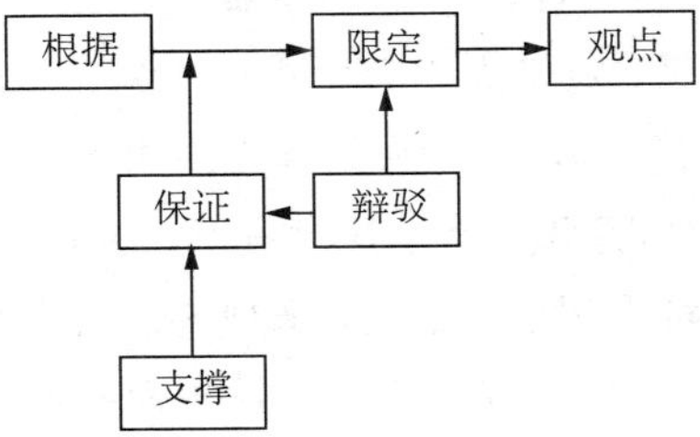

图1　图尔敏模型

对图尔敏模型的核心要素进行分级分析，便容易理解它对中学生议论文写作偏向的匡正作用。首先，观点、根据依然是该模型的核心要素，就像论点加事例的模式依然是时下中学生议论文写作的主流，然而仅有论点和事例，文章就会显得结构扁平、论证无力甚至

文体不明，该模型的保证和支撑正是对根据推出论点的确保，在议论文中就是对事例进行分析、挖掘或对论点进行阐释、延伸并使二者密合。观点、根据、保证、支撑四者已构成相对完善的论证，可暂时称为论证1。而该模型最具创新性的部分其实在于辩驳和限定。辩驳就是质疑，可理解为对论证1的质疑，而最强的质疑就是基于实证的反例。限定则是对质疑的接纳和化解，化解的方式一般是对论证1的观点进行逻辑限定（也可以是对保证加以强化），由此构成论证2，这显然对说理过程中概括的片面化、观点的绝对化有很强的拨正作用。当然，分解出论证1和论证2，只是为了揭示图尔敏模型和一般模型的显著区别，对图尔敏模型的精熟掌握不应该是先有论证再有质疑和限定，而是在论证时就将质疑包括反例纳入思考和表述。由此不难看出引入该模型对中学生议论文写作乃至思维训练的突出价值，这种价值的背后其实是人类认知和思辨的规律。

然而，要原样掌握这六大要素的内涵及相互之间的结构化关系，对于大多数中小学生来说，显然是增加了负担，也没有这个必要。其实，图尔敏模型最重要同时对中学教学最有价值的就是“反例”意识。有了这个意识，学生会自觉对观点进行保护性修正，对论证框架进行细化，来规避或解释反例；所谓保证与支撑往往也会自动生成，文章不仅表达更严密，框架也会变得精致和富有弹性。例如，教师让高一学生考虑“兼听则明”的论证提纲，先让他们找出反例，再让他们限定前提、构建框架。

主要反例有：

“三人市虎”“父子骑驴”，听了越多越糊涂；《邹忌讽齐王纳谏》中齐王听了宫妇左右、朝廷之臣、四境之内的评价还不够，李世民有时听魏徵一个人的就够了。

随后建立的论证框架是：

提出论点：兼听则明

剖析原因：突破局限、拓宽视野

指出关键：在“多”，更在“异”

限定前提：听者有胸怀，善辨别

总结原则:独立思考，为我所用

图尔敏模型对高中生的意义并不在于熟练掌握论证的程序或写作的模板，而在于学会积极面对质疑甚至自我质疑，相信质疑让思想更强大，也让认识更接近真理，这也是该模型最精华、最具革命性也最能体现批判性思维宏旨的地方。

三、找结合，批判性思维在课堂自然渗透

不妨这样看待批判性思维和具体学科教学的关系，它既是学科教学的内在追求，又是学科教学的重要工具。教师既要在学科教学中培养批判性思维，又要通过批判性思维的运用促进甚至改进学科教学。批判性思维不能凌驾于学科教学目标之上，也不能游离于学科教学任务之外，而应该和学科教学任务密切结合，向学科教学过程自然渗透。

其实，从批判性思维的目标、对象和要点出发，就会发现它在不同学科教学中都有广阔的空间。既然批判性思维是研究论证或推理的，那就找到教学内容和过程中的“论证”“推理”，在考察推理、评估（或构建）论证中培养学生的批判性思维;而这个推理和论证，本来就是帮助获得和强化某个知识点的，就是通向固有的教学目标的，就是有助于固有教学任务的实现和学科关键能力的形成的。

批判性思维是决定信什么和做什么的思维，要达到这一目的，考察就不能只限定在眼下的论证之中，还要通过寻找、评估替代的解释或方案来确定孰为最真、最佳或最合理。找“替代”是批判性思维的重要思想方法，也是它打通和创造性思维联系的切口，对语文学习也有重要的意义，可以帮助学生从不同视角发现阅读和写作中存在的问题并加以改进。训练找“替代”的能力，固然可以在推敲结论和分析论证时专设一个环节，但最好是将其渗透到具体的阅读、思考和表达的过程之中。

如在作文立意指导课上，教师让学生分段观看 5 分钟短片《花盆》。

第一段：学生看到“树人”长在花盆之中，盆体破裂，根须露出，树人跳跃着出门……

第二段：“树人”拿出长梯攀上高地，将自己移植到地里，又拿出一个长竿……

第三段：“树人”用长竿扰动云团，引致降雨，雨过，树人长大……

第四段：“树人”发现自己所在的“高地”实为一个更大的花盆而已，于是再次跳跃出行。

在这节课上，找“替代”的训练贯穿始终：

一是在观看过程中找“替代”：学生每看一段，都要猜测“树人想干吗”以及“故事会怎样”，并说出猜想的理由；看完下一段之后首先讨论刚才谁猜得最准，影片安排和同学的猜想哪个更好，为什么。

二是分析和评议时找“替代”：完整地看完影片后，教师要求学生说出影片的观点，同时讲出自己的看法。关于影片的观点，学生给出这样的结论：“影片体现了人的发展离不开特定条件，但发展到一定阶段，条件就会成为束缚，人又会突破束缚给自己创造新的条件，同时又陷入新的束缚……突破和束缚都是无尽的。”但在“讲出自己的看法”时，学生出现分歧，一部分认为这体现了人生的“进取”；另一部分提出这是“轮回”甚至“死循环”，是“徒劳”和“荒诞”，并以西西弗的神话为例。教师要求后者指出突破困境的办法。这时，先前分步观看时关于第二段“长竿”的猜想就起到了关键性的作用。当时只有一位学生提出“树人”拿出长竿是“为了长高”，其他有的猜测是为了招引小鸟来做伴，有的猜测是为了感受高处的风，还有的猜测是为了告诉其他困在盆里的小伙伴怎么解放自己回归大地……总结这些猜想，恰恰可以得出突破“轮回”困境的办法——人不能一味谋求外在的突破，还应享受生活本身的愉悦，努力拥有内心的“安宁”。

最后教师又提示学生克服非此即彼，寻找兼容“进取”和“安宁”两种选择的方案，学生讨论后提出：既要不断超越现状实现“螺旋上升”，又要反求诸己寻找安放心灵的地方。

这节课的批判性思维训练意图是明确的，只是教师没有点明，学生也没有发觉。教师把批判性思维自然渗透在读、想、议的过程之中。从结果来看，这样做既训练了批判性思维，又提高了学生的参与度；既改进了阅读（观看）方式，又加深了对生活的理解。

四、探教法，批判性思维与语文深度融合

学科教学中培养学生批判性思维的方法和策略应该是多种多样的，但若以“课”为时间单位和活动场域来进行批判性思维的培养，则需要有相对固定的章法，这样才能确保教学过程的大致可控与固有目标的如期实现。高中语文课堂教学采用“质疑-共解”教法，能够有效整合批判性思维培养和教学常规任务落实，使学生语文学习的过程同时也成为批判性思维展开的过程。

“质疑-共解”的所谓质疑，就是针对学习材料提出问题；共解，就是师生针对问题共同进行探究。

质疑的过程一般包括三个环节：一是自读，确保学生在独立阅读中产生真问题；二是交流，学生在一定范围内进行交流，解决掉浅易的问题，归纳出共性的问题；三是提问，学生向教师、向全班提出问题，教师记录问题要点。

共解的过程一般也包括三个环节：一是整合，在求解问题之前，需要对学生提出的所有问题进行梳理、分类、概括和排序；二是求解，师生对重新编次的问题进行求解；三是共识，师生对有关问题形成基本结论或重叠共识，并充分尊重此外的合理的认知视角和情意取向。

以上六个环节构成了一堂“质疑-共解”课的一般性流程，实际操作时视具体情况可以有所调整。

“质疑-共解”可以实现学科课堂教学和批判性思维培养的深度融合。一方面，“质疑-共解”让批判性思维培养落到实处。“质疑-共解”接近于多数学生在未来运用批判性思维的公共生活情境，构造了“运用理智”进行公共说理、参与公共讨论的开放空间和互动网络，让学生体会相互启发、磋磨，共同扬弃、攀升的认识进程。在“质疑-共解”的过程中，学生需要基于文本呈现来提出问题，基于充足证据来得出结论，基于逻辑推理来构造论证，基于心灵开放来砥砺思想，这

对批判性思维的培养要点有很好的落实。

另一方面，“质疑-共解”确保课堂教学任务的完成。可以广泛运用于一般性的阅读教学与材料作文教学，只要处理得当，不仅不会延误教学进度，而且可以优化教学进程。

首先，“质疑-共解”凸显学生地位。不同于“满堂灌”，也别于“师问生答”，在“质疑-共解”的学习过程中，学生研究的是自己发生兴趣和产生探究冲动的问题，并由此开始一个真正的主动思索和建构的过程。

其次，“质疑-共解”确立教学起点。教学起点的选择离不开对学生和文本这两大要素的把握，而学生的质疑恰恰综合了这两大要素：质疑是人与文相遇的产物，任何关于文本的真问题都包含了已知也指向未知，既来自文字表层又指向文本核心。质疑体现了学生彼时真实的认知和情意状态，是课堂教学的此岸，也是课堂教学的最佳起点，有着不可替代的教学价值。

再次，“质疑-共解”促进文本细读。提出问题需要细读，求解问题更需要细读、深读。在求解问题的过程中，每个结论都要落在证据上，而证据主要来自文本本身。学生不得不到字里行间去找证据，从隐藏信息里找支撑。“李广难封”有无自身原因？这一带有颠覆性的问题，看似远远超出课文范围的问题，思辨空间巨大，其实依然可以完全基于课文（《史记·李将军列传（节选）》）对其进行讨论。学生发现：从课文内容来看，“李广难封”也有其自身原因。课文中李广追射匈奴射雕者毫无战略目的，而且竟然连所部都不知道他的去向；射击时“度不中不发”（苛求每一箭都要命中，而不是在有限的时间杀伤更多敌人），导致“将兵数困辱”：这些情节体现了李广尚武好斗超过了知兵谙战，甚至在军事观念、纪律方面有明显的缺失。而行军过程中的失导迷路极有可能暴露出他对大规模军事远征的不适应。

最后，“质疑-共解”通向教学目标。基于学生质疑的师生共解的过程，其实就是从学生质疑走向教学目标的过程。但和教师有意识提问环环相扣连向目标不同，学生的质疑是不确定和不定向的；事实上，知识轰炸般的教师“满堂灌”固然以源源不断的现成结论败坏了学生探索的兴致，但思维锁链般的教师“满堂问”又何尝不是以刚性的序列在钳制和规训学生的思维与想象！然而离开了教师预置的知识或问题序列，如何在不确定的学生质疑和已确定的教学目标之间建立可靠的联系呢？教师带领学生整合问题，正是基于学生的真实状态对文本核心进行切入的过程，正是打开学生质疑和教学目标之间进路的过程。试以《楚辞·渔父》的学习过程为例具体说明。

教学目标：掌握有关文言知识，探讨屈原和渔父的形象，鉴赏在差异甚至冲突中彰显人格的写法。

学生质疑：“与时推移”怎么翻译？渔父所谓圣人的标准是什么？渔父是不是让屈原做坏事？《沧浪歌》表现了渔父怎样的特点？渔父笑什么？渔父为什么“见死不救”，不努力劝说屈原？渔父是怎样的人？渔父是测试屈原吗？屈原称自己“独醒”，难道渔父不“清醒”？屈原在自己的最终选择和渔父提供的选择之间有没有第三种选择？这两个人有对话的基础吗？屈原和渔父哪个更“高”？屈原死了，渔父走了，后人是怎么知道他俩的对话的？这个篇目着力表现什么？

整合方式：按人物将问题分类，并注意问题与问题之间的逻辑关系。学生一开始提出“按话语和行为分类”“按字词和主旨分类”“按背景、情境、事件分类”等方案，但这些方案有的标准不清晰，有的判别有困难，有的信息不充分，有的“文”“言”割裂……而最根本的问题是无助于师生在落实文言文学习要求的过程中自然而然走向文本核心。最后学生发现，恰巧所有的问题都和屈原、渔父、作者三个人有关。于是，把问题按人物分为三类并大致排序，先求解屈原的问题，再求解渔父的问题以及两人的关系问题，最后求解作者的问题。

求解要点：(1) 注意捕捉人物言行或言行背后的价值观来解答问题，并且尽量落在具体的句子甚至字词的翻译和解读上，例如，渔父所谓的“见死不救”，恰巧体现了他所说的“不凝滞于物”；(2) 对事件的真实性不作推测和考证，把对话改成独白，比较表达效果的不同;(3)不刻意比较两人高下,但可以从字里行间猜测作者的态度。

师生共识:屈原执着、激越、清高孤傲,渔父超然、通脱、和光同尘。二人代表着不同的人生态度,二人的性格在立场冲突和言语交锋中各自得到鲜明的彰显。从境界的高下、文章的结构乃至篇幅的分配来看,作者持不偏不倚的立场,但结尾油然流露出对渔父的一种欣赏。

具体分析"质疑-共解"的课例,不难发现,学生质疑、师生共解(包括整合问题)、教学目标以及批判性思维之间可以形成高度结构化的联系。试以GPS导航类比:学生的质疑确定了"我的位置",教学目标确定了"目的地",问题整合其实是"路径规划","共解"就是实时的"行驶"过程,而批判性思维是重要"交通工具"。

参考文献

[1] 徐飞,李玲,张跃志.会质疑　重实证　讲逻辑:南京市中华中学"普通高中学生批判性思维培养研究"课题研究纪实[N].中国教育报,2017-10-24(12).

[2] 董毓.批判性思维原理和方法[M].北京:高等教育出版社,2010:23,52.

[3] 徐飞,蒋薇.批判性思维培养的目标、资源与路径[J].教育研究与评论,2016(3):47.

[4] 核心素养研究课题组.中国学生发展核心素养[J].中国教育学刊,2016(10):1-3.

[5] 高瑛,许莹.西方批判性思维研究:回顾与反思[J].外语学刊,2014(5):3.

[6] 董毓.四问批判性思维的教学转化[N].中国教师报,2017-11-08(4).

[7] 徐飞.批判性思维的教学转化[N].中国教师报,2017-11-22(4).

[8] 爱因斯坦.爱因斯坦文集:第一卷[M].许良英,范岱年,译.北京:商务印书馆,1976:574.

[9] 徐飞.会质疑　有理由　讲逻辑:略论语文教学中批判性思维的培养[J].教育研究与评论,2015(5):6-9.

(该文原载于《课程·教材·教法》2018年第7期)

批判性思维的教学转化

徐　飞

一、批判性思维的目的不是“否定”

许多人认为，批判性思维的根本取向是“批判”，最终目的是“否定”，这是对批判性思维最严重的误解，客观上限制了批判性思维在国内的接受和推广。

事实上，批判性思维并不事先假定什么是对的什么是错的，只是主张任何观点及其论证都应该接受理性的检视，如果发现是错的就拒绝它，发现是对的就相信它。当然，在相信的同时还要思考有无进一步改进的可能。

比如，能不能对教材运用批判性思维？可以。发现教材的瑕疵会令人振奋，当然，发现教材结论的正确和文本的高明，也会让学生真正接受和深刻理解教材所传递的东西。因此，批判性思维并不会使人偏激，让人生出“反骨”，相反，它会使人更包容、平和、客观、中立。

与上一种误解密切联系的另一种误解，是把批判性思维当作求异思维，认为其目的是推出一个与别人不同的东西。批判性思维和求异思维有一定联系，二者可以相辅相成，但并不是一回事。

还有一种误解，就是认为批判性思维是很“高大上”的东西，这就使得许多人敬而远之。我曾提出来高三学生复习时要多一点批判性思维，有老师表示担心：相对统一的答案需要批判吗？有限的解题时间来得及批判吗？命题人反复推敲的材料有必要批判吗……

我举了一个例子。《史记·魏公子列传》中有句话“侯生摄敝衣冠,直上载公子上坐”,“摄”解释为“提起”行不行?解决这个问题就不能只凭知识和语感,而是要用到批判性思维。可以推想:“提起”衣服还可以接受,“提起”帽子就显得不合理。那位老师说:“这就是批判性思维?那我也用过。”

事实上,正如这位老师所意识到的,批判性思维是一种很普通、常见的思维。我曾给批判性思维下过一个描述性定义:人们在面对(或作出)一些结论时,如果对结论不是简单接受或断然拒斥,而是研究这个结论有没有依据,其中的推理是否合乎逻辑,甚至进一步对依据本身的真实性、代表性进行考察,当然还会思考结论本身是否合理,是否会推出谬误,是否与已知的一切有冲突……这就是在进行批判性思维。

当然,我们也要防止陷入另一种误解,即认为批判性思维适用于任何领域,甚至无所不能。事实上,批判性思维代表的是人的理性一面,而经济学、心理学研究表明,人是“不完全理性”的,科学发展还表明理性本身也是“不完全”的。理性的局限自然也是批判性思维的局限。

误解带来误用,最可怕的误用是把批判性思维当作自我标新立异又挞伐他人异见的利器。声称“独立思考”,其实只求树立自己;口言“批判质疑”,其实只为驳倒别人。这是对批判性思维最大的戕害。

二、三条策略让批判性思维落地

把批判性思维运用到基础教育,不宜使其成为增设的目标和额外的任务,而应使其与固有的教学内容水乳交融。中小学生批判性思维的培养,要注意抓精粹、求简单、找结合。

抓精粹。教师对批判性思维及其培养理论要有深刻的理解,然后找到最本质和对教学最有价值的东西。批判性思维有许多好工具、好方法,但借鉴时一般不宜照搬。例如,图尔敏论证模型(一种论证方式)是非常好的工具和思想方法,但如果要求中学生完全掌握,显然不太现实。图尔敏论证模型对中小学教育最有价值的是“反例”意识。有了这个意识，学生会自觉对观点进行修正，对论证框架进行细化，规避或解释反例。

一次上作文指导课，我让学生考虑“兼听则明”的论证提纲，先让他们找出反例，再优化论点表述、细化论证框架。他们举出的反例主要有：“三人市虎”“父子骑驴”，表达听得越多反而越糊涂……随后学生建立了论证框架——提出论点：兼听则明；剖析原因：突破局限，拓宽视野；指出关键：在“多”，更在“异”；限定前提：听者有胸怀，善辨别；总结原则：独立思考，为我所用。整个过程只用了 9 分钟时间。

求简单。在理解批判性思维及其培养理论体系的基础上，找到适合中小学教育教学的要点和方法，而且要点一定要少，方法一定要简单。基础教育阶段的教学和学习任务相当繁重，如果我们把批判性思维搞得很复杂、高深、挑剔，绝大多数师生就会躲得远远的。我很少向教师们提到类似“智慧勇气”“自我校正”这些专业性概念，更不会把论证模型直接带到课堂上。我跟他们讲：批判性思维的目标就一个——决定信还是不信，对象就一种——论证（或推理），要点就三个——会质疑、重实证、讲逻辑。教师们发觉：原来我早就知道这些东西，也曾经有过努力和尝试，现在只需要更自觉、更系统地做就行了。

当自觉的探索和实践开始后，专业性自然而然就会渗透进来。师生会明白，批判性思维是开放、进取甚至开拓的，也是针对自己的……

找结合。教师要找到学科教学任务中适宜运用和训练批判性思维的地方。从批判性思维的目标、对象和要点出发，你会发现它在教学中有广阔的空间。对教材可以运用批判性思维，对习题及教师引入的材料也可以运用，而更多的运用其实应该在师生讨论或自我反思的过程中。合理运用批判性思维有助于固有教学任务的实现，也有助于学科关键能力培养的落实。

我认为，批判性思维很容易在学科教学中找到结合点，而且很可能带来课堂教学深层次的变化。

2008 年,我到南京外国语学校任教,当时凭借对批判性思维的浅层理解,我觉得质疑是一个重要的入口。于是,开始尝试课文教学先从学生的现场提问开始。

第一次用这种方式上课是讲《楚辞·渔父》,在短暂的沉默之后,学生提出了 17 个问题,其中“渔父为何见死不救”这个问题至今令我记忆犹新。一段时间下来,类似有趣而深刻的问题越来越多:“乘天地之正,御六气之辩”是不是“有待”?项羽为什么先“乃欲东渡乌江”,而后又选择自刎……

学生已经能提出有价值的问题,那么怎样高效地求解答案?谁来回答学生的问题?怎样用学生的问题串起一堂课,是一问一答,还是问完所有问题再答?更重要的是,如何让求解过程贯穿批判性思维,并最终达成学习目标呢?

于是,我摸索出“质疑—整合—共解”教法。所谓质疑,就是师生(主要是学生)针对课文或其他学习材料中难以理解、相互矛盾、不合常理的地方提出问题;所谓整合,就是师生对提出的所有问题进行筛选、梳理、归纳、排序;所谓共解,就是师生基本按照问题整合的结构和顺序进行探究、展开讨论、达成共识。

运用“质疑—整合—共解”教法培养学生的批判性思维,至少给我的课堂教学带来以下几个变化:

一是文本的细读、深读。强调批判性思维之后,学生明白任何观点都要有理由,而且要到字里行间去找,渐渐就学会了细读和深读文本。

比如,“李广难封”有无自身原因?这一带有颠覆性的问题,看似超出了教学范畴,但完全可以基于课文进行讨论。学生发现:从课文内容来看,“李广难封”也有其自身原因。李广追射匈奴射雕者毫无战略目的,而且竟然连所部都不知道他的去向;作战射击时“度不中不发”(苛求每一箭都要命中,而不是在有限的时间杀伤更多敌人),导致“将兵数困辱”等,这些情节体现了李广尚武好斗超过了知兵善战,甚至在军事观念、纪律方面有一定缺失……

求解问题时运用批判性思维,要求每一个结论都要落在证据——也就是文本的具体信息上,能避免纯粹思辨和架空分析,甚至能解决困扰中学教师的文言文教学中"言"(主要是词句翻译)和"文"(主要是内容解读)易分离的问题。因为只要带着找证据的意识,文本解读自然会从"文"走向"言",从"言"走向"文"。再深刻、再宏大的问题,都可以放到具体的语句中来求解;再琐细甚至不起眼的字句,都可能通向文本的核心。

二是学生的参与度提高。质疑是思考的起点、探究的动因,是学生主动认知的开始。但如今主流的"提问式教学"通常是师问生答。其实,教师"满堂灌"固然以源源不断的现成结论败坏了学生探索的兴致,但教师"满堂问"又何尝不是以问题在钳制学生的思维和想象呢?"质疑共解"与"师问生答"的显著区别是:对于前者,学生研究的是自己感兴趣和产生探究冲动的问题,并由此开始一个真正的主体性思考过程;对于后者,学生即使产生思维活动,但其思维场域、界限、方向甚至结论都是被圈定的。教师受自身认识范围和思维定式的影响,对文本的认识是有局限的。学生参与度的提高,学生视角的多元化,往往能促使教师突破自身局限,让一堂课向新的维度开拓。

三是找到了教学起点和目标之间的路径。教学起点就是学生的真实状态,一堂课无论怎样导入,都不应该脱离学生的真实状态,否则再精彩也没有实际意义。学生质疑其实就是他们真实状态的反映,是课堂教学的最佳起点。细致分析不难发现,学生提出的质疑,既包含了已知也揭示了未知。但如何以学生的已知为基础、未知为指向,并最终走向教学目标呢?拿 GPS(全球定位系统)导航和"质疑—整合—共解"作个类比,学生的质疑确定了"我的位置",教学目标确定了"目的地",问题整合其实是"路径规划","共解"是实时的"行驶"过程,而批判性思维就是重要的"交通工具"。

三、两大因素阻碍批判性思维的发展

要在中小学推进批判性思维教育,从目前的状况来看着实不易。从大环境来说,传统观念的制约、师道尊严的禁锢、效率主义的横行、应试教育的回潮、浮躁心态的弥漫等不利因素，共同导致了批判性思维培养的困境。

从人本身来说，人们长期以来形成的认知特点、习惯及观念也是一个重要障碍。

首先是逻辑素养的缺失。当下，能完全正确掌握、运用和辨别“假言推理”(根据假言命题的逻辑性质进行的推理)所有形式的学生实际比想象的要少得多。再看看网络上的许多言论，有意无意中强加因果、以偏概全、把类比推理当作必然性推理的现象比比皆是，却很少有人认真推敲。更别说“诉诸情感”“诉诸权威”这些刻意为之的谬误了，人们甚至觉得这些还很有“说服力”。特别需要注意的是，当下逻辑素养不仅缺失，而且还得不到重视。

其次是实证意识的缺乏。这是一个普遍性问题，在中小学教育教学中也有所体现。例如，人文学科教学容易“架空分析”，自然科学学科还不够重视实验教学，主要关注的是对结论本身的理解和运用，因为这对考试最有用。事实上，探究因果联系的方法，对学生将来从事各行各业工作都有积极的价值。做哪一项工作都需要发现一些规律性的东西，也都需要用到这些方法。

批判性思维离不开逻辑和实证，反过来又可以促进逻辑和实证，它们是互为因果的关系。我认为，逻辑规则和实证方法是批判性思维的重要组成部分，也就是说，批判性思维的培养完全有可能使人们在逻辑和实证方面的素养有所提升。从这个意义上说，批判性思维的培养，对国民素质的提升会有不一般的意义。

(该文原载于 2017 年 12 月 22 日《中国教师报》)

学生批判性思维培养的目标和测评

姚发权

在基础教育领域中，培养学生的批判性思维正被社会所广泛关注。一方面是人们认识到批判性思维的高阶性，它对于提升思维质量有着非常重要的意义；另一方面是当下的新一轮课程改革提出要培养中学生核心素养，批判性思维的发展与尊重差异、崇尚真知、理性思维、勇于探究、勤于反思、批判质疑、问题解决等素养的形成直接相关。培养学生的批判性思维，针对我国中学生的特点，首先需要明确批判性思维培养的目标，以及对在培养过程中怎样进行测评要有足够的认识。

一、批判性思维培养的目标

批判性思维是通过理解、质疑、查证和推理等探究活动考察观点及论证的可靠性从而决定应当信什么或做什么的思维。[1]从这个定义中，我们可以看出，批判性思维最简单、最直接的表述就是决定信还是不信。

批判性思维是一种高阶思维，在日常生活和学习中，要做到从容而理性地决定信还是不信并不是一件简单的事情。从培养这种高阶思维的过程来看，许多学者对批判性思维培养的目标进行了深入的研究和探讨，总体来说，研究者们把批判性思维培养的目标确定为包含能力（技能）和倾向两个维度。

（一）批判性思维能力

批判性思维的终极目标是做出决策。有学者指出："批判性思维就是所谓的善断”。这其实表明批判性思维就是一种能力，这种能力就是通过思考最终形成自己的主张，做出是否相信的决策。总体来看，批判性思维能力(见表1)包括：(1)对具象的事物或知识能提出合情合理的质疑，是一种善于发现并提出问题的能力；(2)会用所学的知识对问题进行思考，寻找证据进行分析，是一种注重实证(或理论依据)，善于分析问题的能力；(3)能运用逻辑的方法处理问题，是一种善用逻辑并解决问题的能力。

表1　批判性思维能力的具体表现[2]

1	我能通过理解、质疑、逻辑地考察论据和论证的合理性从而决定应当相信什么或不信什么
2	我能够理解并集中思考问题
3	我能区分话题、结论以及理由
4	我能够对言辞特别是歧义的言辞进行分析
5	我能通过与他人耐心、理智的对话辨明立场、澄清价值、追踪前提、提升认识
6	我可以运用多种办法判断资料的可信性
7	我能识别逻辑关系，发现矛盾，能进行严密的推理
8	我能提出假设并且验证与评价假设
9	我能对我的思维过程进行反思甚至监控，并适时作出调整

（二）批判性思维倾向

仅仅由思维技能展开的批判性思维是远远不够的，理想的批判性思维应该内化为人的人格倾向。这种倾向是指人们在运用相关思维技能时渗透的信念、情感和价值观。比如，美国学者恩尼斯就认为批判性思维除了“指聚焦于相信什么并且做出决策的合理性、反思性思维”，还包括技能以外的态度、情感等情意面。蒂什曼和帕金斯的研究则表明，理想的批判性思维不但拥有认知能力、思维策略与思维技能，而且拥有探究、质询、澄清、智力冒险、批判性想象的倾向，称为批判性思维倾向(见表2)。[3]由此可见，这些内在的信念(信仰)、情感

(态度)、价值观是批判性思维的重要结构,它左右甚至支配着人的思考态度和方向,其地位和意义在某种程度上超越了作为能力的因素。

这种情意特征表现为一种积极的态度,包含尊重客观事实、公正合理的态度,探究、质疑的精神,追求真理的信念,坚持自己的主张,强烈的好奇心和求知欲,和敢于担当的勇气等。

表 2　批判性思维倾向的具体表现[2]

1	我坚持任何观点均须理性检省
2	我推崇自由地思考和自己做出结论,我从不人云亦云
3	我始终信任逻辑
4	我从未失去好奇心与求知欲
5	我不畏惧错误,乐于进行智力冒险
6	我追求真理,对真相负责
7	我能平等地对待一切观点,能直面来自他人的否定
8	我能把自身置于他人立场来思考问题
9	我知道目前我们所掌握的知识还有很大的局限性

二、批判性思维的测评

我国学者罗清旭指出:要加强批判性思维的研究与教学实践,就需要发展有效的批判性思维测评工具。批判性思维教学的目标是培养和训练好思考者。[3]在培养和训练的过程中,必不可少的是对过程及结果的评价,我们需要知道在行动的过程中做得如何,训练的效果怎样。仅凭被训练者在一节课中的表现,对一个问题的看法,抑或是指导教师及学生的主观感受恐怕远远不够。这就需要我们对批判性思维的测评进行系统的研究,用科学的方法对测评的理论和方法进行验证,并最终确定适合我国中学生批判性思维测评体系,以分析学生思维能力的发展现状、存在的问题,进而寻求对问题的解决办法。

（一）当前批判性思维测评主要方式

西方国家早在20世纪80年代就开始研究批判性思维及其测评工具，我国的起步较晚。目前使用较多的测评工具主要有Watson-Glaser批判性思维测试量表（WGCTA量表），加利福尼亚批判性思维技能测试量表（CCTST量表），以及加利福尼亚批判性思维倾向测试量表（CCTDI量表）等，这三个量表的测评对象都是大学生和中学高年级学生。国内学者通过对我国学生的思维能力及情意特征的分析，将上述三种量表进行适当的修订，成为当下还不够完善的批判性思维测评方式。

（二）批判性思维的组合式测评

批判性思维的组合式测评表现为一种更为灵活和开放的测试方式，它不以严格的批判性思维所具有的表征为测试内容，而是根据被测试者当时所处的年龄、环境、认知水平、理解能力等来设置测试题，但总体上围绕批判性思维的能力及倾向两个维度进行测试。

在研究的过程中，江苏省特级教师徐飞提出在语文教学中运用印象把握和材料分析的方法对学生的批判性思维能力进行模糊评估。[4]

“印象把握”是教师将学生在课堂教学过程中每个环节的表现进行列表分析，与当前学生应该具有的理想认知能力和情意表现进行对照、比较，对班级整体及个体的表现水平进行印象把握并予以评价，并从纵向和横向两个维度进行对比分析，这样有利于我们在进行批判性思维培养活动中及时反馈到行动的效果。这种评价对教师的个人素养及批判性思维的能力要求较高。

“材料分析”是指给学生一则或一组材料，材料可以是一个或一组观点、故事、案例、现象、事件，可以是文字，也可以是图片或视频。让学生针对材料提炼观点，澄清价值，作出判断，辨析是非，查找谬误，追踪前提……并根据学生这些方面的表现对学生的批判性思维水平进行等级评估。[5]

对标准化测试题的运用，还可以采取分级随机抽题进行测试的办法。测试前从设置为A、B、C三个不同水平的问题(A为最低,B为其次,C为最高)中随机选取30题(每个层次各10题),对每一道题赋分,规定受试者在一定时间内作答,根据得分情况对受试者的批判性思维能力及倾向予以评价。比如:

[A组第4题]小王:如果明天不下大雨,我一定会去看足球比赛。

以下哪项为真,可以证明小王没有说真话? Ⅰ.天没下大雨,小王没去看足球赛。Ⅱ.天下大雨,小王去看了足球赛。Ⅲ.天下大雨,小王没去看足球赛。

A. 仅Ⅰ　C. 仅Ⅲ　B. 仅Ⅱ　D. 仅Ⅰ和Ⅱ

设计意图:通过生活中的语言,在真实语境中考察被测试者的批判性思维倾向和逻辑推理的思维能力。考察复合语句的真假结构及其变换命题的真假性。

[B组第20题]一个常见的误解认为大学的附属医院比社区医院或私人医院要好。实际上,大学的附属医院救活率比其他医院都低。从这点可以清楚地看到大学附属医院的治疗水平比其他医院都低。下面哪项如果正确,最强有力地削弱了上文的论证?

A. 在大学附属医院工作的医生赚的钱比私人医院的医生少。

B. 大学附属医院和社区医院买不起私人医院里的精密设备。

C. 大学附属医院的重点是纯科学研究而不是治疗和照顾病人。

D. 寻求大学附属医院帮助的病人病情通常比在私人医院或社区医院的病人重。

设计意图:考察被测试者对话题中的理由和结论进行分析的能力,是否能够准确捕捉预设和隐藏前提,是否能较好地识别逻辑关系并发现矛盾。

这种测评把测试题进行了分层设置,在测试过程中采用随机抽取一定数量的题给测试者,测试者在每次进行自测时遇到的都将是不同的题目,这为观察学习者在不同时期的批判性思维能力和水平提供了纵向比较的参考依据。

此外,我们还发现,批判性思维能力还表现在一些具体的实践操作中。测评中,也会经常使用“操作观察”测评法,即对受试者在操作特定的模型、模具，或在解决具体的实际问题的过程中所表现出的批判性思维能力进行观察，对照能力标准进行评分，从而评估出受试者在该项技能上的能力值。

批判性思维的测评是一个系统的工程，现阶段还没有一个非常完美的解决方案，在实际操作中，我们也发现各种测评方式中存在的不足。我们认为，对于高中学生批判性思维水平的调查、评估宜以批判性思维培养目标为参照，以多种测评作为相互补充和参照，实现对学生的批判性思维能力进行多元评价（见图 1），其结果将更具参考价值。

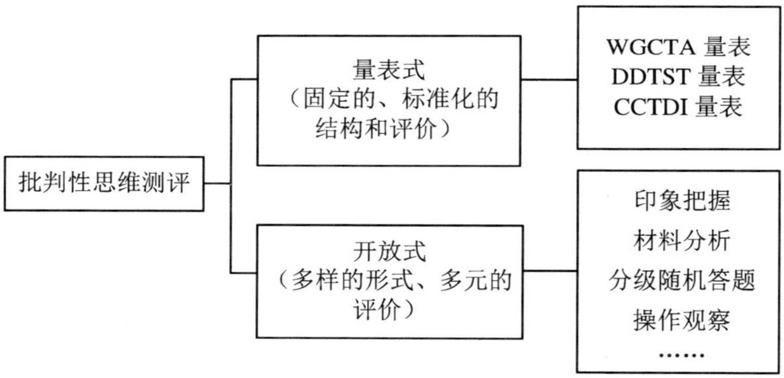

图 1　批判性思维测评

（三）批判性思维培养的注意事项

为了对高中学生进行有效的批判性思维训练，在进行批判性思维培养的实施中，一般采取两条主线：一条是批判性思维在课堂教学中的融合，另一条是开设批判性思维专门课程。

专门的批判性思维课程是提升学生思维能力的一种有效的途径，但是我们也应该知道，一种思维能力的培养是一个系统的工程。我们认为，做好批判性思维的培养，需要关注到以下三个方面：

（1）培训者（教师）的批判性思维素养。培训者需要熟悉批判性思维领域的知识，需要懂得批判性思维的原理和方法，需要善于运用批判性思维进行思考，并有丰富的理论知识和实践的经验。一个不善于运用批判性思维进行思考的培训者是无法训练出一个好的思考者的。

（2）要有专门的批判性思维课程。课程是实施思维训练的载体和有效手段，如何构建合理的批判性课程，需要不断地思考总结和探索。针对不同年龄阶段的学生群体，批判性思维课程需要具有科学性、连续性、适应性及层次性。

（3）要重视批判性思维在日常学习和生活中的应用。实践是检验行为的根本标准，我们可以通过在学科教学中渗透批判性思维，通过举办辩论赛，开展对话练习，开展综合实验探究活动（如 STEAM 课程）等培养学生的批判性思维。这些日常的行动将会使批判性思维逐渐融入学生的思考中，从而帮助他们提升思维的质量。

参考文献

[1] 徐飞. 批判性思维与学科教学融合：以高中语文为例[J]. 课程·教材·教法，2018(7)：61-66.

[2] 徐飞，蒋薇. 批判性思维培养的目标、资源与路径[J]. 教育研究与评论·中学教育教学，2016(3)：46-51.

[3] 钟启泉. “批判性思维”及其教学[J]. 全球教育展望，2002(1)：34-38.

[4] 罗清旭. 论大学生批判性思维的培养[J]. 清华大学教育研究，2000(4)：81-85.

[5] 徐飞. 高中语文教学中批判性思维测评初探[J]. 教育研究与评论·中学教育教学，2016(2)：45-51.

（该文原载于《江苏教育》2019 年第 51 期）

批判性思维教学资源的开发

夏新峰

《中国学生发展核心素养》中提出学生应具备学会学习、健康生活、责任担当、实践创新、人文底蕴、科学精神这六大核心素养，“科学精神”具体包括理性思维、批判质疑、勇于探究等基本要点——这恰恰也是批判性思维的重要内涵。提高学生的批判性思维水平理应是学校教育的关键目标之一。

在实践中，我们认为，可以从三个方面来开发高中生批判性思维教学资源。

一、挖掘教材文本

高中阶段的学习任务和特点决定了高中生批判性思维培养必须走学科融合之路，因此各科教材文本是最重要的批判性思维教学资源。教材文本提供了批判性思维的经典范例以及训练材料。

（一）知识形成的过程是批判性思维的范例

教材中每个知识点形成的过程——既指科学史上概念、定理、理论的形成过程，也指课堂上学生理解和掌握这些概念、定理、理论的过程，这些过程往往同时也是精彩的批判性思维历程。

例如，数学批判性思维的特征之一在于有能力评价问题解决的思路的选择是否正确，以及对这种思路可能导致的结果加以判断；用批判性的态度去分析解题过程，发现其中的不足，不断加以改正和完善，这正是批判性思维的具体体现。

数学教学中问题解决的过程正是训练学生批判性思维的有效途径。教师可以在定理、公式的教学中，让学生主动去探索、去发现、去解决，训练学生的批判性思维能力。可以引导学生根据教材问题的结构特点，从解题思想、解题方法上进行多角度的观察、联想，对每一个问题都能恰当地提出：解决该问题还有什么途径？哪一种方法更简便？还有没有更巧妙的方法？如果条件发生改变，又应如何进行思考等。可以利用教材，精心创设问题情境让学生讨论，引导学生在倾听不同意见中集思广益，在透析不同的思维方法中相互启发。

例如在“直线与平面垂直的判定定理”的教学中，教师可以设置如下问题：如果平面内有两条直线和已知直线垂直，为什么不能判定该已知直线和这个平面垂直？为什么是平面内两条相交直线与已知直线垂直？如果平面内有无数条直线和已知直线垂直是否可以证明？平面内任意一条直线和已知直线垂直，能够证明这条直线和这个平面垂直吗？让学生在对问题的不断质疑争论中，逐渐明晰，最终形成正确结论：如果一条直线和一个平面内两条相交直线垂直，那么这条直线和这个平面垂直。

教师还可以激发学生的批判性思维，将学习内容在原来思维结果的基础上深化，引导出新的思维方向，上升到新的思维层次，引导学生在一般的思维水平的基础上，打破原来的思维结构，进一步引申思维训练。

（二）教材的“空白点”“模糊处”是批判性思维训练的契机

教材常常出现一些“空白点”“模糊处”。这些空白和模糊的出现，恰恰是训练学生批判性思维的重要契机。

以历史为例，现行中学历史教材史料丰富、知识容量大、可读性强，但政治制度、典章、事件、背景等内容的介绍却比较抽象笼统。且中学生的历史唯物主义和辩证唯物主义认识观尚未完全确立，学生对问题的看待极易走极端，评价容易片面化。因而教师可提供具体的史料，力争将这些内容具体化、形象化、生动化。教师还可以运用一些带有探讨性的问题引导学生思考，指导学生观察、质疑、批判，启发学生思考，使学生能历史地、辩证地看问题，从而形成正确的认识。如中学历史教科书关于“汉武帝巩固大一统王朝”章节的描述，“雄才大略”的汉武帝造就了封建时代的鼎盛局面。汉武帝穷兵黩武，为何还被称为“雄才大略”？那为何“雄才大略”的汉武帝自己还在轮台发布《罪己诏》？究竟汉武帝有无下诏？是否是《罪己诏》？是否在轮台下《罪己诏》？这些结论似乎逻辑上前后矛盾，容易给学生造成思维混乱。教师在引导学生质疑的同时，应该补充相关史料，引导学生逐步找到证据，理清逻辑。

当然，除了数学和历史之外，其他学科的教材中也有类似的范例和契机。比如语文学科中体现了卓越的批判精神的《像山一样思考》，提供了典范的逻辑方法的《拿来主义》；化学学科可以从化学发展史（例如原子结构模型演变）中看出人类对化学的认识不断提高和批判性思维息息相关。

当然，发现教材文本中的批判性思维教学资源，首先需要教师以批判性思维的专业眼光审视教材，从而有所选择、利用。教学中教师要设法引导学生把注意力集中到课本上，充分利用教材引言、插图、史料等创设最佳教学情境，鼓励学生有见地地分析评价历史事件、历史人物等，避免思维走极端。其次还需要教师敏锐把握学生对教材文本批判的端倪和动向，评估其中的合理性、可行性以及和教学目标的相关性，从而积极引导。当然，这需要经过一个较长的历练过程。

二、审视文化精粹

在“以文教化”的本义下，文化对教育影响深远，科技发展也得益于“以文教化”的社会作用。文化中精炼纯粹的东西浩如烟海，许多方面都蕴含着批判性思维。

（一）人文经典著作——挖掘值得反思的地方

各学科的经典著作是自身传统的记载，显示了自身学术和思想的脉络，离开了它就失去了学术和思想的渊源。面对伟大的经典作品我们要有敬畏之心，但这并不意味着对经典的轻信。例如人文经典中也有值得反思的地方，而这些值得反思的地方恰恰是培养学生批判性思维的重要资源。

例如《水浒传》和《三国演义》可谓家喻户晓，妇孺皆知，那又如何正确解读流传的“少不看水浒，老不读三国”这句老话？《三国演义》里刘备以“仁义”感召天下，“仁义”是他的招牌，刘备弃新野、走樊城、败当阳、奔夏口，此时的“仁义”究竟是他失败的原因还是他落难的护身符？同样是刘备的兄弟，为什么关羽会被后世一路加封，经历“侯而王，王而帝，帝而圣，圣而天”的过程，而张飞却只能被看作莽夫？

经典是固定了的文本，思想不能被它禁锢，要以一种开放的心态来学习，既不拒绝，也不迷信。学习经典，但不能让它代替独立思考。批判的姿态，才是阅读人文经典著作应有的姿态，在阅读经典的过程中要善于提出疑问，挖掘值得反思的地方，创造性地解答疑问。不能以为读了经典，就能解释不断变化的现实世界的任何现象，就能解决现实世界的新问题。

（二）科学发展历程——体会质疑和扬弃的过程

批判需要独立理性的思考。批判已有理论或成果，是一个不断向自己提出问题并着力解决问题的过程，而非随意向别人提问。批判他人的同时，也要批判自己下过的结论，甚至批判自己的批判。如是，对以往的成果进行合理扬弃，而非简单“师承”，方为批判应有的科学态度。例如对很多人而言，“相对论”是个不容易理解的神秘概念，甚至难以分清它到底是科学还是科幻。伽利略的两个铁球同时落地实验，宣告了新科学的诞生，后来牛顿提出空间是相对的。这让人们摆脱了绝对空间的概念。时至今日，牛顿定律仍是现代科学的重要基础，以它为代表的一系列理论被称为经典物理学。

经典物理学认为运动都是相对的，那光速对于不同的人来说就应该是不一样的，可所有精确的测量仪器都显示出，无论观测者怎样运动，光速都是惊人的一致，分毫不差，这是怎么回事呢？光速有限的发现让人们对牛顿定律产生了质疑，各种科学解释纷纷涌现，似乎都有道理，但又都不能自圆其说。直到 1905 年，爱因斯坦提出了一种颠覆性的解释——只要抛弃绝对时间的观念，一切就都迎刃而解了。爱因斯坦在 1915 年将相对论扩展到包含了万有引力，为了和之前的理论相区别，他将新理论称之为“广义相对论”，而将之前的称为“狭义相对论”。

可以看出，科学的发展过程就是质疑和扬弃的过程，其中批判性思维贯穿始终。教室应该充分利用这一点，带领学生了解、学习科学的发展历程，学习科学家们敢于质疑、勇于批判的精神，学会用批判的眼光看待事物。

三、鉴别媒体信息

《中国学生发展核心素养》指出，要培养信息意识，能自觉、有效地获取、评估、鉴别、使用信息；具有数字化生存能力，主动适应“互联网＋”等社会信息化发展趋势；具有网络伦理道德与信息安全意识等。培养学生的批判性思维的初衷之一就是让学生具备辨别和筛选信息的能力，从而在一个信息泛滥的时代能够运用理性实现自我的主导。媒体，是批判性思维训练的重要情境；媒体信息，是批判性思维训练的重要材料。当今社会是信息爆炸的社会，面对铺天盖地的信息，我们应该怎么办？我们能否适时提出自己的疑问，变被动接受为主动选择？能否养成“为什么是这样”的习惯呢？

（一）热点事件

对待社会热点事件，不同的人会有不同的评价。我们应当教会学生认识这些评价，并给出自己的评价。这些热点事件离学生的生活很近，是培养学生批判性思维的重要资源。通过培养，希望学生在面对纷繁复杂的世界时，做出的判断是一个有充分理由支撑的判断。学生不再满足于自己未经反思的观点，或者不加批判地接受别人的观点，他们懂得可以最终认可一个合理的、相互尊重的分歧。

例如“水泥妹”曾作为一个十分励志的形象被各大媒体争相报道。但是网络上也有另一番言论说是团队幕后策划的。那么，这时教师就应该引导学生理清下面几个问题：这到底是励志还是炒作？发布该消息的主体是个人还是机构？这个直播平台到底承担着什么样的任务？这些人言论背后的目的又是什么？为什么有人支持一家之言？这些网络信息被扭曲了吗？如果要平衡某个观点，你会给出什么样的信息？

在这个信息发达的年代，在没有得到相关证实的情况下，不能偏听偏信，更不能以讹传讹。我们要教学生去判断信息来源是否可靠，要提高他们的批判性思维能力。我们还要教给学生批判的方法，让他们懂得“向谁批判”“批判什么”和“怎样批判”。

（二）“科学”理论

在生活中充斥着各种“科学”理论，这些理论足够科学吗？科学以求真为要务，而结论的真要用证据与逻辑来支撑。教师要善于运用这些“科学”理论，让其成为培养学生批判性思维的资源。

例如，对“我们只运用了大脑的10%，剩下的90%都尚未开发”这一“理论”，大部分人都认为是真的。事实上，这个看似令人信服的精确数据论断，是对19世纪90年代美国心理学之父詹姆斯观点的误读。詹姆斯说：“我们大多数人是不能开发我们全部的脑力潜能”。詹姆斯的话意味着这是一项挑战，而并非控诉我们大脑较低的使用率。但这个误会一直困扰着大家，教师可以用这样的“理论”来引导学生批判，让学生明白某个结论是否正确，只能拿证据和逻辑说话，即使是权威的结论，同样可以批评和质疑。

批判性思维是通过理解、质疑、查证和推理等探究活动考察观点及论证的可靠性，从而决定应当信什么或做什么的思维。批判性思维教学资源是多方面的，除了本文提到的教材文本、文化精粹、媒体信息外，还有很多。在日常阅读中，在与人交往中，处处都有批判性思维教学资源。国外也有一些著名的批判性思维网站，这些网站包括在线测试以及批判性理论，都可以供我们借鉴。

在批判性思维教学资源开发过程中，应注意资源要符合学生的认知特点，切忌过深、过难；要选择各方面的典型性的素材；要能激发和鼓励学生的创新意识和创新精神；要注重资源的导向性，传递情感正能量。更有必要深入理解批判性思维的内涵，在教学中要注意运用各种方法引领学生善于向老师和同学批判，不轻易认同别人的观点，而是通过自己的独立思考，判断其价值，并提出自己的独到见解，使批判成为学生的一种学习方法。

（该文原载于《江苏教育》2019 年第 51 期）

普通高中学生批判性思维的培养策略

钱　华

一、高中生批判性思维素养的现状

批判性思维是现代公民的核心品质之一，在许多国家青少年学生的培养目标中，最重要的是培养学生的独立人格和批判性思维。批判性思维素养首先是一种基于充分的理性客观事实进行理论评价和客观评价的素养，它包含了提问、比较、区分和判断的过程，即独立思考的能力。从这个意义上讲，批判性思维素养也是独立人格的基础。其次，它具有建设性和创造性——为一项活动提供更多的替代性解释，并利用所获得的新知识来解决社会和个人问题。拥有批判性思维是每个人不可复制性的体现，拥有它就拥有了创造的基础。批判性思维素养是个人素养不可或缺的一部分，而这种素养的获得主要依靠教育，越来越多的国家和学校也开始把批判性思维和独立思考作为教育改革的重要目标。

高中阶段是学生意识和思维养成的重要阶段。在这个阶段学生更喜欢提出和探讨问题，而且可以有依据地对问题进行分析和分辨，同时喜欢探究事情本身的根源所在，所以高中是养成独立思考习惯的最佳时期。

然而，我国的高中生接受到的有关批判性思维的教育很少，批判性思维素养也明显缺失。主要表现为：在课堂学习活动中，学生的主动性不够，乐于主动回答教师提问的学生很少，提出自己的问题的则更少。学生在具体的生活情境或任务情境中缺乏逻辑推理的能力，例如，学生在进行数理演算时可以做到丝丝入扣，但在写作论证观点时则明显缺乏推理的意识和能力，多数学生写议论文就是例子加观点，且很多情况下例子与观点不匹配，更谈不上深度思考。学生容易轻信权威言论，缺乏独立思考的能力。还有不少学生是只会发表自己的看法但是没有反思思维，这一点主要表现为对其他观点的不认同，总是维护自己的观点，似乎自己就是真理的化身，所以对于与自己不同的观点只保留否定的态度；自己错了也不会反思，而是将错就错，缺乏自我批判的意识。基于这样的现状，我们认为，高中生批判性思维的培养应当逐渐成为教育的重点。

二、高中生批判性思维的培养策略

（一）探究式教学策略

探究式教学是教师给出材料和任务，让学生进行独立地思考、查证、讨论分析，从而发现深层次的真相或规律。探究包括学习的过程和最终的目的，是多方面、多角度的，包括提出问题，查阅资料，设计实验，评估实验，收集、分析数据，初步得出结论，交流各自的看法等环节，在这过程中，假设、批判和逻辑应该贯穿始终。所以探究式教学是当代批判性思维教育研究的重要领域。事实上，批判性思维就是以探究的方法考察一个论证的合理性，从而确定信什么和做什么。实施探究式教学策略有助于学生批判性思维的养成，也能对学生的探究能力提升有很大的促进作用，同时也具有深远的影响，两者关系紧密。[1]

通常情况下探究活动分成以下几个步骤：首先是对问题进行观察和提问，提出自己对于问题的假设；然后进行方案的探索和研究，具体表现为对数据进行分析，进而得到相应的结论，随后据此加以完善；最后就是和他人进行交流，从而对自己的认知进行升华，使之更为深刻。每一个步骤中都包含批判性思维的因素（见表 1）。

表 1　探究活动中批判性思维因素表

探究活动	批判性思维过程
在设置的情境中，学生提出问题	解释和组织情境信息，根据原有的概念和理解，提出问题 在提出问题的过程当中，需要思考：问题是什么？这个问题如何应用到真实的情境中？并且需要开放性地接受别人提出来的问题，对自己提出的问题进行审查，选择适合探究的问题
提出猜想和假设	识别自己对问题隐藏的假设 能够把自己的假设与别人的假设进行比较 能够根据事实评价别人的假设
设计实验	能够开放性地考虑多种实验设计方案 能够对自己与他人的实验设计方案进行评价
寻求证实（实验、观察）	选择合适的变量以使实验可重复和可控制 观察过程中要注意与实验目的相关的、重要的现象
收集数据	思考自己用什么证据来支持自己的主张 收集的信息与要解决问题的相关程度 收集的信息对解决有关问题的充分性 决定在什么时候需要更多的资料来得出合理的结论
分析和处理数据	决定怎样对收集到的资料进行分析 思考数据是否支持原来的设想 思考得到的数据支持什么解释和不支持什么解释 能够条理分明地组织数据，并清楚地介绍它们
解释和评价结论	思考所得数据是否能够肯定先前提出的假设 收集的资料是否全面 是否存在影响实验的其他因素 是否还能得出其他结论 需要把你的结论与其他人的结论进行比较 决定哪种结论是最合理的
表达与交流	组织自己的想法并能够清晰、准确地陈述自己的结论 对自己的结论有一定信心并设法说服别人 能尊重别人的观点，与人交流观点，能接受自己的观点不被接纳

教师的教学是引导学生探究最关键的部分，在课堂教学中运用批判和探究的方式来对问题进行分析讨论，可以让学生逐渐养成批

判质疑的习惯。

（二）互动式教学策略

互动式教学是通过创建一个新型的教学环境和交流平台来提高学生思想积极性的模式，互动来源于多个不同的问题，基本方式是“质疑”。即在教学开始时，教师引导学生对学过的知识进行一次回顾，然后再将新的内容，通过对其知识点的精心设计和师生在课堂上的互动，让学生在学习的过程中可以进行匹配思考，最终找到答案，这样做可以轻松提高学生的积极性，维持学生的批判性思维。

保证互动教学实施的前提是教师根据教学内容精心设计互动问题。

首先应明确在教学中要呈现的问题。教师通常应该从符合学生好奇心理的问题出发，可以结合当下最热门的话题，让学生积极展现自己的看法，反之如果问题冷僻，则可能导致学生由于不熟悉而难以互动。

其次可以在教学重点上设计问题。教学的重要性和难度决定了学生素养的提升程度。教师需要对课程和教学的质量有一个良好的把握，挑选出最重要的问题来引导学生进行多方面深层次的分析，在思考和交流中让他们的思维能力得到明显提升。而且在教学的疑难点上设计问题，让学生围绕着问题进行分析和探讨，能够激发他们主动解决问题的欲望，解疑的过程也可以实现学生心态的开放、创造力的激活和批判性思维的发展。

互动式教学的实施还需要确保学生在课堂上的主体地位得以落实和凸显。民主自由的氛围也要有一个前提，就是要保持师生关系的和谐和稳定，保持良好的氛围才有助于学生成为学习和课堂中的主人翁，这样课堂中的“双向互动”才能够顺利形成。当然，这一前提是要改变教师“一言堂”的现象，要积极调动学生自我思考的主动性，突出多维互动。总之，互动式教学将教学过程视为教学与学习互动的动态发展过程。互动式教学的开放性和整体性会让课堂变成一个自主交流和分析理解的地方，一个大家积极运用批判性思维的地方。

（三）反思式教学策略

荷兰数学家弗赖登塔尔就曾经说过：反思是所有数学教育的中心和动力来源。只有对问题进行不断地反思才可以建立起一个更牢固的知识和思维体系，如果学生学不会反思就不可能让自己的认知得到升华，所以所有的学习活动都要进行反思。反思要依靠教师不断地引导，让学生懂得反思的重要性。目前学生学习能力较差的表现，主要体现在他们缺乏反思的能力，如果可以通过教学让他们学会反思就可以促进批判性思维的培养。反思式教学可以是课前反思、课中反思也可以是课后反思，具体如下：

(1) 课前反思。教师在课前布置学生自学，让学生对书面知识的讲解进行分析反思，搭建起一个新的知识网络。一般来说，前期的反思往往具有很大的开放性和随意性，但经过多次实践训练，学生将逐渐学会用目标和方向来思考。

(2) 课中反思。在课堂中教师可以创设场景，让学生以一个专题为对象通过小组合作的形式进行反思和深入研究，在此基础上自己获得“再发现”的结论，用以补充教科书的知识内容。

(3) 课后反思。包括错题集和反思性日记这两种方式。错题集是让学生在错题处进行反思，让批判性思维能够从理解及矫正中逐渐成为一种习惯。反思性日记则倡导学生通过反思和总结，能够及时找出自身存在的不足，并进行改进。以上两种方式能大大提高学生的反思能力，促进学生批判性思维的形成。

反思性教学策略的实施要注意以下几点：

(1) 强化反思意识。应让学生明确，不反思就很难改正错误。通过反思可进行及时纠错，也可对当前的状况进行优化。

(2) 创设反思情境。教师要根据教学目的和内容，合理应用学生在学习中的真实情境，提出现实问题，学生对过程的认知得到进一步的深化，不断创新，从而确保批判性思维能力得到更深层次的提升。

(3) 提供反思策略。反思不是一种行为，而是一种长久学习的策略，及时对一个问题进行反思可以发现更多的角度，有助于理解问题的本质。

(4) 增强反思毅力。万事开头难，而且反思也意味着自己要正视自己的不足之处，要勇敢地进行反思并找出自己学习中存在的不合理性，而且还要以人为镜，这些都需要学生有坚定的毅力和平和的心态。

总之，核心素养背景下的课堂教学最为重要的目标之一是形成“理性批判”的精神和方法。在这样的课堂里，传递的不是“惰性知识”，而是鼓励学生与知识对话、自由辩论；在这样的课堂里，教师制订的教学目标更重视学生的心智过程；在这样的课堂里，教师更注重去激励学生进行独立思考，鼓励学生形成批判和求知的精神；在这样的课堂教学环境下，教师的教学策略可进行实时调整，努力做到让学生身处一个丰富的思维环境中，同时也更好地帮助学生养成批判性思维习惯。

参考文献

[1] 李佳. 中国大学生批判性思维培养的重要性及其策略[J]. 高教学刊，2015(13)：192-193.

[2] 闻彩芬，濮丽萍. 反思性教学法对培养学生评判性思维能力的作用和思考[J]. 中国成人教育，2009(23)：129-130.

（该文原载于《江苏教育》2019 年第 51 期）

批判性思维培养中教师的挑战与超越

周立新

教师是培养学生批判性思维的重要前提之一，教师的批判性思维水平影响着学生的批判性思维能力与倾向，但现实情况是一些教师习惯于人云亦云，缺乏独立思考和教育灵魂。这是培养学生批判性思维面临的一个难题。

基于学生批判性思维培养的目标和国内外相关研究的基础，本文就目前中学教师面临的挑战和能够实现的超越逐一进行梳理、辨析，并提出建议。

一、什么是教师的批判性思维素养

作为批判性思维培养的引路人，教师既要具备一般批判性思维者的认知技能和人格特质，又要具备批判地思考教学的信念、专业知识和策略。基于这些考虑，我们认为教师批判性思维素养应包括：开放和谦虚的精神，设疑和解疑的能力，猜想和求证的方法，反省和校准的意识。

（一）开放和谦虚的精神

任何一门学科的教学、任何一种教学范式的运用，前提是对教学对象、教学内容和教师角色的理性定位，批判性思维教学也不例外。教育的目的是发展人的健全人格与鲜明个性，批判性思维教学同样服务于这一目的。教学中，学生首先得拥有“决定相信什么或不信什么”的自主权，并能执着于自觉实践，搜集和提供证据，最终形成个人的独立见解。同样，教师也应该由知识的传递者转化为对知识进行批判性分析的人，成为批判性思维的策划师。

上述定位带来的影响是：

(1) 师生关系的变化。传统教育奉行“唯师是从”的师生观，而批判性思维的介入，师生关系淡化“权威与专制”意识，增强“民主与平等”成分。

(2) 学习环境的变化。传统学习环境中，学生满足于知识的固化，学科知识和认知心理之间、教学活动和认知策略之间缺少一种动态平衡。而随着批判性思维的介入，师生之间、生生之间、生本之间的对话、交流成为主要学习活动。

(3) 教材权威的变化。传统教学中，思维个体认为教师讲授的内容是根据课本进行的，课本就是“圣经”，而随着批判性思维的介入，一篇文章既可以作为认识字词的材料，也可以作为批判性思维的材料，知识不能完全与教材、教师画等号。

由此可见，开放、谦虚、尊重、民主、平等是批判性思维教学的基本元素，也是教师批判性思维素养的重要组成部分。教师要摒弃“唯师(书)是从”的理念，包容别人之“异”，尊重不同寻常的提问，尊重不同寻常的想法，力求做到“重倾听少阻止、重鼓励少批评、重引导少告知”。

（二）设疑和解疑的能力

批判性思维是人的思维发展的高级阶段，它有两个显著特征：一是善于对通常被接受的结论提出疑问和挑战，而不是无条件地接受专家和权威的结论；二是用分析性和建设性的论理方式对疑问和挑战提出解释并做出判断，而不是同样接受不同解释和判断。这对于教师来说，就是要拥有过硬的设疑和解疑技能。

“设疑”不同于一般的课堂提问，它不是让学生马上回答，而是要设法制造思维上的悬念，使学生处于暂时的困惑状态，最终让知识被问题“揪”出来。

“设疑”首先要构建生疑的情境。创设情境的实质在于揭示事物的矛盾或引起主体内心的冲突，使学生处于“心欲求而未得，口欲言而不能”的状态，从而真正深入学习活动中。学生能否应对和解决陌生的、复杂的和开放性的真实问题情境，是检验其核心素养和批判性思维水平的重要方面。根据不同的需求，情境可以有多种类型，如文本或学术情境、生活情境、实验情境、社会情境等。

“设疑”其次要诱导学生质疑。学生质疑、提问题是一个通过识别和解说，从而发现自己的观点或认知结构中存在某些不足或不协调的过程。教师备课时，不仅要思考“问什么”“怎么问”“何时问”，还要更多地思考“谁来问”“哪些是学生自己发现并提出的问题、哪些是经老师引导学生可能提出的问题”。教师要促使学生“要问”“想问”“敢问”和“会问”，把“提问权”还给学生，真正培养和提高学生的批判性思维能力。

让学生质疑只是第一步，教师还必须进一步指导学生解疑。在学生提问之后，教师要对重点的问题作出分析、点评，明确问题的给定、任务和障碍，探讨问题的求解思路，并以此展开教学的进程。

（三）猜想和求证的方法

批判性思维者应大胆猜想。猜想是指在学习和掌握新知识的过程中，在已有的事实经验的基础上进行合理的推理。当遇到教与学问题时，教师要鼓励学生多联想、多假设，要让他们思考：你观点的框架是什么？框架是太窄还是太宽？你的观点是不是以错误信息或误解为基础的？你的假设是什么？你的假设清晰、合理吗？你的假设之间是一致的还是矛盾的？另外，对猜想得到的结论要进行批判性检验，不要使学生对自己得出的结论或得出结论的方法满足，要引导他们多问“与此相关的结论还有吗？”“只有这种方法吗？”

同时，教师要懂求证的方法。在诸多求证方法中，逻辑方法尤为重要。逻辑是批判性思维的核心和精髓，运用逻辑方法是否得当，直接关系到运用批判性思维能否达到理想的效果。在批判性思维的培养中，教师要运用逻辑的方法和技术重点指导学生把握：观点的信息来源，观点隐含的假设，得出结论的推理过程。在分析推理过程时，要特别注意前提是否正确，推理过程是否严密，前提与结论是否必然相关。

（四）反省和校准的意识

美国批判性思维运动的开拓者恩尼斯曾提出：“批判性思维是聚

焦于决定相信什么和做什么的反省的和合理的思维。”反省是批判性思维的一条准则。反省的终极目标是通过查证、推理、探究等手段发现问题(包括自己的问题),进而改进、优化,它是教师非常需要的批判性思维素养。

第一,作为批判性思维者,得反省和校准论证过程及论证所表达的结论。我们要对自己的意见和坚持它们的理由做出客观、深层次的元认知评价,应判断自己的思维在多大程度上受到知识不足或老套、偏见、情感以及其他任何压制一个人的客观性或理性的因素的影响,还该反省自己的动机、价值、态度和利益,以确定已尽力避免了偏见,做到了思想公正、透彻、客观、尊崇真理和合理性,而且在将来的分析、解释、评估、推论或表述中也是理性的。如果可能,我们要设计补救或校正那些错误及其原因的合理程序。

第二,作为批判性思维教学者,还得反省和校准教学环节。如果我们把批判性思维理解为“对决定信什么或做什么进行理性的反省”的话,批判性思维就可以概括成包括3个环节的过程:怀疑(提问)、多元(替代意见)、论证(判断)。每一个环节的核心问题或批评性提问都有不同的侧重点。怀疑(提问)阶段主要提出有关现存信念和解决办法是否可靠、是否最佳的问题;多元(替代意见)阶段主要提出“还有什么不同的看法或建议”的问题;论证(判断)阶段以“哪种看法或问题解决方案更合理,可以达到预期目标”这样的问题为中心。3个环节决定了批判性思维教学的外在特征是课堂提问和对话。[2]

二、如何培育教师的批判性思维素养

(一)开展专题研习,搜集批判性思维资源

首先,教师要了解研究动态。通过广泛阅读来了解研究现状,可以吸纳优秀成果,避免重复劳动,更好地寻找培养学生批判性思维的有效路径。其次,教师要参加专题培训。教师应积极参加相关课题研究的教学展示活动,主动加入相关名师工作室。再次,教师要不断

积累素材。批判性思维首先要有批判的对象,也就是批判什么。如果对批判的对象一无所知或一知半解,那就不具备批判的资格。批判性思维在本质上是考虑真实的问题,其素材随处可见,日常演讲、辩论、对话、评论、新闻报道、调查报告、研究报告都可以直接作为培养批判性思维的素材。我们要深入研究教材文本,要研究教材中的叙述和观点,寻找矛盾冲突的地方。我们要积累逻辑知识,从论点、论据、论证方式、推理过程对素材进行辨析和整理,适时运用到教学中。

（二）观摩优质课堂,学习批判性思维榜样

开设和观摩优质课是一项最常见、最基本、最典型的教研活动,也是推动教学改革和教师专业成长的重要载体。通过观摩,我们要力图获得:

(1) 授课的范式。批判性思维能力的培养需要系统的教学设计和授课模式。但在知网上检索关键词“批判性思维和教学设计”,发现相关论文只有100篇左右,可见批判性思维培养在教学设计层面的研究还比较少。因此,我们要关注授课范式的总结。比如江苏省特级教师徐飞老师就提出了“质疑-共解”模式,质疑包括自读、交流和提问三个环节,共解包括整合、求解和共识三个环节;再如浙江的刘良久老师针对作文写作提出“审—查—判—断—写”五步法;此外还有历史学科的“问题情境式”教学法;等等。

(2) 点拨的技巧。好的批判性思维者都是好的提问者。教学中,教师要特别注意提问艺术,思考的深度与广度取决于提问水平的高低。

(3) 目标的达成。培养学生的批判性思维,并不是在现有的教育教学之外再增设一门课或增加一项学习内容,而是要把它融入学校的教育教学的全过程。因此,一节课结束了,目标达成看两点:学生学科知识的获得感,学生批判性思维的训练力。

(4) 融合的程度。作为中学一线教师,我们要把课堂中批判性思维的原理、方法和学科教学融合程度作为最重要的观察视角。要判断批判性思维与学科教学是否融合,主要观察的角度包括:教师是否创造了主动学习的环境；教师是否激发了学生的好奇心；教师是否提出学生无法立即解决的问题；教师是否鼓励学生进行有效思考；教师是否构建情境让学生获得解决问题的经验；教师是否帮助学生找到解决问题的不同方法。

（三）深入课堂观察，指向批判性思维培养任务

课堂观察是指研究者或观察者带着明确的目的，凭借自身感官以及有关辅助工具、直接或间接从课堂情境中收集资料，并依据资料对学科思维过程中的教与学作相应研究的一种教育科学研究方法。

首先，我们要合理设计课堂观察表。观察表要聚焦批判性思维能力的培养过程，选准观察维度和观察点（见表 1）。

表 1　聚焦批判性思维能力培养的课堂观察表

<table>
<tr><td colspan="3">学　校：　　　　　　　　年　级：　　　　　　　　课　题：</td></tr>
<tr><td colspan="3">执教者：　　　　　　　　观察者：　　　　　　　　时　间：</td></tr>
<tr><td>维度</td><td>视角</td><td>现场描述</td></tr>
<tr><td rowspan="4">教师的教</td><td>1. 引发思维参与：观察教师如何通过有效的教学情境，引发学生的参与热情。</td><td></td></tr>
<tr><td>2. 指导思维过程：观察教师如何引领学生经历观察、想象、猜想、验证、抽象、推理等思维方式过程。</td><td></td></tr>
<tr><td>3. 外显思维过程：观察教师如何暴露学生思维过程，并通过提问等方式有效指导。</td><td></td></tr>
<tr><td>4. 培养思维品质：观察教师如何培养学生思维的批判性、深刻性、灵活性和敏捷性。</td><td></td></tr>
<tr><td rowspan="2">学生的学</td><td>1. 思维参与状况：观察学生的情感、体态、语言等外在表现，初步判断学生的参与状况。</td><td></td></tr>
<tr><td>2. 经历思维过程：观察学生的思维过程，包括正确的思维和错误的思维。</td><td></td></tr>
</table>

续表

维度	视角	现场描述
学生的学	3. 获得思维产品：观察学生是否能正确解决问题，并能有条理地表达自己的思考过程和提炼出思路。	
	4. 思维品质表现：观察学生能不能独立地思考、主动发现问题、质疑问难？	

其次，我们要选择合适的课堂观察记录方式。一般采用定性描述的方式，对课堂教学过程进行真实客观的描述，通过拍照、录像、笔录的方式记录教师教和学生学的过程，从而为下一步的研究分析提供宝贵的第一手资料。

参考文献

[1] 徐飞. 会质疑 有理由 讲逻辑：略论语文教学批判性思维的培养[J]. 教育研究与评论，2015(5)：6-9.

[2] 武宏志. 关于批判性思维教学的若干问题[J]. 工业和信息化教育，2016(6)：40-47.

（该文原载于《江苏教育》2019 年第 51 期）

第二部分
学科融合

本部分主要从目标、资源、路径、方法、测评等维度对批判性思维与学科教学融合的实践进行总结与反思。

语文教学中批判性思维培养要点

徐　飞

一、关于批判性思维的解读

批判性思维，直译于英语的 critical thinking。对其定义，国内外学者不尽相同。总的来说，批判性思维体现了把一切置于理性范畴内加以检省和评判的意识和能力，是一种通过理解、质疑、逻辑地考察论据和论证的合理性从而决定应当相信什么或不信什么的思维。

需要特别强调的是，并不是发现错误才是批判性思维，通过检省发现别人的正确也是批判性思维。批判性思维，并不意味着普遍性、习惯性、随意性的质疑与否定。批判不等于批判性思维。当下，我们少的不是批判，而是批判性思维。批判性思维认定任何观点都不能预先得到理性审判的豁免权，因此它常常以否定和怀疑的形式出现，但其最终目的在于建构与创造。

关于批判性思维包括哪些构成要素，国内外有大量的研究可供借鉴。在众说纷纭的表述中，可以看出批判性思维至少包括情意特征和认知能力两个维度，前者可以看作是批判精神，后者可以看作是批判技能。

批判精神主要包括：① 独立性，推崇自由地思考和自己得出结论；② 理性，信任逻辑；③ 好奇心与求知欲；④ 勇气、果断，不畏惧错误，乐于进行智力冒险；⑤ 执着追求真理，对真相负责；⑥ 开放与包容，平等地对待一切观点，直面来自他人的否定，换位思考；⑦ 认识到人类的知识是有限的。

批判技能主要包括：① 理解并集中思考论题；② 对言辞进行分析；③ 问答与交流；④ 判断资料的可信度；⑤ 识别逻辑关系，发现矛盾，辨析与推理；⑥ 验证与评价假设；⑦ 自我调节。

二、批判性思维培养的三个要点

对于语文教学中如何培养批判性思维，各方观点则更为驳杂，从前提、目标、途径、方法四个维度对这些观点进行关键词提取，结果见表1。

表1　培养批判性思维的前提、目标、途径和方法

前提	批判性思维型教师，自由、民主、平等、宽松
目标	批判性思维技能、批判精神；批判意识、批判型人格、批判性思维技巧
途径	批判性阅读、个性化阅读、批判性写作
方法	对话、质疑、合作

为使在高中语文教学中培养学生的批判性思维成为可理解、可操作之事，对上述关于什么是批判性思维以及如何培养批判性思维的相关共识进行遴选、梳理和整合，可以最终归结出批判性思维培养的三个要点：会质疑、有理由、讲逻辑。

（一）会质疑——从疑点特征、认知心理和问题类型出发，指导学生提问

质疑，是认识变得主动、思考走向深入、思维趋于严谨的重要前提，是锻炼表达、凝练思想、碰撞观点、提升认识的重要途径。学会质疑，是批判性思维的第一步，也是极其重要的一步。

会质疑，情意上要求学生有一种独立与怀疑精神，能力上要求学生抓住话题、分析语言、寻找漏洞、发现矛盾并准确地表述问题。

一个人面对文本，只要无法遏制内心对人性与物性的探寻冲动，就会自发地生出疑问。求知乃是人之天性。“一切知识都来自疑问”，“知识越多，疑问也越多”（苏格拉底语）。在理想状况下，学生

的质疑能力应该会随着其知识水平、思维层次的提高而同步提高。可是，我们在教育实践中遭遇的一切却往往相反。我们的学生小时候总爱问“为什么”，可此后，他们中的大部分的质疑能力并没有随着年龄阅历的增长、学习历程的增加以及知识素养的增进而同步增强。他们极少提问，即使提问也往往难以抓住关键和扣住核心，问题缺少求解和求证的价值；更严重的是，他们已经不再有质疑的意愿和意识。源源不断的现成结论涌来，他们的好奇心、求知欲以及质疑的冲动被深深遮蔽。

质疑的能力可以通过训练得到恢复和提高。前提之一是教师摆正位置，对学生的主体性和学情的重要性有着深刻的认识，并自觉地将其置于课堂的观赏性和个人的权威性之上。前提之二是教师调整心态，学会等待，习惯放手，确保学生有自己阅读、自己发现、自己思考的机会。不必急于引导、催促学生。培养学生主动质疑和提问的习惯，往往需要经历一个艰难的过程，但是静下心来，把进度、目标和效率暂时放一放，总会有学生开口提问。有一个就会有第二个，渐渐就会形成风气和习惯。学生质疑的意识和愿望就会得到复苏。

学生习惯质疑、乐意提问只是第一步，教师还应进一步指导学生提升质疑的能力和问题的质量。通常的做法是确定提问的对象。例如，让学生针对题目提问，对开头、结尾提问，对关键句提问，对文章思路和主旨提问，甚至于对标点符号提问……这些都对培养学生的提问习惯有积极的意义，其不足之处在于教师诱导的成分往往过多——有些甚至等于把问题说了出来，因此对持续培育学生的质疑精神和能力缺少长期效用，学生提出的问题往往缺少深度和探究的价值，不能触及文本的核心以及表达技巧的关键，甚至有可能诱导学生为了提问而提问。

因此，不妨尝试从疑点特征、认知心理和问题类型（三者之间的对应关系如表2）出发来指导学生提问。概括来说就是：欢迎学生对文本所有不理解的地方提问，提示学生对文本不寻常的地方提问，赞赏学生对文本不一致的地方提问，鼓励学生对不认同文本的地方提问。在学生提问之后，对重点的问题要做出分析、点评，明确问题的给定、任务和障碍，探讨问题的求解思路，并以此展开教学的进程。而对那些自始至终不提问的学生，可以施以小小的“惩罚”——首先由他们来回答其他同学提出的问题。

表2 疑点特征、认知心理和问题类型

疑点特征	认知心理	问题类型	学生提问举例
不理解	“不懂”“想知道”	知识信息类	文天祥出使前为什么“辞相印不拜”？（《指南录后序》）；老王送给杨绛的香油和鸡蛋从哪里来？（《老王》）；为什么子路一句话也不说？（《季氏将伐颛臾》）
不寻常	“想不通”、“不确定”“惊奇”“渴望理解与共鸣”	审美情感类	如何理解“靴子的本质”？（《品质》）；如何理解“在神的眼里，我们不过是一些斑点”？（《斑纹》）；渔父为何见死不救？（《渔父》）
不一致	“发现矛盾”“怀疑”“寻找解释或真相”	思辨探究类	李广这么有本领却为何难封？（《李将军列传》）；苏艾事先知道贝尔曼的计划和行动吗？如果不知道，为什么她每次拉开窗帘都没有表现出紧张和忐忑？（《最后的常春藤叶》）；项羽溃围后“乃欲东渡乌江”，为什么后来又“自刎而死”？（《项羽本纪》）
不认同	“否定”“独立思考”“自我价值”	价值辨析类	当司马迁怀着洗刷耻辱的心理创作《史记》时，他难道不是从根本上失去了写史应有的冲淡平和、客观中立的心态吗？（《报任安书》）；作者因为欲望的驱动要去前方，又渴望灵魂的安宁而要寻找家，我想知道，责任，包括对家的责任，在作者的价值体系中居于什么位置？（《前方》）；“大方之家”该不该笑河伯呢？

（二）有理由——在讨论问题的过程中，关注和追踪文本中作

　　者的理由和发言中学生的理由

质疑是批判性思维的第一步，当师生围绕质疑的产品——问题——进行讨论时，批判性思维才全面展开，此时，理由将成为关注的焦点。质疑本身需要理由，合理化解释需要理由，重新建构也需要理由。批判性思维的精神不仅在于任何思想都没有受到质疑的豁免权，也在于任何被质疑的思想都拥有寻求理由的辩护权。理由，是批判性思维训练的又一要点。美国教育家杜威提出"反省性思维"（批判性思维的另一种表述）的解释是"能动、持续和细致地思考任何信念或被假定的知识形式，洞悉支持它的理由以及进而指向的结论"。儿童哲学家马修·李普曼认为从一般的思维到批判性思维的发展，在相当大的程度上仰仗于他们为自己的观念寻找和引用有说服力的理由的能力。澳大利亚的全国性的批判性思维运动又被称为"理由工程"。

有理由，情意上要求学生有一种崇真与负责的态度，能力上要求学生调动信息、判断资料、追踪前提，评估证据并有效地运用论据。

在讨论问题的过程中，师生时时在两个方面关注和追踪理由：一是文本中作者的理由，二是发言中学生的理由。当然，这两者有很大部分是重叠在一起的。

关注文本中作者的理由，首先要训练学生区分结论与理由。一个简单的办法是，通过一些特定的词语来区分。例如，《拿来主义》中的"所以""譬如"；《在马克思墓前的讲话》中的"例如""因为"；《季氏将伐颛臾》中的"何以""故"；等等。但最终，还是要训练学生通过把握逻辑关系来区分结论和理由。在区分结论与理由的基础上，还应对理由进行评估。比如，《项羽本纪》一文的最后有这样一段话：

> 自矜功伐，奋其私智而不师古，谓霸王之业，欲以力征经营天下，五年卒亡其国，身死东城，尚不觉寤而不自责，过矣。乃引"天亡我，非用兵之罪也"，岂不谬哉！

仔细分辨不难发现，这段话的基本结论是项羽灭亡原因在其自身，主要理由是项羽"欲以力征经营天下"。而有学生却提出：这一点并不是项羽失败的主要原因，因为刘邦也是"以力征经营天下"。这就是在对作者的理由进行评估。

关注发言中学生的理由，一方面要训练学生发言的规范性，另一方面要对寻找理由的范围有一个基本的限定。语文课堂上的讨论，无论是思辨型的探究还是审美性的交流，若发言的规范性不够或边界不清，就容易陷入玄谈，或过多深入语文学科以外的领域。

训练发言的规范性，需要不断提醒学生："你的观点是什么？理由是什么？"有时还需要追问"为什么"。一开始的要求不妨刻板些，完整的发言应该是"两段论"，即"观点＋理由"。在经历一个较长的反复磨炼的过程后，有些学生才能准确简明地陈述自己的观点和理由。对此，教师要有足够的耐心。

把握寻找理由的边界，这其实也涉及"教什么"与"不教什么"的问题。对一个观点或疑点的一组追问，极有可能延伸到语文学科之外，甚至抵达哲学领域。但即便如此，要指导学生首先从作家、作品本身找理由。在师生讨论中，"从课文中找""课文怎么说"是教师应该高频使用的话语。

比如，"苏艾事先是否知道贝尔曼的计划或行动？"就是一个充满想象力与发散性的问题。仔细梳理课文，学生还是能找到依据。以下是对学生发言的归纳：

苏艾事先不知道真相。

理由一：从情节看，贝尔曼完成"杰作"后，"看门人在楼下的房间发现他痛苦得要命。他的鞋子和衣服都湿透了，冰凉冰凉的"。苏艾事先知情的话，就不会发生这样的情况。

理由二：从人物看，贝尔曼特立独行的个性与完成"杰作"的抱负决定了他会在无人知情的情况下独立完成他的计划。

理由三：从作者看，如果把贝尔曼作为中心人物塑造，那就没有必要也不应该安排苏艾知情和参与。

在这样的讨论中，学生一方面锻炼了筛选信息、评估资讯、确定理由的能力，另一方面也加深了对文学作品的特点的理解。

用作家作品为论证的理由划界是常态下的要求，却不可一概而论。文学是人学，若讨论涉及人性的奥秘、心灵的逻辑甚至学生个人的体验，即使暂时脱离了文本，也不妨进行下去。项羽之死是史学界至今津津乐道的谜题，而关于“项羽溃围后‘乃欲东渡乌江’，为什么后来又‘自刎而死’”这个问题，又确实很难在文本中找到线索。要么认为这是笔误、漏字或脱简的结果，要么就要对矛盾做出合理化的解释。后者则可以诉诸对人性的勘探：文字的矛盾源自人性的复杂和内心的纠结。东去、渡江乃是拒敌、突围忙不迭的慌乱中的一种近乎本能的选择。而真到了乌江边，稍有喘息，又处于生命的临界线上，才深入与清醒地思考自己的最终宿命。可以想象，他望见滚滚江流、滔滔江水，想起往日情形，对江东子弟的愧疚占据心头，而亭长所体现的家乡父老的爱戴，反倒激起他以死相谢的决心。此外，若战败被杀或被俘，乃是不得已而死；此时有舟不渡，可证明死乃是一种自由自主的选择，这是对个人荣誉的保全。若说项羽自东城溃围就想好了乌江自刎的自我设计，不符合当时的情境，更不符合项羽的个性。总之，此处的矛盾，是仓皇中一个个闪念的挣扎与颠覆，代表着一种人性的真实。

（三）讲逻辑——要训练学生把握文本本身的逻辑，发现和指出课文逻辑上的不足，并逻辑地阐述自己的观点

有理由，不等于理由成立；理由成立，则需要在逻辑的框架内建立论据与结论之间的联系。

讲逻辑，情意上要求学生有一种理性和严谨的追求，能力上要求学生理解概念、把握命题、进行归纳、展开推理并完整地建构体系。

讲逻辑，首先要把握文本本身的逻辑。比如，《拿来主义》的中心论点是“放出眼光，运用脑髓，自己来拿”，却偏偏从“闭关主义”说起，这一点颇令学生费解。但如若理清其内在的逻辑，问题就迎刃而解了。通俗地说，这篇文章采用的是“排除法”，规范地说则是选言推理，其推理过程如下：

或者闭关，或者送去，或者等人家送来，或者自己去拿，没有其他选择。

<u>不能闭关，不能送去，不能等人家送来。</u>

所以，只有自己去拿。

苏教版高中语文教材中涉及了大量演绎和归纳的逻辑形式。例

如,《逍遥游》中,“适莽苍者,三餐而反,腹犹果然;适百里者,宿舂粮;适千里者,三月聚粮”,实际上采用了穆勒五法中的共变法——目的地越远,需要的粮食越多,从而归纳出目的与条件之间的因果关系(见表3)。而之所以建构这一组共变,又是力图通过类比证明另一组共变(见表4)的合理性。庄子就是这样综合运用共变归纳法和类比推理,交代了鹏起飞如此之高的原因。

表3　目的与条件之间的因果关系(一)

目的	条件
适莽苍	三餐
适百里	宿舂粮
适千里	三月聚粮

表4　目的与条件之间的因果关系(二)

目的	条件
枪榆枋	决起飞
图南	上者九万里

高中语文教材几乎涉及了形式逻辑的所有推理形式,是训练学生逻辑思维能力的重要资源。

指导学生学习课文作者逻辑思维的同时,也要鼓励学生发现和指出课文逻辑上的不足。例如《拿来主义》一文,国与国的关系和文化与文化的关系交错在一起,共时性的交流和历时性的继承杂置一处,论题多少显得不够清晰和一致,而在谈送去主义时,国画与煤的可比性也是值得商榷的,毕竟前者属于文化艺术范畴,是可以共享的,而后者则不然。当然,这丝毫不能影响作者和作品的伟大。

讲逻辑,也体现在要求学生发言时。上文提到学生反对司马迁提出的项羽失败的原因是“以力征经营天下”,不妨看看他的具体表述:

以力征经营天下不是项羽灭亡的原因。

因为,假设以力征经营天下是项羽灭亡的原因,这说明以力征经营天下会导致自身灭亡。那么，刘邦也会灭亡，因为刘邦也是以力征经营天下，而刘邦并没有灭亡。因此，“以力征经营天下”不是项羽灭亡的原因。

这段话正是运用了归谬法。而关于“苏艾事先是否知道贝尔曼的计划或行动”的讨论，学生也使用了同一方法：

苏艾不可能事先知道贝尔曼的计划和行动。

因为，假设苏艾知情，她不会让贝尔曼淋湿受冻而且在他生病后也不照顾他。

小说交代：“看门人在楼下的房间发现贝尔曼‘痛苦得要命’，‘鞋子和衣服都湿透了，冰凉冰凉的’。”

因此，苏艾事先知情是不可能的。

通过教师有意识地引导和训练，学生完全可以掌握比较复杂的推理形式。比如，为什么蔺相如能够完璧归赵？对此，学生建构了一个规范的二难推理：

秦王或者图璧或者窥赵，除此没有其他可能。

若秦王图璧，璧已不可得，没必要再大动干戈。

若秦王窥赵，赵国有能人，秦王不敢贸然行动。

所以蔺相如能够完璧归赵。

20世纪60年代，上海语文教育界提出“字、词、句、篇、语、修、逻、文”的语文知识教学“八字宪法”，后在全国流行。而作为20世纪末的语文教育大讨论的直接后果，语法、修辞、逻辑等知识被逐出或大部分被逐出了语文教学。但在学术领域，语文教学该不该包括逻辑知识教学，仍是一个争论不休的问题。

该不该讲逻辑知识，留给专家们去讨论；该不该讲逻辑，相信每一位语文教师都有肯定的回答。语言天生就和逻辑捆绑在一起，后者其实是前者的内在规则。而学生阅读理解不到位、语言表达不通顺、作文条理不清楚等，很多不是语感问题而是逻辑问题。数度令社会舆论焦虑的“语文教学投入多、产出少”的问题，不能说与“淡化逻辑”的做法一点关系没有。其实，语文教师不妨尝试渗透演绎、归纳、类比等能力的培养。可以不系统讲术语、规则和形式，但阅读文本辨析逻辑，师生讨论遵循逻辑，学生的批判性思维能力会渐渐提高。

三、结语

具有批判性思维的人格是健康社会的基石之一。学校教育，无论从个体还是社会出发，都必须把批判性思维作为重要的培养目标。学生具有一定的批判性思维能力，将来才能成为参与公共事务和讨论公共利益的合格公民，才能在纷繁复杂的信息社会不失去理性的自我主导。培养学生的批判性思维是各科教学共同的任务，但在母语中培养学生的批判性思维具有特殊的意义，在母语中形成的批判性思维能力更容易迁移到日后的工作和生活中去。然而，从近十年国内基础教育的有关文献来看，语文教学中学生批判性思维的培养缺少具体扎实的探索和推进，而传统观念的制约、效率主义的横行、应试教育的回潮、信息传播的泛滥、功利取向的强化、浮躁心态的弥漫等不利因素，共同构成了批判性思维培养的困境。

在语文教学中培养学生的批判性思维，任重而道远。

参考文献

[1] 张雪辉. 论批判性思维在语文教学中的建构[J]. 教学探索，2007(8)：10.

（该文原载于《教育研究与评论（中学教育教学）》2015 年第 5 期，中国人民大学复印报刊资料《高中语文教与学》2015 年第 9 期转载）

批判性思维培养的目标、资源与路径

徐　飞

培养学生的批判性思维，逐渐成为教育界包括语文教育界的共识，在实践层面也有自发的、个性化的尝试，但目前还缺少有计划、成体系的推进。“高中语文教学中培养学生批判性思维的实践研究”课题组（以下简称课题组）着眼实践与操作，历时数年，在培养目标、资源和路径等方面进行了相对系统的考察、试验和探索。本文试作一些粗略的阐述。

一、目标

关于批判性思维包括哪些构成要素，国内外有大量的研究可供借鉴。课题组成员从 2009 年开始搜集和整理资料。重点参考了 23 种书籍，检索了 481 篇文献。研究了自杜威倡导“反省性思维”以来，保尔、麦克佩克、恩尼斯、蒂什曼、帕金斯、樋口直宏，以及我国学者谷振诣、刘壮虎等人关于批判性思维的若干种界定和描述，并结合高中生的特点与高中教育的总体性要求以及未来社会的需求，把高中生批判性思维培养的目标确定为包括情意特征和认知能力两个维度，并置于学生立场，对这两个维度进行了具体描述。

（一）情意目标

（1）我坚持任何观点都不能预先获得理性审判的豁免权；

（2）我推崇自由地思考和自己做出结论，我从不人云亦云；

（3）我始终信任逻辑；

(4) 我从未失去好奇心与求知欲;

(5) 我不畏惧错误,乐于进行智力冒险;

(6) 我追求真理,对真相负责;

(7) 我能平等地对待一切观点,能直面来自他人的否定;

(8) 我能把自身置于他人立场来思考问题;

(9) 我知道目前我们所掌握的知识还有很大的局限性。

(二) 能力目标

(1) 我能通过理解、质疑逻辑地考察论据和论证的合理性从而决定应当相信什么或不信什么;

(2) 我能够理解并集中思考问题;

(3) 我能区分话题、结论以及理由;

(4) 我能够对言辞特别是歧义的言辞进行分析;

(5) 我能通过与他人耐心、理智的对话辨明立场、澄清价值、追踪前提、提升认识;

(6) 我可以运用多种办法判断资料的可信性;

(7) 我能识别逻辑关系,发现矛盾,能进行严密的推理;

(8) 我能提出假设并且验证与评价假设;

(9) 我能对我的思维过程进行反思甚至监控,并适时作出调整。

二、资源

(一) 教材文本

教材文本是最重要的批判性思维的教学资源。在高中语文教学中培养学生的批判性思维,自然以高中语文教材文本为主。教材文本中的资源主要分成三类:

第一类是批判性思维的成功范例。不少教材文本提供了批判性思维的典范,有些体现卓越的批判(包括自我批判)精神,例如《像山一样思考》;有些则提供了典范的逻辑方法,如《拿来主义》。

第二类是运用批判性思维进行分析的材料。诗歌外几乎所有的文本都适合运用批判性思维进行分析(当然这不是语文教学的全部),理解、质疑、追踪;发现矛盾、寻求解释、提出假设、验证假设、得出结论、选择论据、建立论证框架……

第三类是批判性思维的反面教材。难免有部分文本的部分内容体现出思考的怠惰、逻辑的缺失或表达的失当,如果学生能有所发现并合理纠正,对自身的批判性思维将是重要的锻炼和提升。

当然,发现教材文本中的批判性思维教学资源,首先需要教师以批判性思维的专业眼光审视教材,从而有所选择并加以利用。

（二）网络信息

在高中语文教学中培养学生的批判性思维的初衷之一就是让学生具备辨别和筛选信息的能力,从而在一个信息泛滥的时代能够运用理性实现自我的主导。网络,是批判性思维训练的重要情境;网络信息,是批判性思维训练的重要材料。

网络提供了大量的反面材料。批判性思维面临利益、消费和大众传播的挑战。从"蒜你狠",到"豆你玩",再到"糖高宗";从日本核电站事故后国人疯抢食盐,到 MH370 真相的扑朔迷离,再到官网转载的没有任何权威出处和依据的关于"中国支柱产业被美国控股"的报道,都在警示人们要运用批判性思维,并把批判性思维和责任紧紧联系起来。

网络的热点事件还提供运用批判性思维所需的材料,这些材料类似于上述教材文本中的第二类材料,它们不会指向具体的情意和技能项目,它们是"原生态"的材料。例如"学生自愿为教师撑伞,教师能否接受"这样的热点话题。

（三）特定材料

特定材料是教师为进行批判性思维教学专门选择的材料,它们来源广泛,可以是历史掌故、经典案例、名言警句等,甚至也可能是禅宗公案、经典短片、网络热词等。教师为实现具体的批判性思维的教学(测试)目的,一般会对原始材料进行处理。例如:

"最后通牒"实验的规则是:两个受试者瓜分一笔钱,比如说,

1000 元。这笔钱应当足够大,提供足够的诱惑,而且在实验结束后当真支付博弈两方的收益。实验者先让第一个受试者对这笔钱的瓜分提出一个方案,例如,一个受试者分得 990 元,另外一人分得 10 元。然后,实验者让第二个受试者做出选择,即是否同意这一方案,如果不同意,那么双方收益都是零,如果选择"同意",那么双方就按照这一方案来分配收益。这一博弈是一次性的,第二个受试者选择之后,博弈结束。

(1) 你觉得实验的目的是什么?

(2) 如果你是第一个受试者,你会提出怎样的方案?

(3) 你为什么提出这样的方案?

这个题目其实是来自美国 2003 年 6 月份的《科学》杂志引用的一个实验,课题组用以进行批判性思维训练和测试。

此外,教师的讲解,学生的讨论,我们每天接受的各种信息,甚至那些我们耳熟能详、不加质疑的经典话语都提供了丰富的批判性教学资源。例如,贝多芬那句名言——"公爵现在有的是,将来也有的是,而贝多芬却只有一个",其实是有逻辑问题的,因为头衔(身份)是不适合和自然人进行比较的,公爵也可以说"音乐家何其多,而我只有一个"。

三、路径

(一) 阅读教学

本课题组把阅读教学作为培养高中生批判性思维的主要途径。但需要解决的问题是:培养学生批判性思维的批判性思维教学是语文教学的重要追求但却不是全部追求。因此必须在强化批判性思维教学的同时,不弱化语文教学的基本任务,不影响具体教学目标的达成,还要尽量不增加学生的学习负担。因此,必须把批判性思维训练和阅读教学目标达成有机整合在一起。课题组一直努力探索符合高中语文教学要求、适合高中生学习特点、可以在一定范围推广的批判性思维教学方式，经试验，阅读教学采用的“质疑-共解”的方式相对成熟和稳定。

质疑，即师生（主要是学生）对文本进行质疑。这一板块一般包含两个环节：一是学生提出问题。问题的提出可以针对全文，也可以针对文章的某个部分甚至某句话（题目、开头、结尾、段落等），也可以针对文章的某个方面（主旨、人物、情节、细节等）。二是师生编排问题。我们尝试过的做法有这么几种：按文章的要素或思路给问题分类，按文章的顺序、问题的内在逻辑或难易程度给问题排序，将问题概括成少数几个主问题……

共解，即师生共同求解上述问题。求解的切入、展开和推进的方式可以依据学情、文本和教师自身特点有所不同。一般来说是按顺序逐题讨论，但视学生认知的整体推进情况可以跳过或重置甚至追加问题，有时在问题的内在逻辑不强或不唯一的情况下，为调动学生积极性，可以让学生任意认领问题。

“质疑-共解”的语文课必然追求观点的碰撞、理由的充足和心灵的开放，这就把语文课堂教学引向了对学生批判性思维的培养。

（二）作文教学

作文尤其是说理性或思辨性的作文，其深刻性、条理性、逻辑性、清晰度是极为重要的指标，并且这几项指标都与批判性思维有本质的联系，可以说，在具备一定认识水平和语言表达能力的前提下，善于运用后者自然会拥有前者。

因此，让学生正确运用批判性思维是作文教学的重要目标，而作文教学又是培养学生批判性思维的重要途径。教师在作文教学中培养学生的批判性思维主要体现在两个方面：

一是作前指导与构思中贯彻批判性思维要求。可以说，获得深刻性的过程就是一个不断批判的过程。而在批判的过程中，合理的追问至关重要。教师要不断对学生发问，并训练学生进行自我发问。

以下是一则高考作文的材料：

（1）3 岁的托尼把手伸进瓶子，慢慢地抓了一把糖果，他想抽出手时，瓶口太小，出不来。他一颗糖也不想放弃，手又出不来，“哇”的一声哭了。

(2) 农场主规定每个雇工除了工钱之外，还可以自选一筐水果带走。20岁的托尼看中一筐装得最满的大筐，费了好半天也没搬动。他喘了口气，重新寻了一筐小的，高高兴兴地走出了果园。

(3) 老板宣布，谁能追回一笔30万英镑的贷款，就把其中的10万英镑奖给他。员工纷纷出马，却都无功而返。58岁的托尼也申请试试，两天之后就将追回来的20万英镑贷款交给了老板。原来他告诉对方只需交21万就算结清，对方终于还款，他也分得了1万英镑的奖金。

以下是本课题组成员作前指导的一段实录：

学生判断：知足是福

教师质疑：你觉得对托尼来说得到多少为“足”？如果为了体现你的知足，托尼不要任何糖果，不要一个苹果，也不要一镑奖金行不行？

学生判断：舍得，有舍才有得

教师追问：为什么有舍才有得？为什么不是有得更有得？雪莱说过，如果你拥有很多，你会得到更多，如果你只有一点，那么连这一点也会失去。

不是不同意你的观点，关键是，你觉得为什么需要舍？舍和不舍之间的界限在哪里？(提示)决定托尼争取多少、舍弃多少的是什么呢？如果瓶口很大，托尼显然可以取出一些糖果；如果力气很大，托尼当然可以抱回最大的一筐苹果……

学生判断：做一件事涉及三个因素：Want、Can、How，欲望可以无穷大，做只可以做能力之内的事情。也就是说一个人应该在条件和欲求之间理性地调整自己的目标。

教师追问：第三个故事和第一、二个故事有什么不同呢？

学生判断(在教师和其他学生的帮助下)：这三个故事可以说谈的都是争取利益的度问题，也可以看成是确定目标的问题。第一、二个故事是和物打交道，第三个故事是和人打交道。基本的观点是：人要学会取舍，一要学会权衡，在条件和欲求之间寻找合理定位；二要学会合作，懂得博弈，懂得分享，懂得双赢。

二是在作后点评与修改中贯彻批判性思维要求。如果说作前指导与构思的关键词是“追问”，那作后点评与修改的关键词就是“逻辑”。作后的点评与修改固然要在立意的准确性与深刻性上有所评判和动作，但只要这些方面没有太大的问题，一般不要做颠覆性的改动建议，主旨只要顺着原文的文义再做提升即可，关键是要点出逻辑上不够完善的地方，使文章能体现内在的一致性和连贯性。

为了提升在作文教学中进行批判性思维训练的效果，本课题组在两个试验年级都有意识地设置了一些本身批判性思维色彩就很浓厚的作文题。

命题作文，如：

人类感知外物，约70%来自视觉。但是，轻信眼睛常不免导致错误。请以“不要相信眼睛”为题写一篇文章，除诗歌外文体不限，不少于700字。

新材料作文，如：

德国哲学家尼采认为通向智慧的道路大致有三个阶段：

一是合群期，在这一时期会崇敬、顺从、仿效比自己强的人。

二是沙漠期，崇敬之心开始破碎，自由精神开始生长，并重估一切价值。

三是创造期，在否定的基础上重新进行肯定，但是这种肯定已不是出于某种权威，而仅仅是出于自己，我就是命运。

对这段话，你有什么思考和联想，请写一篇不少于800字的作文，题目自拟。

材料作文，如：

一次，魏文王问扁鹊说：“你们家兄弟三人，都精于医术，到底哪一位最好呢?”扁鹊答：“长兄最好，中兄次之，我最差。”文王又问：“那么为什么你最出名呢?”扁鹊答：“长兄治病，是治病于病情发作之前，由于一般人不知道他事先能铲除病因，所以他的名气无法传出去；中兄治病，是治病于病情初起时，一般人以为他只能治轻微的小病，所以他的名声只在乡里传播；而我是治病于病情严重之时，一般人都看到我在经脉上穿针管放血，在皮肤上敷药等手术，所以以为我的医术高明，名气因此响遍全国。”

这则故事揭示了什么道理？你有何见解与感悟？自选角度，自定立意，自拟题目，自选文体，写一篇不少于800字的文章。

（三）即兴演讲与短评

即兴演讲是本课题组设计和试验的专门进行批判性思维训练的学习活动。即兴演讲同时也训练学生审题与构思的能力、表达与交流的能力。以下是即兴演讲的部分规则：

语文即兴演讲规则

……

(4) 演讲结束后接受两人提问。每人可以提问两次，每次提问不超过半分钟，提问时不具体阐述自己观点。

(5) 演讲者回答每个问题的时间不超过1分钟。

(6) 演讲者可以有两次机会请别人代替回答提问。听众可以主动争取代替回答提问，回答时间不超过1分钟；也可以在演讲者回答结束后，主动发言支持其观点，时间1分钟。每次回答提问的代替者或支持者不超过1人。提问者对代替者和支持者提问视同对演讲者提问。演讲者、代替者、支持者不对提问者提问。

(7) 听众在“作文素材积累本”上记录自己的构思过程，包括演讲的提纲、别人的精彩观点、自己在听讲过程中产生的灵感等。

(8) 每次演讲课之前，语文课代表提名5人组成演讲评判团，评判团负责给演讲者打演讲分，提问者、代替者和支持者打参与分；演讲分最高100分，参与分每人次1分。以上分数计入平时成绩。

由于即兴演讲有很多互动的环节，语文教师在观测学生的批判性思维表现时，尤其要注重学生面对质疑和自我修正的表现。这是其他训练和测试难以把握的。

短评的训练目的同即兴演讲，只是把口头表达换做书面表达，同时省去了交流与互动的环节，学生各自面对自我进行审思。要求一般是写发言提纲，包括题目、论点、分论点和论据。也可以是写一篇300字左右的微作文，要求有立场，有分析，有核心观点，有理论论据和事实论据。例如：

1936年，英国作家奥威尔与新婚妻子一道，志愿赴西班牙参加反法西斯的战斗，后身负重伤回国。在《西班牙战争回顾》中，他讲述了一件有趣的事。

一天早晨，他到前沿阵地打狙击，经过漫长的等待，准星里终于闯进一个目标：一个光着膀子、提着裤子的敌方士兵，正在不远处。

真是天赐良机，奥威尔稳稳地瞄准了他。但奥威尔却犹豫了，他的手指始终凝固在扳机上，直到那个冒失鬼走远。

他的理由是：一个提着裤子的人已不能算是法西斯分子，他显然是个和你一样的人，你不能开枪打死他！

奥威尔应该开枪吗？为什么？说说你的想法。以下是经过教师修改和点评的学生习作。

有鲜明立场：奥威尔不应该开枪。

有具体分析：奥威尔开枪是服从了上级命令，不开枪则是听从了内心的道德律令。奥威尔在血与火的拼杀中没有忘记他参战的初衷——捍卫人道主义。

有核心观点：一支军队、一个种族、一个国家都有可能迷失方向，唯有人道主义精神，是照耀人类走出深渊与迷雾的万古明灯。人道主义是人之为人的基本准则。

有理论论据：正所谓“万国之上犹有人类在”。

有事实论据：当年，面对法西斯“我只是执行命令”的狡辩，正因为启用以人道主义为宏旨的自然法，东京审判和纽伦堡审判才得以进行下去（事实论据一句话可以说清楚）。

最好还有总结：是做一位从不失手但却失去灵魂的狙击兵呢？还是做一个无功而返却问心无愧的真正意义的人呢？奥威尔选择了后者。因此，他的后半生至少用不着在因为杀了“一个和我一样的人”的不安与负罪中度过。

（四）专门的批判性思维课程

以上三种批判性思维的教学途径，都是力图将批判性思维教学与语文教学固有的路径相结合。条件允许的学校不妨专门开辟出批判性思维课程。目前国内高中尚无权威和通行的批判性思维课程，本课题组认为可以借鉴高校的批判性思维课程，设计出适合高中学生认知和个性特点的课程。例如课题试验学校正在尝试的学科类课程“逻辑学入门”“哲学与创新思维”，活动性课程“演讲与辩论”“青年论坛”等。

课题组还力图用人类历史上最伟大的思想和灵魂来涵育学生的批判性思维品质。课题主持人领衔《一句话·一项杰作·一段历史——影响世界的百位大师》的编写，选择影响人类历史进程的思想家、哲学家、政治家、科学家、发明家、宗教领袖等共100位大师，以一句话展示大师的思想精华，以一项杰作展示大师的突出贡献，以一段历史展示大师成就的历史根基和历史影响。例如，笛卡尔的一句话就是“我思故我在”，一项杰作就是《第一哲学的沉思录》，一段历史就是笛卡尔思想内在的理性主义传统、怀疑主义方法，笛卡尔对近代哲学的奠基作用，以及对“理性主体”的过分张扬。

此外，只要以求合理、讲道理、探真理为宏旨，以会质疑、有理由、讲逻辑为要点，任何活动（包括日常交流），都能培养学生的批判性思维。

（该文原载于《教育研究与评论（中学教育教学）》2016年第3期）

高中语文教学中批判性思维测评初探

徐　飞

批判性思维是中学语文界关注的话题，而且近来有趋热的迹象。关于批判性思维及其培养的种种理论与洞见，终须付诸教学实践才有意义；而实践的路径与方法多种多样，终究无法绕过一个问题——学生的批判性思维如何测评。只有基本掌握测评工具，才能确切知道我们是不是在培养学生的批判性思维，培养的效果如何，有没有更好的做法。然而，由于我国对批判性思维及其培养的研究和实践才刚刚起步，批判性思维水平——尤其是高中生批判性思维水平——的测评国内尚无成例可鉴，无针对性工具可用，无通用数据可参照。

高中语文教学中培养学生批判性思维的实践研究课题组（以下简称课题组）的文献考察和实践探索表明，高中生批判性思维水平的测评可采用如下方式：

一、量表测试

教育发达国家常采用量表评估学生的批判性思维水平。例如，美国应用比较广泛的是《加利福尼亚批判性思维技能测验》和《加利福尼亚批判性思维倾向问卷》，这两个量表也与多数研究者基本认可的"批判性思维包括认知能力和情意特征两个维度"的观点相契合。

1.《加利福尼亚批判性思维技能测验》(California Critical Thinking Skills Test，简称 CCTST)。

该量表把批判性思维技能分为分析(analysis)、解释(interpretation)、自我调节(self-regulation)、推论(inference)、说明(explanation)和评价(evaluation)几个方面。

CCTST设计了34道试题测验以上6项技能。试题采用标准化形式,如34题中:

你12岁的女儿跟你说:“所以,如果你解雇了助手,你将与工会发生纠纷;但是如果你不解雇他,你将无法向你的上司交代!不论哪种情况,你最终都会陷入麻烦之中。”女儿的推理是:

A. 差,因为12岁的孩子还不能理解事情的真

B. 差,因为你不能肯定工会将怎么做

C. 好,因为当下似乎没有其他选择

D. 好,因为你一直都有权选择辞职

CCTST在美国多所大学使用过,同时,它也用于高中学生。CCTST有中文版,曾被应用于高校的试验。

2.《加利福尼亚批判性思维倾向问卷》(The California Critical Thinking Disposition Inventory,简称CCTDI)。

该量表将批判性思维人格倾向分为追求真理(truth-seeking)、思想开放(open-mindedness)、分析性(analyticity)、系统性(systematicity)、自信性(self-confidence)、求知(inquisitiveness)和成熟(maturity)7个维度,分别形成7个子量表共75道题。每题列出6个涂写位置,被试选中一个涂黑,以标示从“强烈同意”“同意”“基本同意”“不太同意”“不同意”到“强烈不同意”这6种态度中选择哪一种态度。如:

(1) 考虑所有可能的选择我做不到。

1　2　3　4　5　6

CCTDI也有中文版,但和CCTST相比,CCTDI更可能受到文化差异的影响。

二、印象把握

和量表测试的一次性评判不同,印象把握通过观察或不随意注意学生的课内外表现(包括眼神、举止、提问、发言、交谈、习题、习作、

交往、决断与行动等），建立起对学生批判性思维水平及发展的整体的动态的印象。这种印象来自日常，因此反映出的学生的批判性思维状况更有实际价值，也更能体现过程性和趋向性。

例如，课题组在第一轮试验年级高一入学时，记录下同样在公开课环境下，就同一篇课文（苏教版高中语文必修一《前方》）同一位教师授课，试验班级和控制班级学生提问的人次和问题的内容（见表1）。

表1　记录表（一）

	试验班级	控制班级
提问人次	15	16
问题内容	如何用一个具体的东西来描述前方？ 为什么前方意味着更远的地方？ 为什么惦念家，为什么不回家？ 第7段写前方唤起的憧憬，第10段为什么写一个惶恐与迷茫的人？ 作者为什么谈了离家之后又要写还家？ 人们为什么不把苦旅变成乐途？ 崔颢为什么不回家？他真的回不了“家”吗？ 如果说，前方和故乡其实是一回事，那后方是什么？ 第2段全称概念“人”是否太绝对？ 荒野中的人，连通前方的路都未必有！	文章的思路是怎样的？ 为什么无法还家？ 为什么离家又想家？ 为什么是苦旅？“实质”可以去掉吗？ 家的压迫源自什么？ 题目怎么来的？ 作者身处何方？ 家、家园、家乡是否重复？ 文章的背景是什么？ 前方会不会就是家？

上述记录表明，试验班级的批判性思维活动更为活跃，控制班级显得更为严谨，但两个班级的批判性思维水平整体上未显示出大的差异。

一学期后，试验年级进入第二学期，同样的班级，依然是公开课环境下，同一篇课文（《我有一个梦想》），同一位教师（见表2）。

表 2　记录表(二)

	试验班级	控制班级
提问人次	23	7
问题内容	题目是“我有一个梦想”，18 段开始才提到梦想，1 至 17 段有什么作用？ 为什么不提不平等的根源？ 为什么不提保障平等的措施？ 11 至 14 段为什么分段写而不是合起来写？ 怎么理解“忍受不应得的痛苦是一种赎罪”？26 段的“山洼”“山冈”比喻什么？ “叛乱的旋风”“暴行的旋风”怎么理解？ 29 至 33 段地名的选择有没有讲究？ 18 段“美国的梦想”指什么？ 为什么列举多处山脉而不概括为“所有山脉”？ 黑人获得平等自由的真正原因是什么？和这篇演讲有什么关系？ 到底有几个梦想，梦想的实质是什么？ 为什么一起去监狱？	两次将“今日，我有一个梦想”单列一段，为什么？ 为什么强调今日？ “忍受不应得的痛苦是一种赎罪”，如何理解？ 比喻、排比、反复、呼告的作用是什么？

试验班级在课堂上表现出的批判性思维的活跃程度和深刻度、敏锐度都有提升，而控制班级则明显缺少对批判性思维的热情。这不仅体现课题组的试验对学生批判性思维的发展有所促进，也反映了在年龄和阅历的增长过程中，在常规的高中管理和各科学习中，学生进行批判性思维的欲望在减退。

三、材料分析

材料分析是指给学生一则或一组材料，材料可以是一个或一组观点、故事、案例、现象、事件，可以是文字，也可以是图片或视频。让学生针对材料提炼观点，澄清价值，做出判断，辨析是非，查找谬误，追踪前提……并根据学生这些方面的表现对其批判性思维水平进行等级评估。

课题组在制订高中生批判性思维培养目标的基础上，参考理查德·保罗批判性思维的六个阶段，把学生的思维状况分为三个等级：无批判性思维、弱批判性思维、强批判性思维（见表3）。

表3　学生的思维状况

无批判性思维	弱批判性思维	强批判性思维
（略）	① 好奇心与求知欲 ② 独立思考，重过程甚于结论 ③ 追求逻辑与一致性 ④ 不畏惧错误 ⑤ 直面来自他人的否定 ⑥ 能够理解并集中思考问题 ⑦ 能区分话题、结论以及理由 ⑧ 能够对言辞特别是歧义的言辞进行分析 ⑨ 能识别逻辑关系，发现矛盾	① 坚持任何观点都不能预先获得理性审判的豁免权 ② 推崇自由地思考和自己做出结论，从不人云亦云 ③ 乐于智力冒险 ④ 追求真理，对真相负责 ⑤ 平等对待不同观点，把自身置于他人立场来思考问题 ⑥ 通过与他人耐心、理智的对话辨明立场、澄清价值、追踪前提、提升认识 ⑦ 运用多种办法判断资料的可信性 ⑧ 能进行严密的推理 ⑨ 能提出假设并且验证与评价假设 ⑩ 对自己的思维过程进行反思甚至监控，并适时作出调整

在确定不同层级的批评性思维的基本特征和重要表现之后，就可以根据学生对材料的理解、评判的具体情况来大致判定学生的批评性思维的层级。例如：

阅读材料，形成观点，写200字左右的短评，立场鲜明，有理有据。

材料1：在一个贫困山区，有位小学教师，每逢山溪涨水就守在溪边，把学生一个个背过河……他名声远播。媒体赞曰：人桥！不久他被提拔为乡教办主任，后来又当上了县教育局副局长。

当地的另一所小学里，教师是个娇小的姑娘，面对学生上学难的问题，她想了个办法：给教育局写报告，跟乡长力争，还自己掏出了工资，发动学生集资。不久山溪上架起了一座真正的桥，钢筋水泥结构，孩子们上学更方便了。这姑娘目前还在山村里教着四个年级的60多个学生。

材料2：一个犹太人去卖掉一头牛和一只鸡。乘船渡河，到河中央时，突然起了风浪，船眼看就要翻了。犹太人向上帝祈求："上帝啊！您如果能让我平安过河，我将把卖牛的钱全捐给教会！"随后风渐停，犹太人过了河。

来到集市，一头牛的市场价是1000元，一只鸡的市场价15元。犹太人一头牛只卖10元，但有个条件，必须一起买价值1000元的鸡。结果很快就出手了。犹太人捐出了卖牛的10元，拿着剩余的1000元钱回家了。

对上述材料质疑、分析和评判的具体内容与批判性思维三个层级的大致对应关系见表4。

表4　内容与批判性思维层级的对应关系

批判性思维层级	无批判性思维	弱批判性思维	强批判性思维
人桥与钢桥	提倡务实、反对作秀 ……	这个社会关注的是什么？ 媒体应该怎样引导舆论？	要防止这样的倾向：媒体只关注有故事、抓眼球的素材，政府只重视德与勤而忽略能与绩，文化只肯定仁与苦而轻视智与巧
犹太人买鸡和牛	不诚信 聪明 侥幸心理	是否真的信仰上帝？ 是否害怕上帝的惩罚？ 如果面对的不是上帝而是生活中的人……	如果信仰上帝，为何敢于耍花样？如果不信上帝，为何又要费这一番心思？ 确信全知全能的上帝不会惩罚自己 在规则和约定允许的范围内追求自身利益的最大化

这份表格同时成为用上述材料评定学生批判性思维层级的基本标准。课题组在第一轮试验年级入学时，用材料分析的方式对部分学生进行了测评，上文提及的控制班级和试验班级在“人桥与钢桥”的材料分析中表现见表5。

表5　控制班级和试验班级的批判性思维表现(一)

批判性思维层级	无	弱	强
控制班级(57)	28(49%)	23(37%)	6(16%)
试验班级(61)	29(48%)	26(43%)	6(10%)

课题组在一学年的试验后，再次用材料分析的方式对基本同一范围的学生进行了测评，在“犹太人卖鸡与牛”的材料分析中，两个班级情况见表6。

表6　控制班级和试验班级的批判性思维表现(二)

批判性思维层级	无	弱	强
控制班级(57)	27(47%)	21(37%)	9(16%)
试验班级(61)	25(41%)	23(38%)	13(21%)

考虑到第二则材料较第一则材料有更大的难度，可以基本判断试验班级和控制班级的测评结果与上文中印象把握的结果相对吻合，与课题组的预期基本吻合，课题组的教学实验措施一定程度上促进了学生批判性思维的提升。

很多常见的文本可以作为材料分析的素材。例如，对耳熟能详的“狼来了”的故事理解，如能提出“如果始终没有真正遭遇狼呢？诚实是为了生命安全吗?”这样的问题可视为有批判性思维的表现。如果提出“德性不能—至少不能仅仅—建基于功利”，则是强批判性思维的表现。类似的还有曾经的一道高考作文题材料：

这是一个发生在肉类加工厂的真实故事。

下班前，一名工人进入冷库检查，冷库门突然关上，他被困在了里面，并在死亡边缘挣扎了5个小时。

突然，门打开了，工厂保安走进来救了他。

事后有人问保安:“你为什么会想起打开这扇门,这不是你日常工作的一部分啊!”

保安说:“我在这家企业工作了35年,每天数以百计的工人从我面前进进出出,他是唯一一个每天早上向我问好并下午跟我道别的人。”

“今天,他进门时跟我说过‘你好’,但一直没有听到他说‘明天见’。”

“我每天都在等待他的‘你好’和‘明天见’,我知道他还没有跟我道别,我想他应该还在这栋建筑的某个地方,所以我开始寻找并找到了他。”

其实,这个“故事”蕴含一个前提——尊重别人会给自己带来意想不到的幸运或者好处。追踪出这个前提并对之质疑:毕竟保安的细心与敏锐不是必然的,如果他没有得救,每天的“问候”与“道别”就没有意义吗?一个深刻的批判性思维过程就开始了。

其实,高中语文教材中也有很多类似的测试材料。

四、三种测评方式组合运用

以上陈述了课题组考察和尝试过的批判性思维水平测评的三种方式。

量表测试是目前国际通用的测试方式。其技能测试部分更多的是考察逻辑思维能力甚至“智商”的某个维度,该测试往往是那些传统眼光中“聪明”的学生得分较高,甚至那些不愿进行批判但“文化成绩优秀的学生”在CCTST也可以有较好的表现;而倾向问卷的不足则在于被试者在测试时极可能把应然当作实然,把自己的理想人格当作现实人格,要想严格控制这种心态对测试结果的影响是很困难的。

量表测试的根本缺陷是把技能(认知能力)和倾向(情意特征)截然分开进行测试,这不符合人们在具体情境中进行批判性思维的状况(人们总是带着一定的态度、情感甚至情怀去理解世界和勘探心灵的），因此与批判性思维的内涵、批判性思维培养的目标不十分匹配，与批判性思维的现实运用也不够吻合。

印象把握是对实际上一直存在的教师有意无意运用的评估方式的一种概括，其最大优点是在现场真实情境中评估学生的批判性思维。在现阶段我国尚未建立起批判性思维教育的课程和评价体系的情况下，印象把握似乎比量表测试更接近我国高中教学与学习的现实，更简便和易于推广。其效度首先取决于观察者（教师）本身是否具有良好的批判性思维品质，以及对这种品质的洞察力。此外，这种评估方式是定性而非定量的，模糊而非清晰的。

材料分析则是课题组的一种探索。和印象把握一样，材料分析与批判性思维的现实运用比较吻合，尤其是能比较真实地反映批判性思维的情智两方面的融合，而且可能对量表测试难以考察的一些方面——诸如开放性、自我修正等——有比较客观的反映。同时，材料分析比印象把握更加规范、可控，在标准化与规模性方面也跨出了一步，并且与印象把握以及 CCTDI 也有一定匹配度。不足之处在于材料分析的量化程度依然偏低，分析标准尚未得到认知科学和逻辑学的有力支持，不能完全排除主观性。

在现阶段尚无成例和权威参照系的情况下，高中生批判性思维水平的调查、评估宜以批判性思维培养目标为参照、材料分析的方法为主，印象把握的方法为辅，量表测试作为补充或参考，这样的测评组合更具参考价值。

（该文原载于《教育研究与评论（中学教育教学）》2016 年第 2 期）

在"质疑-共解"中培养批判性思维

徐　飞

在高中语文教学中培养学生批判性思维的方法和策略应该是多种多样的，可以讲，可以问，可以对话与引导，也可以辩论与谈判，还可以示范与规训；可以让学生听说读写，也可以任其沉思默想；可以在系统训练中一以贯之，也可以在灵光乍现中相机把握……但若以"课"为时间单位和活动场域来进行批判性思维的培养，则需要有相对固定的章法，这样才能确保教学过程的基本可控与常规教学目标的实现。"高中语文教学中培养学生批判性思维的实践研究"课题组（以下简称课题组）经过试验探索，总结出的"质疑-共解"教法，能够相对妥善地兼顾批判性思维的培养和语文教学常规任务的落实。

一、"质疑-共解"的一般性流程

所谓质疑，就是师生（主要是学生）针对课文或其他学习材料中难以理解、相互矛盾、不合常规或自己无法认同的地方提出问题；所谓共解，就是师生针对问题进行探究、展开讨论和达成共识。

质疑的过程一般包括三个环节：

一是自读。这一环节"独立"是关键。只有在独立阅读中产生的问题才是真问题，而不是为了完成提问任务刻意制造出的问题；只有经独立思考遴选和炼就的问题才是好问题，而不是可以轻易获得结论或缺少探究价值的问题。

二是交流。在独立阅读、独立思考、初步生疑的基础上，学生在一定范围内进行交流，交流过程会解决一些浅易的问题，淘汰一些没有求解价值的问题；同时归纳出共性的问题，碰撞生成新的有意思的问题，也保留个人极为看重的个性化的问题。

三是提问。学生向教师、向全班提出问题（主要是上述后三类问题）。提问，可以让学生课前提问，也可以让学生课上提问。课前提问的有利之处在于，教师可以有更充分的准备，可以提炼和归纳好学生的问题，可以对问题做事先的求解，教学可以设计得更精密，课堂可以驾驭得更平稳。课上提问则具有互动性，学生相互启发和激励，从而产生更富挑战、更加尖锐和更有价值的问题；具有现场感，学生感觉到他们要讨论的都是他们自己的问题，从而有一种主动性和责任心，思维和表达会更积极也更慎重；具有连续性，学生可以体验从质疑到共解，从审问、慎思到明辨的相对完整的求知过程；而且，提问本身就是一种训练，训练学生在相对紧张的情境和兴奋的状态中，敏锐地捕捉，执着地追问，审慎地检省和大胆、清晰、凝练地表达。究竟是课前还是课上提问，主要取决于教师依据文本特征、本人特点、学生情况和特定目标而制订的整体策略。

共解的过程一般也包括三个环节：

一是整合。在求解问题之前，需要对问题进行整合。“质疑-共解”的教学一般不由教师直接提出问题或解答问题，但又不是简单的“生问生答”，学生提问和作答的时机、方式和程序是有要求、有讲究的。为防止低效和无序，一般不采用“一问一答”的方式，而是让学生把所有的问题都提出，然后再进行求解。而求解问题一般不完全是学生提出的原初问题，求解的顺序一般也不是学生提问的原初次序。在求解之前，教师带领学生对他们刚刚提出的问题进行评估、梳理、分类、概括、综合和排序，这就是整合。

二是求解。师生对重新编次的问题进行求解。求解的切入、展开和推进的方式可以依据学情、文本和教师自身特点有所不同。一般来说是按整合时编排好的顺序逐题讨论，但视学生认知推进情况可以跳过或追加某些问题，有时在问题的内在逻辑不强或不唯一的情况下，为调动学生积极性，可以让学生“认领”自己感兴趣的问题。求解的方式可以是研读、思考，也可以是讨论、辩论，但讨论和辩论必须以尊重文本为前提、以独立探究为基础，不能一味架空分析、追求热闹；以获得真知为目的、以求得合理为标准，不能只顾维护自我、驳斥对方。

三是共识。求解问题当然希望获得一个终极的答案，但很多情况下无法求得这样的答案，只能做出一些猜想，甚至仅仅有一个求解的思路。但这其实已经达到思维训练和文本解读的目的。能得到正确、一致的看法固然圆满，但找到一个最大公约数，形成一种重叠共识，并充分尊重此外的合理的认知视角和情意取向，为文本的多义和思维的开放保留足够的余地，也完全契合公共讨论原则、人类认知规律以及真理形成过程。

以上六环节构成了一堂“质疑-共解”课的一般性流程，实际操作时视具体情况可以有所调整。

二、“质疑-共解”中批判性思维的培养

在课堂教学中，之所以采用“质疑-共解”的方式培养学生的批判性思维，是因为“质疑-共解”具有很强的交互性，其内在各个环节都需要批判性思维的支撑，因此也指向批判性思维的培养。

首先，“质疑-共解”提供开放互动的环境。从公共选择的视角看，“质疑-共解”比较近似多数学生在未来生活中运用批判性思维的公共生活情境，构造了“运用理智”并且是“公开运用理智”（康德）进行公共说理、参与公共讨论的场域。虽然这种说理和讨论目前无关群己利益，但无疑是他们未来参与公共事务、在公共空间运用批判性思维的预演。

从认知逻辑的视角看，和各自听讲解或做习题不同，“质疑-共解”提供了一个运用和锻炼批判性思维的开放空间和互动关系网络，让学生体会相互启发、砥砺，共同扬弃、攀升的认识进程。学生有时面对文本展开深读和思索，学会独立与细致、耐心与严谨、甄别与欣赏；有时面对他人进行倾听、分析、审察，自信、开放而包容，维护他人表达的权利，体会将自己置于他人的立场，承认比自己高明的见解，学会引用和吸纳别人的认识成果，当然也敢于在理由充足时质疑

他人(包括权威角色,如教师)的立场,否定他人的观点;有时默默面对自己,检视自己的思维过程,反思自己的认识前提,修正自己的探究结论,克服惰性和路径依赖,否定和超越自己,学会于他人思维止步处前行,学会控制主观偏见和个人情绪,尤其是克服互联网式表达的情绪化、极端化、标签化倾向。

实践表明,“质疑-共解”在促进学生理智、独立、开放和自我修正等方面的功效尤为显著。

其次,“质疑-共解”可以落实批判性思维的培养要点。高中生批判性思维培养的三个要点——“会质疑、有理由、讲逻辑”——在“质疑-共解”中都有比较好的落实。

关于“会质疑”:在“质疑-共解”中,不仅自读与提问需要质疑,求解的每一步都需要经过质疑的考验,最后形成的共识仍可以有所质疑。批判性思维倡导任何观点都不能得到理性审判的豁免权,质疑就是理性审判的第一步。学生就是在质疑文本、质疑同学、质疑教师、质疑自我中获得合理性并不断逼近真善美。

关于“有理由”:对理由的关注贯穿“质疑-共解”的全过程。无论是质疑还是求解,不是源自情绪,而是基于证据;不能满足于断言,而应要求自己给出充分理由。

在质疑过程中,能引起大家关注,并将探究引向深入的发问,都是有充分理由的。学生发问,应同时陈述发问的理由。教师也可以追问学生疑问产生的原因。表 1 是学生对《我的一位国文老师》和《看社戏》的质疑以及相关理由:

表 1　质疑和理由

质疑	理由
1. 作者“敬慕”国文老师仅仅是因为他教得好吗?	一个人的能力、学识或才情可以说令人“佩服”;而用到“敬慕”这个词,则一定与人格、修养等有关。
2. 作者了解社戏演员的幕后生活后,对社戏的评价就一下子拔高了,这不真实。	我们不会仅仅因为作者值得同情而喜欢他(她)的作品,不会仅仅因为艺人生活艰难而喜欢这门艺术。

在求解过程中，任何解释或结论都必须以理由成立为前提。以学生对上述质疑的求解为例(见表2)。

表2 结论和理由

结论(解释)	理由
作者"敬慕"国文老师还因为他的人格。	文章没有刻意表现国文老师的人格，但认真审度，课文前半部分写国文老师"凶"和"正当防卫"，反映了一个旧文化的精英在社会剧烈变化，价值体系颠覆的年代，是如何竭力维护为人为学为师的尊严的，这就是令人敬慕的地方。
作者对社戏的评价升级其实不完全因为她发现了社戏演员生活的贫困，更重要的是因为发现了社戏演员和观众都是底层民众。	全文其实在刻意表达一个创作取向——"从底层民众的角度去搞艺术"，因此，作者在观照到观众的反应后对社戏评价不断升级，并在确认社戏演员和观众的身份同一性后将这种评价抬到极高层次。这篇文章的很多问题，必须放在戏、演员、观众和我的多向互动的关系框架内来思考。

关于"讲逻辑"：对逻辑性的要求同样贯穿"质疑-共解"的全过程。逻辑，就是思维的规律和规则；语文课中的讲逻辑主要体现为推理(主要包括演绎、归纳和类比等)规则的正确使用，因此关注理由必然讲求逻辑；逻辑其实就是连接观点和理由的东西，就是使理由能够成立的东西。上述第1项质疑为假言推理，推理形式为：

如果p，那么q(如果"用到敬慕这个词"，那么"一定和人格有关")

p("作者对国文老师用到敬慕这个词")

所以q(所以"这一定和他的人格有关")

第2项质疑为类比推理，推理形式为：

A有属性p和q(一部作品，其作者值得同情，其读者未必因此而喜欢它)

B有属性p(社戏，其演员值得同情)

B有属性q(社戏的观众未必因此而喜欢社戏)

第1项质疑带来的问题是——作品哪里表现了国文老师的人格呢？学生们通过深挖"正当防卫"这个措辞解决了这个问题；第2项

质疑带来的问题是——那么作者究竟又是因为什么而喜欢社戏的呢？学生们通过揣摩“从底层民众的角度去搞艺术”这句话解决了这个问题。从质疑到共解，课堂的内在进程又同时基本符合“假说演绎”的逻辑。

经过一段时间的训练，在培养合乎逻辑地对文本内容和表述进行质疑的同时，教师还应该鼓励学生对文本的内在逻辑本身进行合理的质疑和修正，即使名家名作也无需另眼相待。例如，《留侯论》中，苏轼关于“圯上之老人授书”的猜想缺少一致性。第二段中，作者提出“夫子房受书于圯上之老人也，其事甚怪；然亦安知其非秦之世，有隐君子者出而试之”；第三段又提出“夫老人者，以为子房才有余，而忧其度量之不足，故深折其少年刚锐之气，使之忍小忿而就大谋”。究竟是“试之”还是“折之”？这两者虽不是极端对立，但毕竟有所抵牾。既然是“折之”，说明已掂出斤两，为何还要“试之”呢？在质疑逻辑性的基础上，如若能对作者的论证逻辑进行合理的修正完善，将意味着批判性思维水平达到了较高的层次。

另外，“质疑-共解”中的“讲逻辑”还集中体现在对问题进行整合的环节，把大量的相对凌乱、无序、分散、冗余的问题进行简化、分类、编排，是一种很好的逻辑训练。

三、“质疑-共解”中常规教学任务的落实

“质疑-共解”可以广泛运用于一般性的阅读教学与作文教学，只要处理得当，不仅不会延误教学的进度，而且可以优化教学的进程。

首先，“质疑-共解”有助于学生主体性的落实。20 世纪 50 年代以来中国教育界提倡启发式教学，提问式教学相伴而生；提问式教学一开始就是以师问生答、一问一答的形式出现的，这种形式至今仍是主流，但它是否适用于一切师生、文本与课堂情境呢？它有没有可能异化为基于教师绝对权威的另一种“巧妙灌输”呢？知识轰炸般的教师“满堂灌”固然以源源不断的现成结论败坏了学生探索的兴致，但思维锁链般的教师“满堂问”又何尝不是以刚性的问题序列在钳制和

规训学生的思维与想象呢？“质疑-共解”与“师问生答”的显著区别在于：后者学生也发生思维活动，但其思维的场域、界限、方向，甚至结论都是被圈定和指定的，不可避免地在教师的逻辑设计和语言编织下被客体化和对象化了；而前者学生研究的是自己发生兴趣和产生探究冲动的问题，并由此开始一个真正的主体性的思索过程。

其次，“质疑-共解”有助于教学起点的把握。一堂语文课的起点应该设在哪里？不妨以学生的质疑来定位。教师依据什么而教？(除了考虑自身因素以外)主要是两方面：一是依据文本——“以文育人”，二是依据学生——“因人定教”。将两者结合起来就是“以问定教”。疑问是人与文相遇的产物，体现了学生彼时真实认知和情意状态，是课堂教学的此岸，也是课堂教学的最佳起点。一堂课，无论怎样导入和切入，都不应该脱离学生的真实状态，否则再精彩也没有实际意义。拿“质疑-共解”的过程和GPS导航做个类比，学生的提问确定了“我的位置”，教学目标确定了“目的地”，问题整合其实是“路径规划”，“共解”就是实时的“行驶”过程。因此，在学生质疑的基础上进行教学策略的选择、教学思路的优化甚至教学目标的调整，教学有效性可以得到增强，任务更能够落到实处。

第三，“质疑-共解”有助于教师突破自身局限。老师受自身认识范围和思维定势的影响，对文章的认识是有局限的，而学生因为视角的多元，往往能帮助老师实现对这种局限性的突破，甚至促使一堂课向新的维度开拓。例如，在《西地平线上》的授课中，有一个学生出人意料地提到怎么理解“我多么的卑微啊，我多么的平庸啊”，这是作者发自内心的感慨，从表达效果看起到了衬托的作用，但它客观上涉及一个深层次的问题，就是渺小的个体的生命意义问题。再如，在《秋水(节选)》的学习中，学生提出了“河伯的知渺小和现代人的知渺小有何不同”，“知渺小后该怎么办”等一连串令人猝不及防又颇感棘手的问题，但冷静下来想一想，这些问题的提出自有其逻辑上的合理性，而且完全可以引导出对庄子创作的原意的辨析、探究。可以说，“质疑-共解”为师生的教学相长以及文本的多元解读、深度开掘提供了极佳的平台。

四、“质疑-共解”中教师的基本任务

从“师问生答”(或教师自问自答自说自话)到“学生质疑、师生共解”的变化,必然带来课堂中教师角色的转型。教师从提问到被问,从“演出”到“主持”,甚至从“台上”到“台下”……其实任务一点没有减轻,反而变得更加复杂和艰难。一般来说,教师有这样几项任务:

(一)备疑

为确保质疑的品质与共解的水准,教师务必质疑在先。搁置一切先见,“裸读”、细读、深读课文。在理解的同时始终保持质疑的取向;在产生属于自己的问题的同时,也要置于学生立场,猜测学生问题。当然,这样做的目的并不是为了让学生问到自己已经料到并且有答案的问题,然后就此进入“既定程序”(如此和师问生答没有区别),这其实是在“利用”学生提问而不是“基于”学生提问。

(二)启问

主要是在学生自学的基础上激发学生质疑、引导学生提问。就疑问的特征来看,则可以引导学生对文中不理解、不寻常、不一致、不认同的地方质疑。就质疑的对象来看,可以不指定对象与范围,也可以指定对象与范围。指定对象与范围时可以明确要求,也可以用材料暗示。例如《史记选读》中《项羽本纪(节选)》一文,可以直接要求学生捕捉项羽临终前的可疑之处(如“快战”“不渡”等),也可以用《垓下歌》(“时不利兮”)暗示学生质疑项羽失败归因的思维方式。

(三)助述

在学生提问环节,帮助学生说明自己想说的意思,给问题找到一个准确、清晰、简洁的表述。在文本解读的初始阶段,学生感受与想法丰富而含混,有时提一个问题,表述拉拉杂杂,别人听不懂,自己很懊恼。这时候教师要帮助其表述清楚。但这种帮助不是代劳,而是像“精神助产”一样,通过问、辩、澄清让学生说出他真正想说的。例如,《秋水(节选)》一课的学习中,学生针对课文的结尾质疑时,从故

事说到寓意，从宇宙说到人格，几乎用到了一篇短评的篇幅，最后在老师的帮助下凝练成一个简单而直接的问题——“‘大方之家’该不该笑河伯?”。这样的问题有重要的教学价值，而且，教师助述的过程，也是学生思维与表达接受磨炼的过程。

（四）追问

在适当的时机，教师完全可以再在学生提问或求解的基础上追加问题。尤其在学生认知与文本核心或教学目标相距不远，在逻辑上又顺理成章的情况下，教师一定要把握时机追问。例如，在《西地平线上》的授课中，在和学生讨论了三次落日的相关内容之后，教师很自然地追加了一个问题——“三次落日的顺序能不能变换”。在《铃兰花》的授课中，一个班的学生始终没有提到父母对“我”克服恐惧的作用，于是，教师先是和学生探析“我”敢于去“地狱”摘铃兰的各种因素——诸如对母亲的爱、成就动机与价值感、宗教性支持、对美的追求、憧憬与期待、被焕发的生命力等，然后突然追问：以上诸多动因怎么会聚焦到这一天、这一刻、这个孩子克服恐惧进地狱这件事上来的呢？为什么会这么巧呢？而另一班却有学生针对“打这以后，果真不再叫我到‘地狱’去放牧了”这句话提出：很奇怪，父母就这样放弃对孩子勇敢精神的培养了？教师立刻追问：父母真的放弃了吗?

（五）应变

基于学生的提问对教学策略、思路甚至目标做出调整是真正发挥了“质疑-共解”“以问定教”的价值。在《我的母亲》(胡适)的授课中，学生问出了“母亲为什么容忍大哥的行径”，“母亲为什么等到‘近半夜’才‘给债户开发一点钱’”，以及“母亲的‘哭’为什么有这样的效果”等问题，教师临时把原有的教学目标中的一条“在细节中体会母亲的善良、隐忍以及对儿子的爱”调整为“在细节中体会母亲的善良、隐忍、智慧以及对儿子的爱”(增加了“智慧”)，并临时把“在特定处境下理解母亲的言行与形象”作为教学难点之一。

（六）统整

在对问题展开求解之前，教师有必要带领学生对所有的问题进行统整。统整的方式因文、因人、因课而异。例如,《前方》的授课中,教师把学生所有的问题分类聚焦到“路”“前方”“家”这三个概念上,再从三个概念及其关系入手深入理解课文,同时探究所有问题;在《西地平线上》的授课中,教师要求学生试着把所有关于联想——例如泰坦尼克号音乐、约翰·克里斯朵夫、成吉思汗——的问题,概括成一个主问题,最后这个问题表述为“两次落日和相关联想的组合能不能变换”;在《渔父》的授课中,学生很自然把问题分为“关于屈原”和“关于渔父”这两大类,这样的统整方式也适用于《最后一片常春藤叶》和《雷雨》等课文;《秋水》篇幅短,授课时间少,学生的问题少而精,教师就让学生自由“认领”问题去探究;而在《流浪人,你若到斯巴……》的授课中,师生只保留、讨论了关于艺术品的问题,其他问题顺带得到了解答。问题统合的方式多种多样,但总的来说,必须把握好三个关系——问题与问题的关系、问题与目标的关系、问题与自身认识的关系。

（七）引导

当然,放开让学生质疑、讨论并不能彻底取代教师在关键时刻的关键作用。教师毕竟是“用一生在备课的人”,引导,就是要让学生从这种“漫长的备课”中充分得益。在“共解”的过程中,学生难免会出现知识空白、认识偏差、思维停滞等情况,教师此时必须“挺身而出”,有所点拨指画,甚至直接说出自己的想法也未尝不可。在对“了解社戏演员的幕后生活后,对社戏的评价就一下子拔高了”的质疑和探究中,课堂一时陷入僵局,直至教师问了一句“社戏演员和姜昆、冯巩这类演员的区别在哪里”,学生才开始从课文主旨以及社戏、演员、观众、作者的互动框架中去理解作者对社戏的评价。

（八）组织

“质疑-共解”中教师必须担任好组织者的角色。“质疑-共解”的课堂可以是活泼而严谨的、生动而深刻的,也可以是无序而低效的,这主要看教师组织得好不好。环节的衔接、任务的落实、时间的分配、节奏的把控,都需要教师认真谋划,适时调整。

（九）综述

“质疑-共解”，重在过程中学生的批判性思维训练、知识习得和语感培养，但最终的结论也有意义。结论是批判性思维的成果，是对探究过程的检验，是对文本认识的深化，是对阅读经验的积累（包括语文知识的积累），会给学生带来获得感与成就感。但由于很多问题是开放性的，其作答也应该是多元的，教师宜用综述的方式——类似“如同学们主要有这样几种观点……我的看法是……”这样的话语结构——来呈现结论。对思维要求比较高的问题，教师还可以点评一下学生不同的探究思路和求解视角。

以上九项可以看作是通常情况下一个完整的“质疑-共解”过程中教师要完成的一份任务清单，教师可以依据前述师生“质疑-共解”的六个环节以及教师要完成的这九项任务，对课堂教学有所谋划与设计，也可以依据文本、教师、学生的特质与需求对一些环节、任务有所侧重、淡化甚至舍弃，也不排除增加一些环节和任务的可能，一切服从于批判性思维训练的效果与既定教学目标的达成。

（该文原载于《教育研究与评论（中学教育教学）》2016年第4期）

探索以问定教的语文课堂

徐　飞

以问定教，就是根据学生提问调整教学目标，把握教学重点和难点，规划和展开教学流程，其实质是基于学情和文本来确定教什么和怎么教。以问定教必须面对四个难题：一是如何让学生提出有质量的问题，二是如何处置学生的问题，三是如何把握学生提问与教学目标的关系，四是如何获得并评判结论。

关于指导学生提问：可以引导学生捕捉文本的疑点特征：一是于不理解处质疑，二是于不寻常处质疑，三是于不一致处质疑，四是于不认同处质疑。

关于处置学生的问题：比较有效率的做法不是一问一答，而是让学生把所有的问题提出，分类排序，然后再讨论、探究。

关于把握学生提问和教学目标的关系：首先，学生、老师、文本作者与教材编者对文本的认识应该有一个交集，把握住了这个交集，就可以建立问题和目标的联系；教师引导学生提炼、筛选和编排问题的过程，正是在学生的认识起点和课堂的教学目标之间进行路径规划的过程。

关于问题求解和结论评判：问题的意义不仅在于结论，更在于对问题的探索过程和求解思路。思路是否合理是学生发言的核心标准。

以上四个难题的应对，使以问定教的语文课必然追求观点的碰撞、理由的充足和心灵的开放，这就把语文课堂教学引向了对学生批判性思维的培养。

（该文原载于《教育研究与评论（课堂观察）》2015 年第 5 期）

读书当于何处质疑

徐　飞

读书贵有疑。《礼记》将为学的过程概括成“博学、审问、慎思、明辨、笃行”五个阶段，从逻辑序列来看，质疑乃是思考的起点、探究的动因。有了质疑以及质疑后的探寻，读书才会读到一定深度和境界，才能把别人的文字有选择地纳入自己的认知框架、价值体系和情感世界。古代中国虽无启蒙的传统，不会像西人那样高呼“怀疑是研究的道”，执拗地把一切置于理性的审判席，但读书质疑的习惯却由一代代的大学问家承传了下来，宋人朱熹说：“读书无疑者须教有疑，有疑者却要无疑，到这里方是长进。”明人宋濂强调自己除了“遍观群书”，就是向名师“援疑质理”。陈献章说：“前辈谓学者有疑，小疑则小进，大疑则大进。疑者，觉悟之机也。一番觉悟，一番长进。”足见读书质疑，是中国自古就提倡的好习惯，历代学者惊人一致地将其置于相当重要的位置。

然而，关于读书质疑，我们缺的不是价值估量，而是方法指导。我们并非不明白“提出问题比解决问题更重要”的道理，但真正的问题在于“如何提出问题”。

一个人面对文本，只要无法遏制内心对人性与物性的探寻冲动，他就会自发地生出疑问。求知乃是人之天性。“一切知识都来自疑问”，“知识越多，疑问也越多”（苏格拉底）。在理想状况下，学生质疑的能力应该会随着他（她）知识水平、思维层次的提高而同步提高。但这一切的前提是：这种天性没有被遮蔽。

可是我们在教育实践中遭遇的一切却恰恰相反。学生质疑的能力并没有随着年龄阅历的增长、受教育历程的增加以及知识素养的增进而同步增强。他们极少提问，即使提问也往往难以抓住关键和扣住核心，问题缺少求解和求证的价值；更严重的是，事实上，他们中的大多数已经不再有提问意愿和意识。他们一直被迫并渐渐习惯吞咽被事先咀嚼过的食物，他们的好奇心、求知欲以及质疑的冲动被深深遮蔽。难怪有人感慨中国教育擅长的就是把有问题的学生教得没问题。造成这一困局的原因很多，最根本的是两点：其一，知识轰炸般的教师"满堂灌"以源源不断的现成结论败坏了学生探索的兴致，思维锁链般的教师"满堂问"又以刚性的问题序列控制了学生阅读的思路，两种教学模式都从根本上消解了学生质疑的动力并挤占了质疑的空间。其二，信息化社会成长的一代学生正被网络、报刊、电视所塑造的光彩陆离的符号和传递的海量的信息包围着，大众传播就犹如"皮下注射"，受众几乎没有甄别和思考的余地。

面对这样的困局，我们不能想当然地认为只要塑造民主宽松的课堂氛围，学生的求知本性与质疑本领就可以从经年的综缚中自动解放出来。除了在"道"的价值层面维护学生的主体意识、独立精神和批判习惯，尚需在"术"的操作层面有耐心、细致的帮助和指导；不仅让学生明白为什么要质疑，还要让学生学会如何质疑。

自新一轮课程改革以来，培养学生的质疑精神已逐渐成为语文界的共识。对此倡导也可见诸报刊与论坛，但大都停留在宏观层面的呼吁和说理上。少数涉及操作细部的，都落实到文本的诸要素上。例如对题目提问，对开头、结尾提问，对关键句提问，对文章思路和主旨提问，甚至于对标点符号提问……这些都对培养学生提问的习惯有积极的意义，但对持续培育学生的质疑精神和能力缺少长期效用，因其往往不能抓住质疑的核心品质，学生提出的问题往往缺少深度和探究的价值，不能触及文本的核心以及表达技巧的关键，甚至有可能诱导学生为了提问而提问。

读书质疑，应该抓住四个"不"。

一、于不理解处质疑

对文本中自己不理解的地方提出疑问，这应当是最常见也是最基本的质疑方式。大致可以分两类情况和三种结果。一类情况是学生确实不明话语究竟是什么意思，另一类情况是学生不理解作者究竟为什么这样表达。这两类情况都是勘探文本的起步，一般会演化为三种结果：

一是掌握了全新的知识。始于不解，进而求教、查证、钩沉，或揣摩、思考与想象，从而获取崭新的知识。《史记·刺客列传》中记叙太子丹欲收留樊於期，鞠武认为招致祸患，强烈反对，说了这样一段话："连结一人而后教，不顾国家之大害，此所谓'资怨而助祸'矣。夫以鸿毛燎于炉炭之上，必无事矣。"前面的一番议论中的道理，学生都容易理解，唯最后一句"必无事矣"令人费解。教学参考书将其译为"一定是不成问题"更是令人难以释疑。经过一番讨论，有学生认为是笔误和错简所致；有学生认为是拿羽毛去燎炭炉，炭炉一定不会有事，就像拿燕国去惹秦国，秦国一定不会有事；还有学生认为"必无事矣"是指"一定不会有其他结果发生——除了羽毛被烧焦"；直至同学们想象当时对话的情态，终于理解这是鞠武面对固执的太子丹愤激之下说的反语，用现在的话说："(你就去惹秦国吧)就像把羽毛放在炭火上烧，一定不会有事的，一定不会有事的。"这恰恰体现了这一教学专题的特色——"摹形传神，千载如生"。经过这番讨论，学生对"反语"的用法一定是会牢牢记住了。由质疑而获取的知识，与学生求解问题的过程性体验相伴而生，往往是一种带有情感的知识，今后会牢牢记住的知识。这应当是语文课堂教学中普遍的情形。

二是体悟了文本(作者、编者)的深意。对文本表层结构的不解，往往带来对作者内心深处的理解。阅读时遇到费解处，或进行合理化的辩护，或进行批判性的剖析。通常我们会首先试一试前者，《指南录后序》中，文天祥在记叙出使经过之前，特地交代的一件事，就是"辞相印不拜"。一般来讲，学生都会对此举背后的用意感到好奇。

经过讨论，不难测度出文天祥自降等级一方面是谋求对等外交，避免敌方疑心；另一方面其实是做好了被扣的打算，万一被扣，方便朝中调度，更重要的是减轻国家耻辱。忠君爱国之心，由此可见。杜甫在《兵车行》中写到“或从十五北防河，便至四十西营田”，学生敏锐地发现，此处批判的笔触推及二十五年前，而当时正逢开元盛世。可见诗人只是忠实地写事件，并不着意于刻画盛衰的轨迹，但却客观上呈现了唐王朝由于穷兵黩武而在盛世中埋藏的深刻危机。作家客观写实，不自觉地反映出他并未意识到的规律和趋势，文学史中的例子比比皆是。《项脊轩志》一文，细心的学生定会发现，若除去补记部分，原文以轩遭火不焚作为结尾显然文势不足。编者此处有删节，指导学生查阅原文，学生定可理解，原来作者第一次作记时，项脊轩主要是求取功名、振兴家门的理想寄托；等到多年后补记之时，项脊轩象征的更多的是一份被泪光濡湿的感情。而编者删去原记的结尾，淡化了前者，突出了后者，首尾圆合。呈现在学生面前的归有光，乃是一个经历了人生风雨，领悟了生命真谛的归有光。可见，试着去理解文本的费解之处，往往就是探幽发微，领悟作者（编者）曲折用意的过程。

三是发现了文本的疏漏。有不理解的地方，试着进行合理化的辩护，或可发现作者的深意；若不能，转而批判，兴许会发现文本的疏漏。例如，学习《陈情表》时，学生提出，既然“刘夙婴疾病”，为何李密还“少仕伪朝”？这是不是李密陈情中的百密一疏呢？学习《把栏杆拍遍》时学生提出，作者表现辛弃疾被迫脱离战场时心理的悲愤，写“像屈原那样仰问苍天”还比较贴切，但“像共工那样怒触不周”就显得过于激越了，毕竟辛弃疾始终都是朝廷的忠臣。还提出，作者概括辛弃疾的人生经历，言其“在出世与入世间矛盾，在被用与被弃中煎熬”，后半句颇为贴切，但前半句则与辛弃疾的“武人本色是政人”矛盾，亦与作者评价辛弃疾的核心观点不符，从政救国——辛弃疾何曾有过一丝犹豫，出世——乃是入世无门的选择而已。《把栏杆拍遍》的酝酿、构思、草创到最后成文历时三十三年，像这样千锤百炼的文章学生尚可发现疏漏，足见世上少有了无缺憾的作品，也没有不可批评的文本。不妨让学生带着挑毛病的动机去阅读文本,若有所斩获,对学生的质疑的精神和能力是一种很好的强化。作者、编者偶尔有疏漏被我们发现,并不意味我们超越了他们,但借此我们可以实现自己在语文学习上的进步,把眼光磨炼得更敏锐,思维训练得更严谨,语感培养得更细密。

二、于不寻常处质疑

文本的不同寻常的地方,往往是作者有独到用心的地方。此处若有疑问,不可放过,一定要鼓励学生提出来。此类质疑,总是直抵文本核心,给师生带来意外的收获。

一要针对特别的字眼质疑。在《品质》中,高尔斯华绥不止一处写到"靴子的本质"。这个理论性的词汇用来描述靴子这样的制品是非常罕见的。多数资料都回避了这一不寻常处,《教学参考书》上也只是说"措词出人意料",并未深入解读它的内涵。但格斯拉兄弟的品质恰恰很可能隐藏在所谓的"靴子的本质"中,而格斯拉的靴子之所以不能迎合大众的趣味,也必须由这个"本质"来回答。因此,要鼓励学生在此处质疑,而不是简单化理解为作者遣词新颖。什么是"靴子的本质",可以引导学生从提到"本质"的上下文中寻找,同时参照格斯拉做靴子的一些独到的地方,就可以大致发现"本质"的三个要点是耐看、经穿、合脚。这三个要点,恰好与格斯拉兄弟品质的闪光点与命运的悲剧性紧紧连接在一起。

二要针对奇特的语句质疑。《斑纹》是一篇不同寻常的文章,结尾更是不寻常中的不寻常。周晓枫说:因为距离的遥远,在神的眼里,我们不过是一些斑点。仅仅意识到这是神来之笔远远不够,要鼓励学生追问,作者此处究竟为什么要这样说。通常,读者会认为此处体现了人类的渺小。但可以进一步问,何止人类渺小?以这种类似庄子的相对主义视角审视,万物都可以是渺小的。但如果从类比的角度思考,就会认识到,人有其自身的丰富性,可人在神的眼里不过是一些斑点;那么,反过来说,动物虽然在人的眼里不过是一些斑纹,但每一道斑纹的背后都有其自身的丰富性。其实，作者一直在用斑纹的普遍性来体现众生的平等，同时又用斑纹的独特性体现万物各自特有的不可取代的丰富性，而在结尾中，这两者都被表现到极致。

三要针对反常的现象质疑。《渔父》一文短小精练，两轮对话，就在相互映衬中将彼此的价值观进行了准确而彻底的表达。屈原在说出了“宁赴湘流，葬于江鱼之腹”的激越的话语之后，渔父不可能猜度不出他最后的极端性抉择。尽管如此，渔父还是“莞尔而笑，鼓枻而去”。救人一命胜造七级浮屠，对意图自戕者的百般阻挠、干预，古今一也。面对屈原的悲剧性结局的必然降临，渔父为何不再付出任何努力——用学生的话说——为何见死不救？其实，这恰恰是刻画渔父形象极其重要的一部分。一是体现他的通脱，正所谓“不凝滞于物”；二是体现他的包容，对彼此的差异虽不认同，却能够尊重理解；三是一种敏锐与自信，他确信以屈原的价值抉择，此时他活着是痛苦，死去却是一种成全。

四是针对特殊的表述质疑。《项脊轩志》的补记中这样记述丧妻后项脊轩的情况：“其后六年，吾妻死，室坏不修。其后二年，余久卧病无聊，乃使人复葺南阁子，其制稍异于前。然自后余多在外，不常居。”学生针对此发问：数年生活，用三个“后”草草带过，似通常所说的“流水账”，还不如索性不写。但师生探讨后则形成这样的共识：这样写，恰好表现了作者痛失爱妻后的心灰意懒、百无聊赖，没有什么值得记住，也不再愿意为谁停留；虽也有过修复生活与信念的企图，然终究沦为徒劳的挣扎。

文本的不同寻常之处的呈现方式是多种多样的，不独以上四种，但通过这四个方面的实例，可以发现大凡不寻常之处往往与文本的主旨与作者的创作个性密切相关，不可轻易放过。通常来说，文本的不寻常之处，学生还是比较容易注意到的。需要警惕的是，仅仅以“独特新颖”一言蔽之，而忽视了它们各自不同的内在价值。因此要鼓励学生对这些地方发问，追问至有合理的解释为止。而这些合理的解释，必定会涉及文本的核心价值。

三、于不一致处质疑

文本的不一致处，有可能体现作者情感的变化、认识的深入，体现欲望与理性的冲突、多元价值观的对立等，是对人的矛盾性与世界的复杂性的客观呈现。此类质疑，往往把课堂的讨论以及对文本、作者、世界三维关系的认识带入一个新的境域；不仅如此，于不一致处质疑，这还是一种可以在各学科、各领域广泛迁移的能力，是创新与发现的一把钥匙。

于不一致处质疑，要提醒学生注意措辞的变化。措辞变化的背后，往往是作者心理的变化。《项脊轩志》中的项脊轩本是“南阁子”。作者在将其修葺为书屋后，一直称其为项脊轩或简称为“轩”，一直到补记部分的“吾妻来归”。在痛失爱妻之后，作者突然不再以“轩”相称，又改叫作“南阁子”。读书细心的学生都会注意到这一点，应鼓励他们进行质疑探究。让学生认识到，项脊轩远不仅仅是一个物理空间的存在，它最初是作者理想的象征和情感的寄托；然时过境迁，物是人非，物的符号意义已发生了重大的变化，相应的指称如何能孤立存在？在《兰亭集序》中，作者由乐而伤怀，先是大呼“痛哉”，此后又嗟叹“悲夫”。要提醒学生不要放过这种细微的变化，痛和悲有何不同？可以调换吗？实际上作者此处措辞的选择大有深意，乃是在更为宏大的视野中，在理性的调节下，作者由一己之痛想起千古之悲，把个人对生命的体验融入到永恒的人类情感之中，颇类似王国维所谓的“担荷人类之罪恶”。境界更为高阔，感情也更为深沉和克制。由此可见，措辞的变化乃是作者心路（或事物流变）的体现，在文本中可以起到线索性的作用，是解读文本的重要路径，切不可简单地理解为“避免重复”而含糊过去。

于不一致处质疑，要提醒学生特别留意前后的矛盾。自相矛盾，有可能是作者的疏漏造成的。在学习《罗密欧与朱丽叶（节选）》时，有学生指出，罗密欧先称月亮是“妒忌的月亮”，说它“惨白”，未几，却又要“凭着这一轮皎洁的月亮”立下爱的誓言。这未尝不可以理解为莎翁以此表现罗密欧遭遇突如其来的爱情而陷入亢奋与错乱，但又何尝不可能是莎翁写作时也忽视了这个问题呢？因为表现罗密欧、朱丽叶陷入爱情的迷乱和患得患失、前后矛盾，文中有不少精彩的地方，对月亮主观感觉的变化，并不具有典型性。

自相矛盾，可能是语言本身的局限性造成的。所谓“道可道，非常道”，语言逻辑不可能完全把握客观存在或主观想象。在《逍遥游》中，大鹏“培风”、列子“御风”都算不上真正的逍遥，因为都“有待者”，真正的逍遥乃是“乘天地之正，御六气之辩，以游无穷者”。学生指出，为什么“御风”就是有待，而此处的“御六气之辩”就不是有待呢？答案是开放性的。但从根本上来说，庄子所想象的逍遥，已经超出了规范性的语法结构和语义关系所能描述的范畴。老子曰：“道可道，非常道。”维特根斯坦说：“语言的边缘是世界的边缘。”又说：“对于不可言说的事物应保持沉默。”但庄子偏不沉默，矛盾也就随之诞生。

自相矛盾，往往是对物态与人性的一种真实反映。抓住这类矛盾深入探讨，对文本的解读有着重要的意义。《月下独酌(其一)》，让学生仔细梳理诗人对月与影的态度，学生自会发现其中的矛盾与反复：既言“暂伴”，为何又“永结”；既“永结”，为何又“忘情”(书中将“无情”注释为“忘情”)；既“忘情”，为何又“相期”。这实际是作者醉意朦胧中努力排遣孤独而又从根本上无从排遣的心境的真实呈现，外在表现就是一副抱不起又放不下的样子。这种假物友写孤独的手法，深刻地刻画出人作为一个个体本质上的孤独。

矛盾，不妨看成是作者刻意的留白，而作者对矛盾成因的猜想，正是对文本内涵的创造性的丰富。司马迁在《项羽本纪》中记载，项羽东城溃围后，“乃欲东渡乌江”，但又在“乌江亭长舣船待”的有利情形下“自刎而死”。这一相隔篇幅很短的明显的两处的不一致，学生通常都会发现。要鼓励学生提出来并展开讨论。此处错简与脱字固然是一种可能，但细细探究，何尝不是一种性格悲剧的合理展开呢？东去、渡江乃是拒敌、突围忙不迭的慌乱中一种近乎本能的选择，绝不是为了留得青山，他日卷土再来。而真到了乌江边，稍有喘息，又处于生命的临界线上，才深入与清醒地思考自己的最终宿命。可以想象，他望见滚滚江流、滔滔江水，想起往日情形，对江东子弟的愧疚占据心头，而亭长所体现的家乡父老的爱戴，反倒激起他以死相谢的决心。此外，若战败被杀或被俘，乃是不得已而死；此时有舟不渡，可证明死乃是一种自由自主的选择，这是对个人荣誉的保全。若说项羽自东城溃围就想好了乌江自刎的自我设计，不符合当时的情境，更不符合项羽的个性。总之，此处的矛盾，是仓皇中一个个闪念的挣扎与颠覆，代表着一种人性的真实。

对文本不一致处的质疑，是最为重要的质疑。抓住这样的问题，意味着学生从对文本的不解与好奇转为求知与探究。质疑的过程往往会调用文本的诸多信息以及学生的知识、体验与思考、想象，因此既有文本解读的价值，又有思维训练和审美陶冶的价值。

四、于不认同处质疑

于不一致处质疑是基于文本内部的矛盾，而于不认同处质疑则是基于学生与文本（作者）的矛盾。于不认同处质疑，一定是以前三种质疑为前提的，否则学生极有可能在对文本的内涵和作者的意图缺乏起码了解的情况下做出轻易的否定。轻易的否定和轻易的接受正是当下不少学生容易陷入的认知模式，其本质都是对深度思考的放弃。这与倡导质疑的初衷背道而驰。而在充分理解文本的内涵和相关背景包括作者的经历、心境的基础上，表达异议则是每一个学生的权利，应当充分鼓励。“不认同”分两种情况。

一是事实层面的不认同。例如，关于前面提到的“乘天地之正，御六气之变”是不是“有待”的问题。学生提出一个与此密切相关的一处异议。下文是“故曰：至人无己，神人无功，圣人无名”。“无己”，课文（苏教版）的注释是“没有自我的偏见”，但如果暂时撇开这一见解，从字面上看，“无己”可以简单地理解为没有自己。如果没有自己，也自然没有异己。既然无法区分天地万物与自己，那就谈不上孰为主体孰为工具，谈不上孰为目的孰为条件，那么“乘天地之正，御六气之辩”也就不存在“有待”的问题。这样的异议以及相关讨论，无疑可以加深学生对文本的理解。

二是价值层面的不认同。价值取向或生活态度，是一个人的自由选择，因此，对文本（作者）价值取向的不认同，必然是普遍存在的。例如，学生学习了《报任安书》之后，对司马迁创作《史记》的动机产生了质疑：当司马迁怀着洗刷耻辱的心理创作《史记》时，他难道不是从根本上失去了写史应有的冲淡平和、客观中立的心态吗？学生对史学有这样执着的理解，又有如此质疑的勇气，虽显得激越，但那种初生牛犊的劲头令人羡慕，应好生鼓励与呵护。

价值争鸣与事实探究大不相同。价值争鸣最后的结果不是求一统，不是打倒一方的同时树立一方，甚至也不是妥协与兼容。而是在碰撞中彰显各自的立场，澄清各自的前提，完善各自的表述，同时进行合理的自我反思。例如，学生在坚持自己的史学研究原则的同时，也当尽可能设身处地想象司马迁的惨痛经历和内心体验，意识到《史记》的文学价值并承认其史学价值。于不认同处质疑，无论最终的结果如何，一个共同的目的就是学会尊重与理解差异，实现和而不同，追求美美与共。

以上四种质疑，是着眼于疑点特征粗疏归纳出的类型。四种类型相对简单和直观，从实践的效果来看，按照这样的类型指导学生细读文本，可以相对快速地培养学生对疑点的捕捉能力，帮助学生提出有质量的问题。质疑的类型还可以按其他的标准进行划分，质疑的方法以及关于方法的指导还可以有很多种。无论何种方法，都要确保学生是真的有疑而问，绝不能是为了满足教师的要求而问。质疑是为了深入地探寻文本，更是为了培养学生可以伴随终身的独立精神与批判性思维能力。因此，质疑是对文本的内在合理性的检省，学生个体经验和价值追求与文本信息和作者立场的深刻碰撞。质疑的取向在于确定性的结论，而其价值在于过程。如果说科学的命题的意义在证实或证伪的方式，那么文学的问题的意义就在于探索和解释的思路。

（该文原载于《语文世界：教师之窗》2014 年第 1 期）

质疑：语文课堂的起点

徐　飞

一堂课该如何开始？这是教学设计之初就必须面对的问题。为了有一个良好的开头，设计者花去大量功夫用于“导入”“切入”的内容编排和方式选择。特别是公开课，授课者往往想方设法另辟蹊径。以下是三位授课者在《兰亭集序》《项羽本纪（节选）》《前方》这三篇课文教学中的导入：

Ⅰ：文中有一个字眼（俯仰，笔者注）反复出现，同学们注意到没有？（《兰亭集序》）

Ⅱ：人们都知道项羽的《垓下歌》，我们来看看这首歌和项羽的命运有何奇妙的联系……（《项羽本纪（节选）》）

Ⅲ：诺贝尔文学奖刚刚揭晓，给莫蒂亚诺的颁奖词里有这么一段话——展现人类不可捉摸的命运……（《前方》）

这三段话或抓住不起眼的地方探幽发微，或捕捉隐藏的踪迹制造神秘，或对时事做出出人意料的快速反应，足见授课者的慧眼和苦心。这样的开场确实能达到先声夺人、新人耳目、振人精神的效果，在相对较短的时间内激起学生的学习兴趣。然而，令人耳目一新、兴趣盎然并不是“导入”“切入”的唯一使命，甚至不是其主要使命，其主要使命应当是确立一堂课的教学起点或学习起点。

其实，这个起点并不需要刻意去构筑，它本来就是存在的，这个起点，一般来说就是学生当时对文本（或其他学习材料，以下统称“文本”）的认知和情意状态。如果学生的情智明明在此处，教师却一定要把学生先召唤到他方，他方风景再美、境界再高、意味再丰，对学生的学习又有多大的实际意义呢？此后，学生还是免不了要回到自身的认知和感受再出发去探索，当然也有可能就此由教师一路牵引；前者迂回绕远，后者则很难说发生了真正的学习。

怎么才能找到具体一堂课的起点？如何把握学生对文本的认知状态？从学生的质疑开始，是一种简捷、务实，可用于不同情境的办法。质疑，可以是因为不理解，提出疑惑以求解答；也可以是因为不认同，这就上升为一种诘问与辩难。

一、从质疑开始，在课堂初始就凸显学生的主体地位

质疑，往往是主动认知的开始。《礼记》将为学的过程概括成“博学”“审问”“慎思”“明辨”“笃行”五个阶段。从认知逻辑的序列来看，质疑是思考的起点、探究的动因。然而，这种质疑必须是认知主体本人的质疑，教师提问是不能代替学生质疑的。但如今主流的“提问式教学”通常是师问生答、一问一答。“质疑-共解”与“师问生答”的显著区别在于：后者学生即使也发生了思维活动，但其思维的场域、界限、方向，甚至结论都是被圈定和指定的，不可避免地在教师的逻辑设计和语言编织下被客体化和对象化了；而前者学生研究的是自己发生兴趣和产生探究冲动的问题，并由此开始一个真正的主体性的思索过程。

以下是其他班级学生在没有受到任何暗示的情况下预习上述三篇课文后提出的问题：

Ⅰ：第二段究竟为什么“痛”？“痛”的具体内容是什么？看的不是很明白。第三段“悲”的具体内容又是什么？和“痛”有区别吗？(《兰亭集序》)

Ⅱ：虞姬下落不明，多半是自杀了，项羽也自杀了，当时在场的最后的追随者估计多半也战死了……那么这《垓下歌》是怎么跑到《史记》里来的呢？还有，在这生死存亡之际，项羽真的会唱歌吗？(《项羽本纪(节选)》)

Ⅲ：作者说人总是在追逐前方，但又说前方不可抵达；作者说人总会想家，但又说回到了那个实体的家也找不到家的感觉。那我就

想问了:你所说的前方和家究竟是什么,在哪里?(《前方》)

这三组问题的指向和前述三种切入的暗示大致契合,虽然从表面看远不及后者那么凝练、醒目和深刻,但却有后者无可比拟的价值,它们是学生自己的问题。“现在我提出我自己的问题,下面我探究我自己想知道的东西”,学生以这样的心态学习,其主动性自不待言。

另外,教师的问题或导语设计再精心,也不可能像学生脱口而出的问题那样贴合他们自己的心理。试比较表 1 中的教师提问和学生质疑。

表 1　教师提问和学生质疑

课文	教师提问	学生质疑
《渔父》	渔父的性格和屈原有什么不同?	渔父为何见死不救?
《送考》	为什么写抗旱救灾这一段?	为什么这段文字旁边是这一幅插图?(丰子恺《音乐课》,笔者注)
《我的一位国文老师》	作者为什么写国文老师发火?	“正当防卫”是“防”什么呢?
《逍遥游》	怎么做到“无待”?	为什么“御风”是有待,“御六气之辩”就不是“有待”?

以上教师和学生提出的问题指向的结论基本一致,教师提问精辟而巧妙,但难免显得正统和严肃;学生提问则亲切有趣得多,紧接着的阅读和思考自然更有兴致。

二、从质疑开始,谋求基于文本与基于学生的结合

一堂课依据什么确定教学内容与策略?理论界的说法和实践中的探索丰富多样,但通常都很难忽略两大要素——文本和学生。教学起点的选择也必然离不开对这两大要素的把握(语境、知识、逻辑、审美、兴趣等方方面面的考虑必须以此为前提),而学生对文本的质

疑恰恰综融了这两大要素。可以说，基于学生质疑，就是基于人、文交汇。因此，不妨通过学生对文本的初次质疑来定位课堂教学的起点，以基于学生质疑来统合基于文本和基于学生，用因疑定教来兼顾“以文育人”和“以人定教”。

首先，学生质疑其实就是学情的反映。一堂课，无论怎样导入和切入，都不应该脱离学生的真实状态，否则再精彩也没有实际意义。疑问是人与文相遇的产物，体现了学生彼时的真实认知和情意状态，是课堂教学的此岸，也是课堂教学的最佳起点。

细致分析就不难发现，学生提出的质疑，既揭示了未知，也包含着已知。再以上述对《兰亭集序》《项羽本纪（节选）》和《前方》三篇课文的学生质疑为例（见表2）。

表2　学生的质疑

已知	未知
作者在二、三两段的情绪分别是“痛”和“悲”，两者有联系也有差异	差异在哪里？命名不同的背后是什么的不同？
垓下别这一段极有可能是刻意穿插，甚至《垓下歌》是不是此时诞生的也难以考证	为什么刻意穿插？在生死存亡之际突然插入一段《垓下歌》有什么重大意义？
家和前方既是实体的又是精神的，精神意义的家和前方不可抵达	作者眼里精神意义上的家和前方究竟是什么？真的不可抵达吗？

可以说，对问题的细致分析，就是对学情的具体把握。

教学应该从学生的真实状态出发似乎是不言自明的道理。但当下确有不少课堂是依据知识的序列、逻辑的线路或者经验的片段、场域的特征来选择教学的起点和安排教学的进路的，当然其中不乏丰富的信息、严密的推理以及温暖的体验和时代的声音，但学生的现实性被遗忘了，教学的所指就变得可疑。

其次，学生质疑往往指向文本核心。就看教师是否善于挖掘。对上述《兰亭集序》等三篇课文的文本核心价值的把握，既是教师导入的目的，也是学生质疑的可能性结果（见表3）。

表3　学生对文本核心的把握

文本核心	教师切入的目的	学生质疑的作答
《兰亭集序》:人生苦痛的直面与超越	分析“俯仰一世”和“俯仰今昔”的不同	凭借人类整体的视角超越一己之痛的体验
《项羽本纪(节选)》:项羽的失败和性格的联系	从《垓下歌》的关键词入手整体把握项羽的人物形象	体会作者在此处记叙《垓下歌》的苦心,理解项羽的性格悲剧
《前方》:理解“前方”“家”“路”的含义,人的困境和人的执拗	避免陷入思乡之作的阅读定势,从把握人的普遍性命运的高度理解课文	人,始终在路上,始终怀着对前方的憧憬,也始终在寻找灵魂的归宿

第三,学生的质疑有丰富的教学价值。甚至有时能启发教师的思路。上述学生质疑和教师导入的殊途同归,证明了完全可以从学生质疑出发走向学习目标。而在有些时候,学生质疑甚至起到教师预想不到的作用,或使目标的达成出乎意料地顺利,或拓展出课堂的新境界。

例如,《看社戏》一文中,“我”起初对梆子戏“不怀好意”,后来在“觉得出它的好”的同时仍感到“遗憾”与“可悲”,再后来又赞其“腿最长,生命力最强”,直至最后赞其为“文化给养、精神升华的象征”,体现了“从底层民众的角度去搞艺术是最原始的,却也是最本质、最不朽的这一伟大真理”。

如此剧烈转变的个中原因是什么?通常的理解一是耳濡目染,二是走进戏子生活发现其艰辛。很多阅读者看出这两点后就放弃了进一步的思考。然而,真的仅仅如此吗?的确,戏子的生活艰难衬托出了他们的坚忍与敬业,但理智地想,这和社戏本身受不受欢迎又能有多大的关系呢?毕竟同情不能代替喜欢啊!正如学生质疑的:

你会因为手艺人生活艰难而喜欢这项手艺吗?你会因为作者值得同情而喜欢他(她)的作品吗?

这一质疑也许会给师生带来一时的迷茫,但随后发生的将是师生对课文的深入探究和全新理解。

而且,学生的质疑有时比教师精心设计的切入更能创造精彩——师生共同的精彩。在《铃兰花》的学习中，学生提出：

“打这以后，果真不再叫我到‘地狱’去放牧了”。很奇怪，难道父母就这样放弃对孩子勇敢精神的培养了？

于是，师生讨论起了父母到底有没有“放弃”的问题，随后又关注到“母亲的脸上漾起了欣喜的微笑”（为什么不是“惊喜”？）、“在吸进那浓郁而清新的花香之前，她先看了看我”（为什么“先看我”？）等细节，而关于“母亲为什么恰巧是铃兰在其他地方已经凋谢而在‘地狱’还在盛开的时候提出这个愿望”，以及“‘我’为什么能克服恐惧再‘入地狱’”等问题的谜底也渐次揭开，对作者的留白艺术也有了认识。这种思维与灵感的涌现，显然是教师无法单方面设计出来的！

有时，学生的质疑可以弥补教师的局限。在《想念地坛》一文的学习中，学生一上来就提出：

“地坛在我”，为何还要想念？

这不是一般的问题，而是带有批判性的诘难，当然，从辩护的立场也可以说“作者是想念之后才发现‘地坛在我’的”，紧接着的追问就变得有意味了：

那此后，作者还要不要想念地坛呢？

作者写作动机——自我（隐）与社会（显）的双重反思，教师原本只打算在重点难点的解读中顺带涉及，在遇到这样的质疑之后，就必须进行集中探究了。这原本就是学习这篇课文的现实意义所在。

再如，在《秋水（节选）》的学习中，学生提出了“河伯的知渺小和现代人的知渺小有何不同”，“知渺小后该怎么办”等一连串令人猝不及防又颇感棘手的问题，但冷静下来想一想，这些问题的提出自有其逻辑上的合理性，而且完全可以引导出对庄子创作原意的辨析、探究。可以说，这类学生质疑为师生的教学相长以及文本的多元解读、深度开掘提供了极佳的契机。

三、从质疑开始，在师生共解中走向学习的彼岸

质疑之后怎么办？应该是师生共同求解学生的问题。这一过程

应该有三个环节。

一是整合。在求解问题之前，需要对问题进行整合。“质疑-共解”的教学一般不由教师直接提出问题或解答问题，但又不是简单的“生问生答”。为防止低效和无序，一般不采用“一问一答”的方式，而是让学生把所有的问题都提出，然后再进行求解。在求解之前，教师带领学生对他们刚刚提出的问题进行评估、分类和排序，这就是整合。整合问题，其实就是建立问题与问题之间的联系。

如前所述，在《看社戏》一文的学习中，在一个学生对“我”对社戏的态度转变原因进行质疑的同时，另一个学生提出：

为什么课文题目不是“社戏”而是“看社戏”？

如果师生能将这两个问题编排到一起，对课文的解读和探究将会更为流畅。后者的求解会给前者提供阶梯。对“看社戏”之“看”的思索，必然关涉“看”的主体——我与群众，而戏、演员、观众和我的互动关系框架的建立，必然给作者态度转变的探究提供全新的视角，同时也将印证“从底层民众的角度去搞艺术是最原始的，却也是最本质、最不朽的这一伟大真理”。

二是求解。师生对重新编次的问题进行求解。求解的切入、展开和推进的方式可以依据学情、文本、教师自身特点和课堂实时情境有所不同。可以按整合时编排好的顺序逐题讨论，可以视学生认知推进情况跳过或追加某些问题，也可以让学生“认领”自己感兴趣的问题。具体形式可以是研读、思考，也可以是讨论、辩论，但讨论和辩论必须以尊重文本为前提、以独立探究为基础，不能一味架空分析、追求热闹；以获得真知为目的、以求得合理为标准，不能只顾维护自我、驳斥对方。

三是共识。求解问题当然希望获得一个终极的答案，但很多情况下无法求得这样的答案，只能做出一些猜想，甚至仅仅有一个求解的思路。但这其实已经达到思维训练和文本解读的目的。能得到正确、一致的看法固然圆满，但找到一个最大公约数，形成一种重叠共识，并充分尊重此外合理的认知视角和情意取向，为文本的多义和思维的开放保留足够的余地，也完全符合公共讨论原则和认知、审美的规律。

基于学生质疑的师生共解的过程，其实就是从学生质疑走向教学目标的过程。和教师有意识的提问环环相扣连向目标不同，学生的质疑是不确定和不定向的。如何才能在不确定的学生质疑和已确定的教学目标之间建立可靠的联系呢？可以从三个方面考虑：

首先，思维具有逻辑性而逻辑具有普遍性，即使是审美与联想活动，也是主观和客观的统一。学生、老师、文本作者与教材编者对文本的认识应该有一个交集，提出问题、讨论问题以及最后抵达文本核心都是基于这个交集。因此，让学生提问，需要教师更加细致全面地备课，先放开一切参考资料备课，这样才能拓展与学生“交集”的范围，才更有可能“备”到学生的大多数问题。

其次，一篇文章是一个整体，大多数文章内在都有一种逻辑上的自洽性。任何关于文章的真问题，都一定能够切入文章的核心。关于《项羽本纪（节选）》，项羽为何欲渡而不渡？斩将刈旗有何军事目的？为什么在生死存亡的关头插入《垓下歌》？这些问题都直接指向项羽的虚荣心或荣誉感。重要的是，要设法找到最合适的问题切入点，或基于共性问题切入。

最后，教师带领学生整合问题，正是基于学生的真实状态对文本核心进行切入的过程，是在学生的认识起点和课堂的教学目标之间建立联系的过程。

试以具体课文的学习为例说明学生质疑和教学目标的内在联系与打通方式：

课文：《前方》

教学目标：理解前方、家、路的深层含义，理解作者对人之命运的思考，有自己的思考。

学生质疑：这篇文章通篇用了大量的篇幅去写“家”，但是它的题目却是“前方”。那么“家”和“前方”之间有着什么样的联系？“前方”到底是什么？如何用一个具体的东西来描述前方？为什么前方意味着更远的地方？为什么要去更远的地方？在路上的人为什么惦念家，为什么不回家？人们为什么不把苦旅变成乐途？崔颢为什么不回家？他真的回不了“家”吗？为什么在家却有一种无家可归的感觉？家到底是什么？第7段说“前方使人兴奋”，第10段又写一个人在途中感到惶惑茫然。为什么人们既兴奋又惶惑与茫然？在文章的第10段提到很多人的旅行条件是非常好的。为什么还要称这些人的旅途为“苦旅”？

整合方式：从关键词入手、问题都与三个概念——前方、家、路有关，可按此分类。

求解要点：(1) 宜从关于前方的问题求解入手，再过渡到关于家的问题，最后探讨关于路的问题。(2) 文章思辨性强，有明显的形上取向，关键地方需要教师助力。

师生共识：本文中的前方、家、路更多是精神意义的。前方是欲望指向，家是灵魂归宿，路是人生苦旅。作者认为欲望无止境，归宿难寻找，人只能是在路上。因此这不是一篇思念家乡的作品，而是对人的命运的思考。但灵魂果真找不到归宿吗？文中提到诗人崔颢宁可写想家的诗也不愿回家，不正暗示了对崔颢来说，写诗要比回家更能找到家的感觉吗？如果诗歌是崔颢的家，那么什么才是我的家……

再如，课文：《渔父》

教学目标：掌握文言知识，探讨屈原和渔父的形象，鉴赏在差异甚至冲突中彰显人格的写法。

学生质疑：(略)。

整合方式：按人物将问题分类，并注意问题与问题之间的逻辑关系。教师提示，所有的问题都和三个人有关。学生很快想到屈原、渔父还有作者，将问题分为三类并大致排序。

求解要点：(1) 注意捕捉人物言语或言语背后的价值观来解答问题。例如，渔父所谓的“见死不救”，恰巧体现了他所说的“不凝滞于物”。(2) 对事件的真实性不作推测和考证，把对话改成独白，比较表达效果的不同。(3) 不刻意比较两人高下，但可以从字里行间猜测作者的态度。

师生共识：屈原执着、激越、清高孤傲，渔父超然、通脱、和光同尘。二人代表着不同的人生态度，二人的性格在言语交锋和观点对比中各自得到鲜明的彰显。从言语的高下、文章的结构乃至篇幅的分配来看，作者持不偏不倚的立场，但结尾油然流露出对渔父的一种欣赏。

当然，整合问题的方式可以预先设计，但更多时候必须临场处置。如：

课文：《铃兰花》

教学目标：理解人物转变的原因，理解人的成长需要内在动力得到激发，鉴赏景物等细节描写，体会作者的刻意留白。

学生质疑：（略）。

整合方式：抓学生最感兴趣的问题。教师预想之中的“主问题”——“‘我’是如何克服恐惧再‘入地狱’的”——学生始终没有提出。教师临时决定抓住学生感兴趣的“父母有没有放弃对‘我’的勇敢精神的培养”问题进行探究，以此为入口解决其他问题并通向课文主旨。

求解要点：(1) 用细节验证自己的假设。(2) 形成基本结论后追加一个问题——“你觉得为什么父母的这一次努力能够成功?”(3) 分析父母的作用要和鉴赏作者的留白艺术联系起来。

师生共识：促使“我”克服恐惧的因素是多方面的，有对母亲的爱、成就动机与价值感、宗教性支持（母亲要带着铃兰去教堂）、对美的追求、憧憬与期待、被焕发的生命力等。而父母的精心安排使得上述诸多动因聚焦到这一天、这一刻、这个孩子克服恐惧进地狱这件事上来。而这一切作者并未言明，只有遇到读书更仔细、更敏感、更严谨的读者方可获得敞现。

以上实例以不同方式呈现了教学目标、学生质疑、师生整合及共解之间的关系。拿质疑、目标、整合、共解和GPS导航作个类比，学生的质疑确定了“我的位置”，教学目标确定了“目的地”，问题整合其实是“路径规划”，“共解”就是实时的“行驶”过程。因此，在学生质疑的基础上进行教学策略的选择、教学思路的优化甚至教学目标的调整，教学的针对性和学习的主动性可以得到增强，任务更能够落到实处。

正如笛卡尔通过普遍怀疑从而确定人类认知无可置疑的基础——我思一样，对文本的充分质疑将会为语文课堂找到清晰而稳固的起点，使教学有一个良好的开端。

（该文原载于《中学语文教学参考》2016 年第 22 期）

“质疑-共解”教学法的突破与定位

——以《送考》一课为例

朱丹丹

一、课前备疑

采用“质疑-共解”的方式，教师必须备疑，才能在“生问生答”时，承担起“一根线”的作用，保证质疑的品质与共解的水准。《送考》是丰子恺先生的一篇写人叙事的散文，选自苏教版高中语文《现代散文选读》的“难以忘怀的故事”板块，编者意图是希望学生通过阅读去体验、回味乃至思考这些真实的故事。因此，站在学生——第一次接触文本的读者——的角度，我产生了如下疑问：

1. 作者文字中描写的送考的这群孩子天真可爱吗？

2. 文中的我一直是一种闲散心情吗？

3. 作者想表达的是对考试还是孩子的态度情感？又是什么样的态度情感呢？

这三个问题有关童心及作者的情感态度。从文本看，孩子已有虚伪、功利的偏向，但是否被作者批判呢？虽然主要写考试，但文中并没有对考试的贬责。

带着这样的思考查找相关资料，我发现，作者对孩子非常关爱，对童心十分向往，尤其在他的画作中，充满了孩子的好奇心、创造力、孝心、诚心等等。而他的《给我的孩子们》中，“我的孩子们！我憧憬于你们的生活，每天不止一次！我想委屈地说出来，使你们自己晓得。可惜到你们懂得我的话的意思的时候，你们将不复是可以使我憧憬的人了。这是何等可悲哀的事啊”，这样的文字足见他对孩子失却童心的悲伤；在《送阿宝出黄金时代》中，“你已在我们不知不觉之间长成了一个少女，快将变为成人了。在送你出黄金时代的时候，我觉得悲喜交集”，亦可见他对于孩子即将成人、远离童心的担忧。

而我们的教参上对于此文主要内容和情感的解析是：记述了作者本人送一群小学生到杭州考初中的经历，展示了孩子们天真烂漫的生活以及纯真、丰富的内心生活，表达了作者对儿童的关爱、对儿童世界的向往之情。

两类资料的矛盾更加确定了文本的中心与童心相关。

那么，学生是否能提出这样的问题？如果他们提不出这么核心的问题，教者又该如何引导？于是，在学生提问之前，我设计了一些铺垫，引导他们在了解一些资料的基础上有更深入的思考，进而发现现有的问题之间的关联，并做有效整合。

二、课堂片段

（一）铺垫

我首先投影丰子恺有关儿童的代表画作——

师：你们在画中读到了什么？

生：孩子们的善良、快乐、好奇、创造力等。

师（出示有关丰子恺的简介）：丰子恺先生是“儿童的崇拜者”，赞叹儿童是“身心全部公开的真人”，他们有“天地间最健全的心眼”。他非常向往儿童的纯真的世界，很喜欢纯真的孩子们。

这里的知人论世并非对丰子恺的一般性介绍，而是直指作者对孩童的情感态度，有了这样的铺垫，学生的提问就更有针对性和深刻性。

（二）整合

学生的提问以小纸条的形式呈现，这样做有两点好处：其一可以让他们想清楚、会表述自己想提的问题，其二给每个学生均衡的机会。纸条收上来之后，我既感动又激动：感动于学生的热情，提出了百余个问题；激动于学生的水平，有些问题颇有深度。

其中有5个问题的提问频率最高，分别是：

1. 为什么要具体写“抗旱”的场景？

2. 为什么重点写的是“看榜”，而不是如何“送考”？

3. “触目惊心”“霹雳”“判决”“发落”“捞”等词，用得恰当吗？

4. 作者想展现的还是孩子的童心童真吗？

5. 作者是在批判考试制度吗？

当然，要在一节课上去解决5个问题，不论是从课堂的时间上，还是从学生的精力上来说，都是不太现实的。于是，需要引导学生进行整合——

师：这些问题是对文本的哪些方面提出的？

生：1、2两个问题是对有关文章材料安排的，为什么写和为什么重点写？

生：4、5两个问题是有关文章中心思想的。

生：问题3是从文字表达方面问的词语的作用。

师：那么你们觉得最核心的问题是什么？

生：是有关主题的问题，选材、详略、文字都是为表达主题服务的。

问题和文本之间、问题与问题之间都是有关联的。这些问题是依据文本而提出的，是与文本紧密相连的，反映的是学生对文本各个层面的疑惑；这些问题之间也一定是紧密相连的，只要找到了串联的线索，所有的问题都可以迎刃而解。问题得到了整合，课堂重点突出、思路清晰，不会出现重复解读和缺漏解读的情况。

（三）共解

首先解决第1个问题：为什么要具体写“抗旱”的场景？

因为有了之前对问题的整合，学生认为“抗旱”场景的写作一定和童心或考试有关。有人认为突出了孩子的认真复习，有人认为写出了孩子的冷漠。

于是，我追问："这是怎样的'抗旱'场景？只有明白了'是什么'，才能理解'为什么'"。把大问题降低层级，给学生提供解决问题的思路。

很快有同学找到："这是人与自然奋斗"、"这是百年来未曾见过的状态"。

再追问："为了什么奋斗？为什么百年未遇？"把宽泛的要点细节化，用追问引导学生细读文本，联系生活。学生这才彻底明白抗旱是为了生存，水乡的旱情后果尤为恶劣，当然应该为水乡人所关注，而孩子们却漠不关心，失却了应有的好奇心和对生活的热情。

继续追问："这些孩子真的失却了童心吗？让我们到最集中体现孩子特点的'看榜'部分去验证一下。"此问的目的是勾连问题2：为什么重点写的是"看榜"，而不是如何"送考"？这两个问题都是有关文本选材的，可全面地解读孩子的特点；在解读孩子特点的过程中，必然要去解决问题3："触目惊心""霹雳""判决""发落""捞"等词，用得恰当吗？并且引导学生用批判的眼光看问题。

最后，核心问题的答案就呼之欲出了。"作者想表达的到底是什么？"我适时补充《送考》被删节的部分，学生的思考借助补充内容更加深入了：丰子恺向往纯真的儿童世界，因此对儿童渐渐失却童心感到遗憾和忧虑。

"共解"环节，由对"抗旱"场景的理解入手，发现孩子的特点，并在重点着墨的"看榜"部分去验证，进一步清晰丰子恺笔下孩子的特点，从而准确、深入地理解作者的情感态度。同时，借助问题之间的关联，借助教师的追问，环环相扣地深入文本中心。

三、教后反思

回顾这次教学从构想到实践的过程，我以为，"质疑-共解"的教学方法有如下三个特征：

（一）以学生问题驱动学习

英国哲学家约翰·怀特在《教育哲学》中指出"教，意思是努力带来学”，所以基于学生质疑的课堂，才能真正变教师的课堂为学生的课堂，通过生本对话、生生对话和师生对话，给学生思考的空间，用他们自己的问题驱动，帮助他们进入思考的深处。真正的学习是从学生自主提出问题开始的。

（二）有效地突破教师之局限

教师常常会认为自己是全知的，因为自己占有很多的资料，因为自己可以请教别人，还因为自己是有教学经验和人生阅历的。这次的教学实践给我上的最好的一课就是“弟子不必不如师”，学生的一些问题恰恰是我备课认知上的盲点，如“为什么要写抗旱场景”“孩子是否还有童心”，这都是能引领深入思考的问题抓手，很有价值，但在备课中却被我忽略。几十个人的思想碰撞、分享是广阔的，有效地突破了教师个人认知的局限性。

（三）教师的作用在于“导”

“生问生答”，不代表教师不管不问，而是教师引导学生敢问、会问，并通过追问指导回答。这种“导”主要体现在如下几个方面：

一是铺垫。在让学生提问之前，需要有针对性的铺垫，给学生一定的材料积累。就《送考》而言，学生对丰子恺并不熟悉。而丰子恺的相关资料很多，此处的铺垫就要选择有关丰子恺对孩子态度的各种形式的作品，以引发学生深入的思考。

二是整合。本次教学，学生共提问百余个，这是生本对话活跃的表现，学生愿意问、敢问，哪怕是很细碎的问题，但如果提问环节止于此，学生的提问能力便不会得到提高，而提问能力直接反映的是学生阅读思考的能力。所以对提问环节的引导整合非常重要，是提升学生思维品质的重要环节。首先要引导学生对自己的提问有准确的认知。学生在提问时可能是一种不自觉的状态，但提问过后，要引导他们细化问题并思考：这个问题是从哪个角度层面提出的，这个问题与文本要表达的中心有无关联？这样问题本身的价值就明确了，也为下次阅读提问奠定了基础，以达到会问。其次引导学生找出不同问题的关联，当一个个琐碎的问题用一条线串了起来，或用一张网编织了起来，借助问题对文本的较全面、较深入的理解便有了可能，既为后面的合作探究做了良好的铺垫，也为提问环节实现生生对话打下了基础。

三是共解。共解的过程，并非简单的“生答”。所谓“共”，一定是由“异”而来的，这就需要教师通过追问去指导学生回答，最终通过生本、生生和师生的多重对话达成共解。这里的追问，要化大的“核心问题”为小的“梯级问题”，帮助学生一步步地深入思考。比如课堂上的三处追问：(1) 这是怎样的抗旱场景？(2) 人为了什么而奋斗？为什么百年来未曾见过？(3) 孩子们就真的失却了童心吗？实际上是教给学生思考问题的方法，引导他们对已有问题的深入思考——第一处，只有解决了“是什么”，才能进一步思考“为什么”；第二处，只有在学生找到问题的总结性句子即问题的突破口时，进一步打开这个大门，才能更细致、更深入地理解文本；第三处，当学生的理解倾向于一方时，要指导学生学会用批判的眼光看问题。

“与文本展开对话。养成独立思考、质疑探究的习惯，发展思维的严密性、深刻性和批判性。乐于进行交流和思想碰撞，在相互切磋中加深领悟，共同提高。”对照语文课程标准中的这些要求，在践行“质疑-共解”教学方法的道路上还需要更多的尝试。丰子恺《送考》一路护送的是童心；而为人师者，一路护送的应是学生可贵的独立思考能力！

（该文原载于《教育研究与评论（中学教育教学）》2016 年第 7 期）

“质疑-共解”教法在《李将军列传》教学中的应用

陈晓浒

《李将军列传》是司马迁所著《史记》中最著名的篇目之一，历代的各种《史记》选本，如明代凌稚隆的《史记纂》、清代王又朴的《史记七篇读法》、近代王伯祥的《史记选》等都将其选入，足见该篇的影响力和代表性。苏教版高中语文教材的选修课本《史记选读》也将其选入，列在“不虚美、不隐恶”板块中，作为自读课文呈现。

课本中节选了原文的大部分篇章，能够体现司马迁原作的基本面貌，反映了原文在篇章结构、写作技巧、人物塑造方面的特点，课文加入了旁批，旁批主要的内容是历代文学家、史学家对本文的点评，另一部分内容是教材编者的点评，有助于学生对作品的深入理解。

我执教的是城市重点中学的一个文科班，学生进入高中后，经过三个学期的语文学习，已经有了一定的文言阅读能力，能够借助课本注释和工具书通读《史记》难度的文言文；各学科教师在教学过程中都经常采用合作探究的小组学习方式，学生已经熟悉并适应了这种开放式的学习模式；学生的信息技术水平较高，能够熟练运用网络搜索、电子图书馆等信息资源进行学习。

参照《史记选读》教材的板块教学要求，结合本课的特点和学生的现实学情，我将本课教学目标的重点落在人物形象的塑造上，具体来说，就是抓住一点展开：研究作者在塑造李广形象时，是如何做到“不虚美、不隐恶”的。

教法上，我选择了“质疑-共解”的方式，由学生提出阅读和研讨中遇到的问题，师生共同探讨研究解决，以期发挥学生的主观能动性，切实发现和解决学生学习中的实际问题，凸显学生在学习中的主体地位，提高课堂教学的效率。

在授课过程中，我组织学生利用网络搜索相关知识，借以扩展课堂的广度和深度，培养学生利用信息化手段学习语文的能力。

下面就将课堂教学过程择要记录并分析。

【自读预习】

请同学们在课前借助书下注释和工具书通读全文，在课文右侧空白处记下自己阅读中的疑问或心得。

第一课时

【导入】

师：同学们都学过唐代诗人卢纶的《塞下曲》，大家还会背吗？

生齐背：林暗草惊风，将军夜引弓。平明寻白羽，没在石棱中。

师：这首诗的主人公是谁？

生齐：李广。

师：那我们就试着通过《史记》中的《李将军列传》来认识一下李广，也看看司马迁在写李广时，是如何做到“不虚美、不隐恶”的。

设计思路：利用学生初中学过的诗句导入课文，新旧知识勾连，激发学生学习兴趣。出示课堂教学目标，是针对《史记选读》选修课程教学的特点：不求全面，力求联系板块要求，做到“一课一得”。

【文言梳理】

师：请同学们提出昨晚阅读过程中在文言字词、语句上的疑问，我们师生一起讨论。

生：（提问）。

学生提问后，先请其他学生回答，教师提示、纠正、拓展。

设计思路：在文言课文的教学中，学生必然会遇到文言字词句的理解问题，但《史记选读》的教学，课时有限、文章篇幅长，应追求学生对文章整体把握的基础上，在文章的重点段落、人物形象、创作技法等方面根据教学目标做深入研读探究，不应将过多的精力放在文言翻译上，以免影响教学目标的实现。

第二课时

【整体感知】

师：大家已经预习过课文，请同学们分组交流一下，文中说了李广的哪些事？试试用原文词句或短句概括回答。

学生讨论后发言，师生共同总结概括：早年从军（“子不遇时”）、百骑退敌、被俘逃脱、杀霸陵尉、号“飞将军”、射虎入石、善射爱兵、兵败自尽。

设计思路：在这一环节，并不要求学生一开始就能做到原文词句或短语概括，只要能说出大概的事件即可，教师通过和学生的追问互动，与学生一起完成概括。在概括过程中，教师提示学生注意“子不遇时”，为下面的教学过程做好铺垫。

【质疑启问】

师：现在大家对文章内容有了大致的了解，那么还有什么你没能搞懂的问题吗？请大胆地提出来。

学生自由提问，教师记录问题，并进行合并和整理，形成具有典型性和代表性的问题。

最终确定了如下两个核心问题：

1. 为什么李广劳苦功高，却一生未能封侯？是不是只因为“数奇”？

2. 司马迁究竟是怎样看李广的？

设计思路：学生是学习的主体，学生在学习过程中产生的问题是课堂生成中最有价值的部分，它可以将学生思考、学习和理解的过程引向更深层级，提高学生的阅读能力，培养批判性思维，提高学生语文核心素养。

《史记选读》作为高中语文选修教材，文章篇幅较长、文言字词多、文中涉及的人物和事件众多，如果采用传统的教学方法授课，是具有一定难度的。这就要求教师必须选择好教学的切入点，以点带线、以线构面，才能在有限的课时内做到有效教学。可是教师选择的切入点，并不一定能真正契合学生学习中实际遇到的疑难点和兴趣点，很难调动学生的学习积极性，这就会影响课堂效率和教学效果。“质疑-共解”教法应用于《史记选读》的教学，可以避免传统教学法的局限性，由学生的关注点出发，指向学生的最近发展区，既能激发学生的学习兴趣，又能有效解决学生的实际问题，实践证明，这是《史记选读》教学的高效方案。

教师在学生即时生成的问题基础上整理出核心问题，这一步非常重要，学生提出的原始问题往往是散乱、重复甚至是缺乏逻辑的，如果不做选择和梳理，逐个解答，往往会严重降低课堂效率，影响教学效果，不利于教学目标的实现。

第三课时

在第二课时确定了要研究解决的核心问题后，第三课时组织学生以小组为单位，在学校信息中心网络教室，利用网络浏览教师准备好的资料，并自行搜索资料(包括相关网页和知网数据库相关论文)。

课前教师准备好资料，上传至学校服务器，学生上课时可以在自己的电脑上根据各人需要有选择地阅读。教师准备的材料包括如下内容：《李将军列传》中未被课文选入部分及其译文、历代有关李广的诗词、《李广的悲剧》、《一生未封侯 何必怨“数奇”——论〈史记·李将军列传〉中的“不遇时”与“数奇”》等。

学生阅读教师提供的资料和自行搜索的资源之后(部分学生在课后还到图书馆查阅了相关书籍资料)，针对上节课师生共同讨论形成的两个问题，以小组为单位进行讨论，形成小组观点，写出发言稿或发言提纲，准备下节课的全班的讨论交流。

设计思路：在当今这个信息时代，学生必须要掌握利用网络搜索、归纳并运用网络上的语文资源，这既是学生语文学习的必要途径，也是新时代对语文教学提出的要求，更是对学生自我学习、终身学习能力的培养。学生在课堂上的学习兴趣浓厚，学习的主动性得到充分发挥，短时间内能够吸取大量前人的研究成果，并在此基础上形成自己的观点，对学生的语文学习能力提高起到了显著的促进作用。

第四课时

【交流探讨】

师：上一节课大家经过网上搜索、阅读资料，进行小组讨论后已经形成了各自针对两个问题的观点，现在就请各组的代表进行汇报。

各组学生代表上台汇报

生1(节选)：我们组认为这篇文章体现了司马迁《史记》“不虚美、不隐恶”的特点。司马迁对李广是尊敬乃至崇拜的，从他给此篇命名为《李将军列传》而不是《李广列传》就能看出来；更体现在文章最后一段“太史公曰”的评价“桃李不言，下自成蹊”上。可见司马迁并没有因为个人的好恶而放弃一个史学家的客观性……

生 2(节选)：……李广的终生未能封侯，绝不仅仅因为“数奇”。“数奇”是指运气不好，李广的悲剧是他自己性格造成的，他不善与人交流，甚至与上司谈话也不能很好地沟通；性格偏激刚愎，心胸不够宽广，为了一点点小事就利用职权杀了得罪过自己的人。这种性格必然影响他与别人的相处……

生 3(节选)：……同时李广的悲剧也来自于他个人能力不足，他的单兵作战能力很强，箭法如神、作战勇敢，这样的能力让他在汉景帝时期防守匈奴的形势下，小部队作战时表现优秀，但是到了汉武帝时期对匈奴采取攻势时就不符合要求了。比如他的部队军纪不严，行军扎营都很随意，作战时自己带一小队人出击，自己的大部队都不知道他这个主将的位置，这是不适合大部队作战的时代要求的……

生 4(节选)……司马迁不仅说出了李广的优秀，也写出了李广的不足，这是司马迁的史学家身份决定的。但司马迁也是有个人感情的，他喜爱李广，所以在写作时也利用了文学家的手段，李广的优点，司马迁都是明写的，而他的弱点，都是隐藏在字里行间的……

学生发言完毕后，教师进行简单总结(内容略)。

总结：学生自己提出的问题，由学生自己讨论发言，教师总结而得到解决，这样的教学方式，也许得到的最终答案并不是完美的，但过程中学生得到的收益却是明显的。学生提出的问题，应该是教学真正的起点，因为这既是学生在知识和能力上的空白点，更是学生学习的兴趣所在。在这样的前提下，学生可以在研究探讨的过程中充分发挥其主观能动性，主动地投入课堂教学的活动中。

综上所述，在高中语文《史记选读》教学中主动运用“质疑-共解”的教学方法，能有效激发学生的学习兴趣，解决学生语文学习的实际问题，促进学生语文学习能力和学科素养的提高，是提高《史记选读》选修课程教学效率、改善教学效果的有效途径。

(该文原载于《七彩语文(中学语文论坛)》2016 年第 5 期)

《看社戏》“质疑-共解”式教学初试

涂珊珊

一、背景

《看社戏》一课选自苏教版《现代散文选读》“难以忘怀的故事”专题，作者王英琦。很多教参和教学设计都采用了针对散文文体特点的教学方法。抓住“戏”—“人”—“理”这条主线展开教学。这是一种依据文本体式、循序渐进的思路。

我在教《看社戏》时，围绕“戏”—“人”—“理”这条主线，展开教学设计：

1. 关于“戏”的部分：

(1) 文中的“社戏”是什么戏？

(2) “社戏”为什么受到老百姓的欢迎？

2. 关于“人”的部分：

(1) 有关看社戏，作者写到了看戏之人(老百姓)和做戏之人，这些人各自有怎样的特点？

3. 关于“理”的部分：

(1) 你如何理解社戏演员在艰苦条件下仍然坚持演出？

(2) 社戏这样一种“乡村野戏”为什么有着旺盛的生命力？

在一个班上完课之后，几个学生来到我面前向我请教：“老师，既然生存境遇那么差，为什么这些社戏演员还要坚持演戏呢？我们还是不懂。”

听完学生的疑惑，我心中有了不小的震动。反思我的《看社戏》

教学设计:学生被教师设计的问题牵着走,对文本理解不透彻。

为了解决这个问题,在另一节课上,我第一次尝试了“质疑-共解”式教学方法。

二、质疑-共解

(一)学生质疑

“质疑”就是提出疑问。提出疑问的主体是学生。

《礼记》对学习的过程有高度的概括和总结:“博学之、审问之、慎思之、明辨之、笃学之。”质疑是一种深入学习的方式。在学习《看社戏》之前,我请每个学生根据自己的阅读体验和感受,提出一到两个问题并写在小纸条上。将学生的问题稍加整理,去掉重复的问题,得到以下问题:

1. 怎么理解“从人生、从底层民众的角度去搞艺术,是最原始的,却也是最本质、最不朽的?”

2. 为什么单单挑出演王怀女的武旦和猫儿脸姑娘来写?这两个人有什么特别之处?

3. 作者帮了那个武旦,却不肯听感谢是为什么?

4. 为什么社戏那么受当地百姓追捧,演员的生活却如此艰苦?

5. 为什么作者与周围观众关注点不同,她会有兴趣去后台?

6. 作者写儿子看社戏,有何作用?

7. 漂泊在外的人那么多,为何作者偏偏惦记这对母子?

8. 为什么要写到演包公的男演员和女演员之间的感情?为什么要特意提演包公的男演员间或深情地望望女戏子?

9. 戏子生活艰苦为何仍能演出令他人愉快的戏?

10. 梆子戏的土与俗为什么会成为不朽?但我们在大雅之堂却很少见到它们,人们何以“口是心非”呢?

这些问题正是学生深入理解文章的抓手。

(二)教师整合

学生质疑过后,教师要进行整合,这是实现“共解”最关键的步

骤。在一堂课的时间内解决10个问题是不科学的。我从以下几个方面对学生质疑进行了思考:

整合原则一:问题归纳,理清思路。

用PPT的形式将问题呈现给学生,请学生观察这些问题,分类归纳,理清文章思路。同时也教给学生整合问题、理清文章思路的方法。

师:课前老师收集了大家的问题。其中有一些重复及有科学性错误的地方。我们把这些地方去掉,留下来一些问题。请大家思考下,这些问题各自是针对文章哪些方面提出的,哪些问题是一类?

生思考

生1:问题1和问题10都是关于"社戏"提出的问题。

师:不错。说的很准确。还有呢?

生1:问题2、4、8、9都是关于"社戏"演员的问题。

师:好,请坐。那剩下的问题呢?

生2:问题3、5、7都是关于作者的问题。

师:问题6有点另类啊。我们能不能再归纳一下?

生3:儿子和作者一样。

师:哪里一样?

生3:都是看戏的。

师:归纳得很好。由此我们能不能想想研究这些文章需要从几个角度入手?

生4:戏、演戏的人、看戏的人。

师:很好,再精简下来就变成两个字了。

生:戏和人。

整合原则二:精选问题,达成目标。

对学生质疑进行增删、修改、补充,使问题更加明确地指向教学目标。

我们不妨比较下这两个问题:

问题3 作者帮了那个武旦,却不肯听感谢是为什么?

问题8 为什么要写到演包公的男演员和女演员之间的感情?为

什么要特意提演包公的男演员间或深情地望望女戏子?

问题 3 是由作者的某种行为触发的疑问,问题指向对作者心理的把握。

问题 8 是针对文本内容和作者选材上的疑问,问题指向对人物形象和文本主题的揣摩。这两个问题看似都围绕“作者”这个看戏之人,但它们在帮助学生理解文本方面是存在差别的。学生解答问题 8 的过程,必然需要在文本中关注更多内容,思考的深度更深。在整合之后,我选择删掉问题 3,引导学生解决问题 8。

再如:

问题 2 为什么单单挑出演王怀女的武旦和猫儿脸姑娘来写?两人有什么特别之处?

问题 4 为什么社戏那么受当地百姓追捧,演员的生活却如此艰苦?

问题 2 是对文本内容的筛选、归纳和概括。问题 4 比问题 2 更有深度,它是在问题 2 基础上的一种追根溯源。这两个问题有难易之分,有一种由浅入深的逻辑关系。因此在整合时不必删去,而是将两个问题按次序排列,形成有梯度的一个问题组,帮助学生理解文本。

整合之后,变成:

“做戏之人”的生活如何?找出来,读一读。说说,你看出了他们怎样的生活境遇?

生活如此艰难,演员们为什么还能表演出令人愉快的故事?

如此,整合之后的问题指向就更加明确。

整合原则三:投其所好,尊重学情。

搜集学生的问题之后,我注意到许多学生对“为什么要写到演包公的男演员和女演员之间的感情?为什么要特意提演包公的男演员间或深情地望望女戏子”这个问题的关注。

最初,我没有特别注意这个细节。同时我也觉得课堂上没有必要对这种细枝末节太过关心。但仔细揣摩这个问题时我发现,这个问题超越了文本本身,解决它的过程必须联系作者的身世和创作意图。

王英琦的身世是悲惨的。幼年她是一个弃婴，成年后婚姻也不顺遂。她本人在谈到自己《看社戏》的创作时说：倘我今后真能写出什么震撼人的作品，那必是返回心灵，从我独特命运遭际写起。

在课堂上我不再回避学生提出的“细节”问题，而是和学生一起解决这个问题。

（三）师生共解

“共解”是建立在学生质疑及教师整合的基础上，它是生生之间、师生之间的思维碰撞。

例：

问题 10 梆子戏的土与俗为什么会成为不朽？但我们在大雅之堂却很少见到它们，人们何以“口是心非”呢？其中，第二问很有现实意义，我又为学生补充了如下资料：

清戏：新中国成立前已绝迹于舞台。

二黄：汉剧，至今湖北省境内仅存两个专业汉剧院团，许多剧目和传统技艺失传。

越调：辉煌不再。

学生顺着老师的思路，联想到南京白局：新中国成立后，南京市曾经成立过南京白局剧团，但很快就解散了。

我将问题 10 和一种具体、真实的情境相结合，引导学生深入思考，师生共解问题。

师：请同学们看一看目前课本中提到的这些戏曲的生存现状，再联系下课本中的梆子戏，说说社戏为什么有那么旺盛的生命力。

PPT 展示：

清戏：新中国成立前已绝迹于舞台。

二黄：汉剧，至今湖北省境内仅存两个专业汉剧院团，许多剧目和传统技艺失传。

越调：辉煌不再。

生讨论

生 1：其实我们生活中的“南京白局”，也像清戏等一样衰落了。

师：说得很好。比较一下，说说为什么土梆子戏的生命力那么顽强？

生1：因为土梆子戏更接地气，是当地老百姓喜闻乐见的艺术形式。

生2：我觉得生1讲得不够全面。南京白局也很接地气，为什么衰落了呢？

生1：这两个也不能这样比较。

生3：我想除了艺术本身的特点之外，还要考虑到演的人——有没有传承的人之类的情况。

师：大家考虑的方面很多。那么在文中，作者王英琦是怎么认识这个问题的？

生（齐）：只有从人生，从底层民众的角度去发展艺术，是最原始的，却也是最本质、最不朽的。

师：我们可以重新回到问题本身：土梆子戏的生命力为什么那么顽强？

生3：因为它扎根民间，是取悦老百姓的艺术。

生2：它的"原始"其实是一种纯朴，最贴近人生的本质。从王英琦的命运来说，她是苦命的人，可能她更关注的是戏曲中最"真"的东西。

师：同学们说得很好，我们看了这些材料，再来思考这个问题，得到的答案就不是空洞的。我们也要理解为什么很多传统艺术渐渐衰亡，其中很重要的一点在于它们和老百姓，和人生脱节了。

在思维碰撞的过程中，学生的学习激情被激发了。

三、思考与收获

（一）建构与激励

首先，"质疑-共解"教学尝试带来了课堂中学生思维品质的变化。

建构主义强调学习者的主动性，认为学习是学习者基于原有的知识经验生成意义、建构理解的过程,而这一过程常常是在社会文化互动中完成的。“质疑-共解”教学中,学习不是由教师把知识简单地传递给学生,而是由学生自己建构知识的过程。学生在质疑环节自主提问,整合环节经过教师的指导,理清思路,分析问题,在共解的环节进行思维的碰撞,解决问题。这些知识和方法的习得是主动的,也是充满愉悦的。罗杰斯说:“凡是教师能够讲述的,能够传授的知识,多半是死的、凝固的、无用的知识;只有学生自己发现、探究的知识,才是活的、有用的知识。”这句话用在此处诠释最贴切不过。

(二)欣赏与品味

其次,从文本阅读的角度出发,一千个读者心中有一千个哈姆雷特。就像在整合过程中,教师发现学生更能关注到文本中“演包公的男演员间或深情地望望女戏子”这样的细节。但教师在常规教学时往往容易忽略学生最感兴趣的问题,陷入教学的盲区。

从更广的文学作品阅读的层次来说,学生也是作品的欣赏者。教师要尊重欣赏者的个性,而不是扼杀个性。美国文学批评家艾布拉姆斯提出过著名的“镜与灯”理论。文艺作品的鉴赏过程中,“欣赏者”是重要的要素之一。如果教师仅用自身局限的眼光去审视文本,或许我们将错过文本中许多美丽的细节。正是学生的质疑,让教师能够引领学生,用更加透彻、深邃的目光审视《看社戏》这篇文章,咀嚼品味其中内涵。

本课的“质疑—整合—共解”教学尝试仅是一次小小的课堂实验,但却引起了我许多思考。

只有深入研究,才能觅得曲中味,世间情。

殊不知,那情味正在师生的一颦一笑中荡漾。

附:“质疑-共解”教学思路。

课前准备:收集学生问题、精炼学生问题。

课堂教学:

1. 展示问题,归纳文章思路:戏与人

2. 探讨“人”

做戏之人:(1)“做戏之人”的生活如何?找出来,读一读。说说,你看出了他们怎样的生活境遇。(2)生活如此艰难,演员们为什么能表演出令人愉快的故事?

看戏之人:为什么要特意提演包公的男演员间或深情地望望女戏子?

3. 探讨“戏”

梆子戏的土与俗为什么会成为不朽,我们在大雅之堂却很少见到它们,人们何以“口是心非”呢?

（该文原载于《七彩语文(中学语文论坛)》2016 年第 5 期）

尊重材料与表达自我

——用批判性思维改进写作

徐　飞

一、"我不合题意"与"题不合我意"

考场上，学生不仅担心"我不合题意"，还烦恼于"题不合我意"。然而，人们比较关注前一种抵牾对分数的影响，很少关心后一种扞格对心灵的困扰，以及对思维开放和公正的妨碍。

读过2018年江苏省高考作文题的那一段文字：

花解语，鸟自鸣，生活中处处有语言。不同的语言打开不同的世界，音乐、雕塑、程序、基因……莫不如此。

语言丰富生活，语言诠释生命，语言传承文明。

如果想到的是"道可道，非常道"（老子），甚至"言语道断，心行处灭"（《缨络经》）之类，那该如何是好？这并非故意唱反调，也并不意味作文题的那段话说得不好，须知人文领域的断言，常常能举出反例。所以既不能苛求作文题无懈可击，也不能忽视"异见"的价值。如果雕塑、基因……都可以用语言来解读，那么陶渊明所谓"此中有真意，欲辩已忘言"又是怎样一种情形？如果"语言丰富生活"，鲁迅说"当我沉默着的时候，我觉得充实；我将开口，同时感到空虚"，又是什么原因？如果"语言诠释生命"，席勒说"一旦灵魂开口言说，啊！那么灵魂自己就不再言说"又该如何理解？更别说于坚在《云南冬天的树林》（苏教版《现代散文选读》）中的那段话了：

一片叶子的落下包含多少美丽的细节啊……一切细节都被抹去，只被概括为两个字"落叶"。这些被叫作"落叶"的东西……它们的丰富使“落叶”这个词显得无比空洞。“落叶”是什么？没有落叶，只有这一片深红的或那一片褐黑的，一个诗人永远想不出用什么意象来区别、表现它们，这景象在文学史上像“落叶”这个词一样空白。

众多关于语言局限性甚至遮蔽性的言论，有的来自哲学层面的思考，有些来自说话者特殊的生命体验和领悟。这些对语言功能的另类反思，构成了对言语中心主义的制衡，抵抗着语言和理性的僭妄。语言是伟大的，但赋予它不该有的至高地位，则是对生命的多样感受的压制。

然而，这些可以写在试卷上吗？在努力迎合题意的同时拼命压抑内心的声音，恐怕会是多数人的选择。

当然，这是假想出来的一种令人痛苦的情形，但是这种情形即使不出现在今年的高考考场上，也曾或会出现在其他时候的其他考场上。

更让学生痛苦的是，有些材料不允许反向立意，有些材料则允许反向立意甚至适合反向立意。该如何把握呢？

看这一则作文材料：

钱钟书在《论快乐》一文中说：快乐在人生里，好比引诱小孩子吃药的方糖，更像跑狗场里引诱狗赛跑的电兔子。

进取和达观之人也会偶尔戏说甚至戏谑人生的况味和生命的困境，孤立地看这些“戏言”，会觉得有点颓废或玩世，但其实这并不掩盖言说者对生命的热爱，只要将其置于言说者的人生大历程就可以得到比较合理的见解。但这显然苛求学生了。

类似这样的作文题不在少数，学生一味迎合题意能推演出什么样的结论呢？

二、尊重材料与表达自我

教育和洗脑都会改变人的观点，但教育和洗脑最大的不同在于：受教育者观点的改变基于对多元意见的开放，基于本人的独立思考；而被洗脑者只听到一种声音，且没有机会思考。

高考除了选拔功能之外，还有教育的功能。一个作文题不可能预设相关话题所有的合理见解，但是允许甚至鼓励考生在充分理解题意的基础上，表达可以补正、丰富和进一步完善题意的见解，才是教育者应有的胸怀和境界。

而对于写作者来说，一旦内心出现了和题意略有不同的声音，并确信这个声音是经得起推敲的，这时候理性、稳妥和“不失尊严”的做法是：尊重材料和表达自我。

尊重材料，就要在作文中表现出对材料观点原原本本的理解（注意，“表现”未必“认同”）；表达自我，就是在此基础上有自己的思考。如果作文中既有对题意的理解，又有自己合理的独立见解，那就可以说既没有丢掉题意，也没有丢掉自己。如果做到这一点，“题不合我意”这种冲突，不仅不是麻烦，还可能是一种机遇。

怎样算得上是既“理解材料”又“表达自我”呢？

一位大学老师趴在教室前门，喊：“同学们，拿出你们的勇气来，跨过去！”四五名同学开始尝试，之后，越来越多的学生加入。这位老师解释：跨过老师只是表象，传递的却是敢于用科学真理否定权威、反抗权贵的精神。

命题者对这位老师的态度并不可知，但是对“用科学真理否定权威、反抗权贵”，一定是肯定的。所以，类似这样的意思一定要写：

1. 作为学生权威的老师培养学生反抗权威，并不惜以自己的“权威”做靶子、做牺牲，是难能可贵的……反抗权威——理性、进取、平等、独立，人类的进步……

但是，如果对这位老师的具体做法不甚认同呢？老师的做法必然导致一个悖论：跨过老师的学生事实上是服从了老师这个权威的命令，未服从命令的又被视为不敢跨过老师这个权威。那么，到底是听老师话跨过老师的算“反抗权威”，还是不听老师的话不肯跨过老师的算“反抗权威”呢？

这一悖论源自老师本人对“反抗权威”的理解肤浅或教育方式偏颇。这样一想，也许就有了另一层意思：

2. 然而，学生按老师的要求跨过老师，这算是反抗权威还是服从权威呢？反抗权威不能成为一种行为艺术，刻意而为的反抗带人误入歧途；为真理而反抗才是反抗权威的真正价值所在……

仔细考量，即使命题者原先是肯定材料中老师的做法的，第二段意思实质上也不抵牾。其一，写作者是在理解作文题意、认同老师动机的基础上表达的合理见解；其二，这种见解完全符合命题的核心——用真理反抗权威。

宽泛视之，尊重材料、表达自我是一切阅读活动的基本原则。读作文材料如此，读一切文本都应如此。对高中生来说，还没有读懂文章就进行价值判断是一种武断和肤浅，但不加省察地接受文章观点，用作者的思想代替自己的思考也是不合适的。合适的做法就是原原本本读出作品的意思，同时尽可能冷静、客观、理性地考量这种意思。

学生养成了"尊重材料与表达自我"的阅读习惯，稍有些"另类"的作品就敢于让他们看。他们领略作品的独特魅力但不迷失其中。有一回，我让学生读芥川龙之介的作品《竹林中》(后改编拍成电影《罗生门》)。他们的读书笔记都自然写成两大块：一是梳理情节和细节，努力揣测作者本意；二是表达作品对自己的启示，以及自己对作品的思考。

有一位学生，很耐心地逐个分析证词和背后的人物心理，然后总结：

"竹林"交代了地点，也象征着复杂晦暗的社会(人性)像竹林一样难以看清其本质。

但随后他又道：

虽说真相扑朔迷离，人性晦暗难测，但认识到这一点不正是走出迷局的第一步吗？假设我既是故事中人物，又是故事的读者，我先是不自觉地在供词中维护自己，后来又客观地审视每一个人的供词，也许就能看清自身的弱点和盲点……作品告诉我们每个人的认识都有很大的局限性，而我们要做的就是直面这种局限性，努力克服这种局限性去追寻真相。

这最末一句，正体现了批判性思维的灵魂。

三、用批判性思维谋求作文立意与构思

有人会想，用批判性思维谋求立意和构思，是不是有点冒险？不，这恰恰是比较稳妥的办法！批判性思维不会带来奇崛和风险，而是带来深刻与合理。

之所以很多人担心批判性思维会使人“剑走偏锋”，是因为目前仍有很多人对批判性思维存在误解。例如，把批判性思维等同于“批判”，把批判性思维等同于“求异思维”，把批判性思维看作“高大上”的思维。

首先，批判性思维不等于批判和否定。事实上，批判性思维并不事先假定什么是对的、什么是错的，只是主张任何观点及其论证都应该接受理性的省察，发现是错的，就反对它；发现是对的，就维护它；发现是对的但还存在问题，就改进它。批判性思维其实是中性的，并不会使人偏激，让人生出“反骨”，相反，它更可能使人包容、平和、客观、中立。

其次，批判性思维不同于求异思维。批判性思维和求异思维相辅相成，但并不是一回事。批判性思维并非一定要树立一个和已有观点不同的观点，而是要通过考察确定哪一种观点更加合理与可信。如果考察发现已有的观点更好，甚至反映唯一真相或最接近真相的就是这个，为什么还要树立一个不同的呢？如果一定要求异，批判性思维就沦为挞伐异见的工具了。当然，在批判性思维过程中，考察不同的观点是必要的，否则很难确定哪一种观点最为合理与可信，这就会用到求异思维。可见，求异是批判性思维的过程而不是目的。

最后，批判性思维一点都不“高大上”。很多人认为批判性思维是一种“高大上”的思维，对其敬而远之。事实上，批判性思维是一种很普通常见的思维。人们在面对或做出一些结论时，如果对结论不是简单接受或断然拒斥，而是研究这个结论有没有依据，其中的推理是否合乎逻辑……这就是批判性思维。这样的智力活动几乎天天都进行。

从根本上说，批判性思维是把一切置于理性范畴内加以省察和评判的意识和能力，是通过理解、质疑、查证和推理等探究活动考察论证的合理性从而决定应当相信什么或不信什么的思维。[1]

可以从对象、目标、态度和工具四个维度来对批判性思维作简单的分析。

对象：论证（或推理）

目标：确定什么可信，什么可做

态度：怀疑

工具：逻辑、实证、悬置

下面举例来阐明这四个维度。

批判性思维这个概念是20世纪西方提出来的，但不等于这种思维现代才有，也不等于西方才有，批判性思维是东西方自古都有的一种思维方式。明代冯梦龙的《智囊全集》里记载了这样一件事：

（唐代）有一农夫耕田时挖到一瓮马蹄形黄金，乡里立刻派人送到县衙去，县官担心公库防护不严，就放到自己家里。隔夜打开检验，发现都是土块。瓮金出土时，乡里人都曾去见证。县官无法辩白，最终承认将黄金调包的罪名。就在案子快要定的时候，事情传到了一个叫袁滋的官员耳里……袁滋说："我怀疑这案子里有冤情。"州府长官就让他重新调查。他点验出瓮中"马蹄金"共二百五十多块。请金铺铸造同样形状和大小的马蹄金，才造出一半数目，总重就达三百斤了……县官洗清冤屈。

袁滋的做法是典型的批判性思维：

对象

论证。官府关于县官有罪的论证，这个论证其实就基于两个论据，黄金在县官家失窃，县官不能辩白。

态度

怀疑。猜想袁滋说"某疑此事有枉耳"的心理："作案"手法怎么这么低劣？将黄金调包可能在三个环节——出土、运送、保管，为什么没有人考虑运送环节？这么多"黄金"两个人抬得动吗？

工具

实证：铸造同样形状和大小的马蹄金。

逻辑：假设县宰以土换金，运送到他那里的必是真金；如果运送到他那里的是真金，总重量会有六百斤；如果总重量达到六百斤，那么不可能只由两个人用竹扁担抬过来。

但事实上运金的只有两人，用的是竹扁担。

所以县宰不可能以土换金。

从这个案例及其分析来看，批判性思维的基本要点有三个：会质疑、重实证、讲逻辑。[2]

宽泛视之，质疑、实证、逻辑实则人类理性之精华、求真之利器、创新之要件，是一切探索活动的因子。爱因斯坦所谓“提出一个问题往往比解决一个问题更为重要”为人们所熟知；而另一段话“西方科学的发展以两个伟大的成就为基础，那就是希腊哲学家发明形式逻辑体系，以及发现通过系统的实验可以找出因果关系”[3]，则被国内外不少学者看作破解李约瑟难题的一种思路。这两段话深刻诠释了质疑、逻辑和实证在一切探索活动中的关键作用。

那么，为什么批判性思维有助于“尊重材料和表达自我”？

把上述批判性思维的内涵要点贯彻到作文审题过程中就是：理解材料的意思，用质疑、查证、推理等探究办法考察这个意思是否成立。

因此，在谋求材料作文立意的过程中，运用批判性思维的第一步是原原本本找到材料本身的观点，观点要在材料内部有足够的论据支撑；第二步就是把材料的观点放到写作者的生活经验和认知框架内来考察，看它是否存在问题，需不需要改进。一般来说，考察的结果无非三种：

1. 认同，理解得更深刻。

2. 不认同，反驳有据，批判成理。

3. 基本认同，同时有补正，有丰富，有提升。

无论哪一种，都实现了“尊重材料和表达自我”。

而且，进一步分析批判性思维的具体原则和方法，就会发现这些原则和方法都可以在审题和构思中发挥积极的作用，最终把立意和思路凝聚到“尊重材料、表达自我”上。

批判性思维“始于质疑”，质疑往往是直抵文本核心的入口，也是作者观点的试金石；批判性思维重视证据，一切基于证据的做法，有助于把握材料本意，并使作者的主张得到有力支撑；批判性思维讲求逻辑，要求作者冷冷静静分析，扎扎实实说理，用推导的艺术传播真知灼见；批判性思维要求挖掘隐含前提，作者可能因此有独到的领悟，并从此处走向深刻；批判性思维主张考察替代观点，文章的思路因此走向辩证、圆融和开放，使材料的观点以及作者的考量自然结合。

参考文献

[1] 徐飞.批判性思维与学科教学融合：以高中语文为例[J].课程·教材·教法，2018(7)：64.

[2] 徐飞，李玲，张跃志.会质疑　重实证　讲逻辑：南京市中华中学“普通高中学生批判性思维培养研究”课题研究纪实[N].中国教育报，2017-10-24.

[3] 爱因斯坦.爱因斯坦文集：第一卷[M].许良英，范岱年，译.北京：商务印书馆，1976：574.

（该文原载于《语文学习》2019 年第 1 期）

文言文教学与批判性思维培养

徐　飞

批判性思维直译于英语中的critical thinking，是通过理解、质疑、逻辑地考察论证的合理性从而决定应当相信什么或不信什么的思维，体现着把一切置于理性范畴内加以检省和评判的意识和能力。[1]

试从对象、目标、态度、工具等几个维度对批判性思维做一个考察：

批判性思维的对象：论证（结论—逻辑—依据）

批判性思维的目标：确定什么可信，什么不可信

批判性思维的态度：怀疑

批判性思维的工具：逻辑、实证、悬置。[2]

从上述考察来看，批判性思维并不一定涉及高深的学问和技巧，它是一种普通而又普遍的认知活动。人们几乎每天都会面对（或做出）一些结论，如果对结论不是简单接受或断然拒斥，而是研究这个结论有没有依据，其中的推理是否合乎逻辑，甚至进一步对依据本身的真实性、代表性进行考察。当然还会思考结论本身是否合理，是否会推出谬误，是否和已知的一切有冲突……这就是在进行批判性思维。

不过，需要特别强调的是，并不是发现错误才是批判性思维，通过检省发现别人的正确也是批判性思维。批判性思维并不意味着普遍性、习惯性、随意性的质疑与否定。批判不等于批判性思维，当下社会少的不是批判，而是批判性思维。批判性思维认定任何观点都不能预先得到理性审判的豁免权，因此它常常以否定和怀疑的形式出现，但其最终目的在于建构与创造。

批判性思维这个名词来自西方，但这种认知形态却不独西方有。中国很早就有了批判性思维的追求与实践。《礼记》将为学的过程概括成“博学”“审问”“慎思”“明辨”“笃行”五个阶段，无疑把握了批判性思维的内核。古代中国虽无启蒙的传统，不会像西人那样高呼“怀疑是研究的道”，执拗地把一切置于理性的审判席，但读书、明理、质疑、求真的习惯却由一代代的大学问家承传了下来：宋人朱熹认为“读书无疑者须教有疑”，明人宋濂强调自己除了“遍观群书”，就是向名师“援疑质理”；王守仁所谓“破心中贼”则体现了批判性思维的较高层次——对思维的思考、对自我的改进；清人颜元的“含泪明真言，冒死破程朱”，更是宣达了为真理情愿搭上性命的觉悟……如此等等，不一而足。而在文言文教学中培养学生的批判性思维，理应是一条行之有效的路径。

一、在范本研读中认识批判性思维

在浩如烟海的中国古代作品中，有不少经典之作可以作为范例让学生理解何为批判性思维。

例如，明代冯梦龙在《智囊全集》中记载了一个故事，就可以看作是运用批判性思维的经典案例。[3]

故事说的是有一农夫耕田时挖到一瓮马蹄形黄金，送到县衙去，县官担心公库防护不严，就放到自己家里。隔夜打开检验，发现都是土块。瓮金出土时，乡里人都曾去见证。县官无法辩白，只有承认将黄金掉包的罪名。就在案子快要定的时候，事情传到了一个叫袁滋的官员耳里……

袁曰：“某疑此事有枉耳。”阅瓮间，得二百五十余块，遂于列肆索金镕泻与块相等，始称其半，已及三百斤。询其负担人力，乃二农夫以竹担舁至县，计其金数非二人所担可举，明其在路时金已化为土矣，于是宰获清雪。

试从上文阐述的批判性思维的四维度来分析一下这个案例：

对象：官府得出的县宰有罪（将黄金掉包）的结论

态度：不轻信结论。猜想袁滋说“某疑此事有枉耳”的心理：“作案”手法怎么这么低劣？将黄金掉包可能在三个环节——出土、运送、保管，为什么没有人考虑运送环节？这么多“黄金”两个人抬得动吗？

工具：

实证：铸造同样形状和大小的马蹄金

推理：假设县宰以土换金，运送到他那里的必是真金；如果运送到他那里的是真金，总重量会有六百斤；如果总重量达到六百斤，那么不可能只有两个人抬过来。

但事实上运金的只有两人。

所以县宰不可能以土换金。

顺便一提，中外众多学者在试答“李约瑟难题”时皆言国人逻辑与实证精神的缺乏，这一论断在袁滋身上显然不能成立。而研读袁滋断案的过程不仅可以训练文言文阅读能力，也可以获得对批判性思维的理解。

像“袁滋断案”这样的文言文作品还有很多，例如，初中的《河中石兽》和高中的《石钟山记》都是类似的典范之作。

二、在词句推断中运用批判性思维

文言文字词推断的活儿看似琐细，却可以在琐细之中培养学生审慎、严谨的态度和不轻易接受现成结论的习惯。

学生在温习梳理《史记选读》（苏教版）的知识点时，遇到了这样两例加点词解释：

第一例：公子从车骑，虚左，自迎夷门侯生。侯生摄敝衣冠，直上载公子上坐，不让，欲以观公子。（《魏公子列传》）

加点字“摄”，答案解释为“提起”。但进一步思考，解释为“提起”会不会带来什么问题？学生很快就想到，提起衣服还可以接受，同时提起帽子就没有必要了，想想那动作和情境，就觉得不合理。

第二例：诚能得樊将军首，与燕督亢之地图献秦王，秦王必说见

臣，臣乃得有以报太子。(《刺客列传》)

“乃”，答案解释为“才”。当然，翻译为“才”是说得通的，看起来还显得语气比较强。但是，仔细想想，这一定是最恰当的吗？学生说也可以解释为“就”。那就比较一下哪一个更好。最后，大部分同学同意改为“就”。为什么呢？因为“才”表示必要条件，无之必不然，有之不必然；“就”表示充分条件，有了前面的条件就一定有后面的结果。荆轲现在要太子丹下决心拿出的是樊於期的人头和燕国的土地，一定要勾画出高度可能的愿景才行！有学生打比方说：“两个人推销理财，一个人说给我 10 万，我就能帮你变成 15 万；另一个人说给我 10 万，我才能帮你变成 15 万，你愿意接受哪一个？”很清楚地阐明了其中的道理。

稍复杂一点的语句解释还可以培养学生推理、联系的能力和不拘泥于片言只语的意识。例如：

吴王阖庐之入郢也，武为将军。及秦楚交败其兵，越王入践其国，外祸内患，一旦迭发，吴王奔走，自救不暇。武殊无一谋以弭斯乱。若按武之书以责武之失，凡有三焉。《九地》曰：“威加于敌，则交不得合。”而武使秦得听包胥之言，出兵救楚，无忌吴之心，斯不威之甚。其失一也。《作战》曰：“久暴师则钝兵挫锐，诸侯乘其弊而起。”且武以九年冬伐楚，至十年秋始还，可谓久暴矣。越人能无乘间入国乎！其失二也。又曰：“杀敌者，怒也。”今武纵子胥、伯嚭鞭平王尸，复一夫之私忿以激怒敌，此司马戍、子西、子期所以必死仇吴也。勾践不颓旧冢而吴服，田单谲燕掘墓而齐奋，知谋与武远矣。武不达此，其失三也。(苏洵《孙武》)

苏洵的《孙武》是用孙武的理论来评判孙武的实践，力图对孙武的成就和地位做出客观评价，这本身就是批判性思维的范例姑且不论，先看文中重点词句推断的逻辑过程。题目要求学生翻译画线句子“久暴师则钝兵挫锐，诸侯乘其弊而起”，这有一定难度。但是注意：这一段的内容用作者的话说是“按武之书以责武之失”，总共列举了三个方面：一是“威加于敌，则交不得合”，他自己没做到；二是“久暴师则钝兵挫锐，诸侯乘其弊而起”，他自己却犯了这样的错误；三是

“杀敌者，怒也”，他自己却没有处理好这个问题。如此看来，要翻译的话是观点，后面的是例子或反例，完全可以相互参照。“武以九年冬伐楚，至十年秋始还”就是“久暴师”的做法；“越人能无乘间入国”就是“诸侯乘其弊而起”的表现。

三、在语脉梳理中训练批判性思维

批判性思维是人文性与工具性的统一。说批判性思维具有人文性，是因为它代表着客观、冷静、自信、开放、包容、进取等美好品性，这些品性同时又是一个健康和开明的社会的基石；而其工具性，主要倚重逻辑。讲逻辑，是批判性思维培养的基本要点。文言文阅读中有大量训练学生逻辑思维的契机，有些甚至是现代文阅读不能代替的。

《史记·滑稽列传》中优孟说楚王勿厚葬宠马的一番言论，看似癫狂，其实蕴含着严密的逻辑。

楚庄王的宠马死了，庄王要用大夫丧葬的礼仪来葬马。身边臣子反对。庄王下令说：“谁再以葬马的事来进谏，就处以死刑。”优孟听闻，仰天大哭。说：

“马者，王之所爱也，以楚国堂堂之大，何求不得，而以大夫礼葬之，薄。请以人君礼葬之……齐、赵陪位于前，韩、魏翼卫其后，庙食太牢，奉以万户之邑。诸侯闻之，皆知大王贱人而贵马也。”

王曰：“寡人之过一至此乎？为之奈何？”

优孟曰：“请为大王六畜葬之……”

优孟的这段话实际上是一个严格的论证，可以帮助学生进行以下梳理：

从最后的建议来看，优孟想要证明的论点是：<u>不能厚葬马</u>[4]

和该论点相反的观点是：<u>厚葬马</u>

假设该观点成立，推出的结果是：<u>诸侯皆知大王贱人而贵马也</u>

楚王对这样的结果应该持否定还是肯定态度？<u>否定</u>

如果一个前提推出了一个错误的结果，那么这个前提也是错的。否定结果即否定前提，即否定了：<u>厚葬马</u>

因此，不能厚葬马得到了证明！

上述语段中优孟用的就是反证法。借此可以归纳出反证法的基本形式：

求证：p

设：非 p

证：如果非 p，那么 q

非 q

所以并非（非 p）

所以，p

在掌握了一定的推理规则和论证方法之后，学生就可以做到有理据、有章法地对文本的有关结论进行评估。

例如《项羽本纪》的最后有一段话：

自矜功伐，奋其私智而不师古，谓霸王之业，欲以力征经营天下，五年卒亡其国，身死东城，尚不觉寤而不自责，过矣。乃引“天亡我，非用兵之罪也”，岂不谬哉！

这段话的基本结论是项羽灭亡原因在其自身，主要理由是项羽“欲以力征经营天下”。而学生提出来，项羽灭亡原因是否在其自身姑且不论，但“欲以力征经营天下”却并不是项羽失败的主要原因，因为刘邦也是“以力征经营天下”。论证如下：

以力征经营天下不是项羽灭亡的原因

因为，假设以力征经营天下是项羽灭亡的原因

这说明以力征经营天下会导致自身灭亡

那么刘邦也会灭亡，因为刘邦也是以力征经营天下

刘邦没有灭亡

因此，“以力征经营天下”不是项羽灭亡的原因。

四、在问题探究中培育批判性思维

批判性思维并不是一种单一的情意特征或思维技能，在相对复杂的情境和深度的探究中，批判性思维才能得到充分锻炼并走向成

熟。这就需要师生在学习中有意识地捕捉一些相对复杂的问题，在问题研究中充分发展自己的批判性思维。

例如《史记·廉颇蔺相如列传》中对“完璧归赵”的记叙着实精彩，但从人情事理上看，确实有令人费解之处：蔺相如“完璧归赵”真的是凭本事吗？但一系列手法真的并不高明，也没有达到“负秦曲”的目的。看起来，秦王唯一失体的就是“传以示美人及左右”，其余的“斋戒”“设九宾于廷”等作为皆无可指摘。所谓“决负约不偿城”即使可能性再大也只是相如单方面的构想，并无证据；而相如则着着实实骗了秦王两次。从“信”的层面来说，秦王是守信的一方，相如则是背信的一方。秦王究竟为什么放过他呢……相信这是很多师生包括其他读者共同的疑惑。提出这个问题是批判，力图做出合理、规范的解释才是真正的批判性思维。

也有人用“赌一把”和“运气好”来解释“完璧归赵”的结果，这虽不无可能，但毕竟只是一种猜想，缺少严格论证。

学生讨论并参考了一些资料，最后得出这样的结论：

秦王或者图璧或者窥赵，除此没有其他可能

若秦王图璧，璧已不可得，没必要再大动干戈

若秦王窥赵，赵国有能人，秦王不敢贸然行动

所以蔺相如能够完璧归赵

（当然，蔺相如可能也有他的高明之处，高明之处就在于他猜到了秦王的心理）

文言文中有大量的文本可以并且有必要进行深度解读，但深度解读不能一味求异、求新、求与众不同，如果说深度解读还有一定的规范的话，批判性思维一定是其中之一，深度解读必须合理质疑、讲求证据、遵循逻辑。也正是在这样的独立思考、谨慎求证和严密推理的过程中，师生一方面学习前人、继承文化，一方面努力超越文本、超越自我。

苏轼的许多作品都蕴含着批判性思维的智慧，《石钟山记》就是一篇兼具思辨精神和实证意识的典范之作。

《石钟山记》对现代人做事做学问仍有很强的借鉴意义，它仿佛苏轼的一份“研究性学习报告”，围绕石钟山的命名问题，从质疑开

始，从理论和现实的矛盾开始（“钟磬置水中不能鸣，而况石”），从理论内部的抵牾开始（郦元说和李渤说），经过实地考察（“独与迈乘小舟至绝壁下”），获得新的结论（“山下皆石穴罅”——“噌吰者”“有大石当中流”——窾坎镗鞳者）。

然而，再读到俞樾的《春在堂笔记·卷七》的记载“每冬日水落，则山下有洞出焉。入之……盖全山皆空，如钟覆地，故得钟名”，发现苏轼的看法也未必得其实。那么，该如何理解苏轼的考察和探究呢？和学生讨论，形成如下共识：

其一，人们对事物的认识本身有一个过程。

其二，后人对苏轼见解的怀疑，也秉持了苏轼不迷信古人、不主观臆断的精神。

其三，也许比结论本身更重要的是获得结论的精神和方法。

德国人莱辛说：“如果上帝左手握着真理，右手握着追求真理的冲动问我：‘孩子，你究竟想要什么呢？’我会毫不犹豫地对他说：‘父亲啊，纯然的真理只属于您，请把您的右手给我吧，即使我将永远地徘徊在错误之中！’”

追求真理的冲动，这也是关于批判性思维的纯粹动机和不竭动力的奥秘。

注释

[1] 徐飞.会质疑 有理由 讲逻辑：高中语文教学培养学生批判性思维的要点《教育研究与评论》2015 年第 5 期（人民大学书报资料中心复印报刊资料《高中语文教与学》2015 年第 9 期转载）。

[2] 当不具备思考或实证的条件时，暂时搁置对结论的判断也是一种批判性思维。

[3] 本文所举案例均来自作者教学实践。

[4] 画线的语句或说判断应由学生填写或师生讨论完成，以下同。

（该文原载于《中学语文教学参考》2017 年第 19 期）

高三复习也要批判性思维

徐 飞

越来越多的人认识到批判性思维对人一生的长远影响，并努力尝试把批判性思维渗透到各科教学中去。但若要把对批判性思维的培养贯彻到高三复习教学中，不少人还是会有不少顾虑：相对统一的答案能批判吗？有限的解题时间来得及批判吗？命题人反复推敲的材料有必要批判吗？

我觉得这里有对批判性思维的误解：以为批判性思维就是质疑、否定、求异，考试也来这一套是会吃苦头的；或以为批判性思维是一种“高大上”甚至“有闲”的活动，“试卷”或“分数”层面的工作还得靠老办法。其实，批判性思维是中性的，并不刻意指向否定；批判性思维也是实用的，不是象牙塔里的纯粹思辨。我理解所谓批判性思维，就是无论是对待别人的观点还是做出自己的推论，都带着一种质疑的意识和审慎的态度，都要进行严格的检查或严密的推理。检查或推理发现是错的，就拒绝它；发现是对的，就相信它，当然在相信的同时还要看一看有无进一步改进的可能。批判性思维不预设某个现成的观点是对的还是错的，批判性思维的结果有可能是否定，有可能是肯定。

也有对高三复习的误解：认为做高考（模拟）习题的目标就是接近答案。怎么能批判呢？其实，很多答案就是批判性思维的结果。而且，答案也未必字字珠玑，为什么不能批判？

甚至还有对语文的误解：认为语文的事情不容易说清楚，认为学好语文关键看语感，多读多练多积累就会有语感。其实，语文的思维要求是很高的。所谓的语感，很大一部分是反复思考言语材料的结果。

即使在高三复习和解题训练中，批判性思维的训练也很必要，而且也有很多机会。

我在带着学生进行复习时就发现，很多习题必须用到批判性思维；很多习题都可以训练学生的批判性思维。下面就以古诗文阅读为例来说明。

一、培养学生审慎、严谨的态度，不轻易接受结论

一轮复习梳理《〈史记〉选读》的知识点时，遇到了这样两例加点词解释：

第一例：公子从车骑，虚左，自迎夷门侯生。侯生摄敝衣冠，直上载公子上坐，不让，欲以观公子。（《魏公子列传》）

加点字“摄”，答案解释为“提起”，似乎也能说得通（仿佛这样可以防止登车时衣服碍事）。我提醒学生且不要放过，进一步思考和想象，解释为“提起”会不会带来什么问题？学生很快就想到，提起衣服还可以接受，同时提起帽子就没有必要了，想想那动作和情境，就觉得不合理。还有学生补充说：“这样可以表现侯嬴懂得礼仪，对公子尊重。”但紧接着又有学生纠正：“懂得礼仪有可能，但‘尊重’说不通，这和后面故意表现的傲慢以及观察公子为人、衬托公子形象的实际动机有矛盾。我觉得就是表现出一种气场和派头。”

只一个“摄”字，牵引出了一个互动的批判性思维过程，同时又涉及语境、语义、逻辑、情理、人物等诸多要素；反过来说，正因为运用了批判性思维，学生才能够摆脱歧义或谬误的困扰，耐心分析，综合权衡，做出相对合理的判断。像这样的情形，在高三复习中实在是很多。

第二例：诚能得樊将军首，与燕督亢之地图献秦王，秦王必说见臣，臣乃得有以报太子。（《刺客列传》）

“乃”，答案解释为“才”。当然，翻译为“才”是说得通的，看起来还显得语气比较强烈。但是，仔细想想，这一定是唯一的解释吗？有

学生提出来可以解释为“就”。我让他们比较一下哪一个更好。最后，大部分同学同意改为“就”。因为“才”表示必要条件，无之必不然，有之不必然，没有樊於期的人头就肯定不能杀秦王，但有了樊於期的人头也未必能杀秦王；“就”表示充分条件，有了前面的条件就一定有后面的结果，有了人头就一定杀得了秦王(当然这也意味着要杀秦王未必一定要取樊於期人头)。荆轲面对“为人不忍”的太子，一定要勾画出高度可能的愿景才行啊！同样，荆轲后来对樊於期展示的画面“臣左手把其袖，右手揕其匈，然则将军之仇报而燕见陵之愧除矣”，也是这一愿景的体现。他从来就没有很客观和严谨地说：“虽然有了樊将军的人头我也未必能取秦王的性命，但没有樊将军的人头我肯定刺杀不了秦王啊！”

当然，荆轲用这个字究竟是表达了怎样的逻辑我们已不得而知，但细致地批判和辨析，找到尽可能合理的解释，并在其中运用我们的理智，不也是我们阅读的一项重要任务吗？

二、培养学生包容、开放的心态，不固守标准答案

定风波·暮春漫兴

辛弃疾

少日春怀似酒浓，插花走马醉千钟。老去逢春如病酒。唯有。茶瓯香篆小帘栊。

卷尽残花风未定，休恨，花开元自要春风。试问春归谁得见？飞燕。来时相遇夕阳中。

题目：下阙中“卷尽残花风未定，休恨，花开元自要春风”内涵丰富，请结合全词谈谈你的理解。

答案：“休恨，花开元自要春风”，指没有春风吹拂，花儿自难绽放，出人意料的转折中包含着词人对得到朝廷重用的期待之情。

答案的解读固然是一种理解，但“花开元自要春风”为什么不是曲折地表达对朝廷不降春风的不满呢？毕竟词人已至暮年啊！再深一步想，还有其他意思！这里有一个矛盾在，今日残花乃是昔日鲜

花，今日催花谢的是春风，昔日催花开的也是春风啊！所以，花，你莫怨，当初盛开不也是因它吗？这里面感情就微妙了，有无奈，也有一种宽解，还有一点通透和觉悟。而且，不往政治上靠也未尝不可，就是一种人生况味。你也不要把辛弃疾想成任何时候要么是跃跃欲试，要么是愤愤不平，人家也会有各种不同的心境和思绪的。

三、培养学生推理、联系的能力，不拘泥片言只语

语感很重要，但教语文也不宜过分强调语感、直觉，这会把语文教学观导向神秘主义甚至“不可知论”。“语文的事情很难说”的悲观论调或“语文只要多读书就可以”的简单断言就是这种语文教学观的表现。其实，很多语感和直觉是建立在反复的思维训练的基础上，有些语感，其实就是一种快速的逻辑推理。在阅读分析中，要重视文本在逻辑上的自洽和一致，并据此来解读、解题。

吴王阖庐之入郢也，武为将军。及秦楚交败其兵，越王入践其国，外祸内患，一旦迭发，吴王奔走，自救不暇。武殊无一谋以弭斯乱。若按武之书以责武之失，凡有三焉。《九地》曰：“威加于敌，则交不得合。”而武使秦得听包胥之言，出兵救楚，无忌吴之心，斯不威之甚。其失一也。《作战》曰：“久暴师则钝兵挫锐，诸侯乘其弊而起。”且武以九年冬伐楚，至十年秋始还，可谓久暴矣。越人能无乘间入国乎！其失二也。又曰：“杀敌者，怒也。”今武纵子胥、伯嚭鞭平王尸，复一夫之私忿以激怒敌，此司马戌、子西、子期所以必死仇吴也。勾践不颓旧冢而吴服，田单谲燕掘墓而齐奋，知谋与武远矣。武不达此，其失三也。（苏洵《孙武》）

题目要求学生翻译画线句子“久暴师则钝兵挫锐，诸侯乘其弊而起”，这有一定难度。但是注意：这一段的内容用作者的话说是“按武之书以责武之失”，就是用孙武的理论来评判孙武自己的实践，批评其过失，总共列举了三个方面，一是“威加于敌，则交不得合”，他自己没做到；二是“久暴师则钝兵挫锐，诸侯乘其弊而起”，他自己却犯了这样的错误；三是“杀敌者，怒也”，他自己却没有处理好这个问题。

这下就好办了，要翻译的话是观点，后面的是例子或反例，完全可以相互参照。什么是“久暴师”？“武以九年冬伐楚，至十年秋始还”就是“久暴师”的具体做法；什么是“诸侯乘其弊而起”？“越人能无乘间入国”就是“诸侯乘其弊而起”的具体情形。

看2014年江苏省高考的文言文：

亟待谋于知道者而考诸古，师不乏矣。幸而亟来，终日与吾子言，不敢倦，不敢爱，不敢肆。苟去其名，全其实，以其余易其不足，亦可交以为师矣。（柳宗元《答严厚舆秀才论为师道书》）

画线句子是一种观点，后面的内容则是符合这种观点的具体做法。不难看出来，整个句子，除了“考诸古”，其他的内容后面都有提示。

再看2016年的全国卷的诗歌鉴赏：

金陵望汉江

李　白

汉江回万里，派作九龙盘。
横溃豁中国，崔嵬飞迅湍。
六帝沦亡后，三吴不足观。
我君混区宇，垂拱众流安。
今日任公子，沧浪罢钓竿。

“横溃豁中国”，学生容易理解为洪水决堤泛滥，但严谨的同学还会注意到下文中有“垂拱众流安”，这就矛盾了。应该服从哪一个呢？应该服从后者，后者直接负载着这首诗的主题。

四、培养学生追问、深究的意识，不轻易放过疑惑

木兰花

晏　殊

燕鸿过后莺归去，细算浮生千万绪。长于春梦几多时，散似秋云无觅处。

闻琴解佩神仙侣，挽断罗衣留不住。劝君莫作独醒人，烂醉花间

应有数。

题目是："长于春梦几多时，散似秋云无觅处"两句在表达技巧上有何特点？请简要分析。这一联有比喻、有比较，是很容易看出来的，再解说一下诗句，猜测一下思想感情，一般不会严重失分。但你真的读懂这首诗了吗？这里其实有一个很大的问题，不抓住这个问题，就没有真正读懂这首诗。

究竟是什么"长于春梦几多时"，什么"散似秋云无觅处"呢？有批判性思维的学生心里是一定会产生这个问题的。答案没有交代，甚至有误读，我们要自己去推断、去假设、去验证。后面说的是好事不常有、好景不常在，要醉中求欢愉、寻风雅，也就是要及时行乐；而古人说要及时行乐时，往往有一个前提，就是人生苦短。再看看前面的"细算浮生千万绪"，一下子就明白了，第二联的主语原来是"浮生"啊！这千头万绪的浮生啊，又能比一场春梦长久多少呢？但它一旦逝去，就仿佛秋云流散，再也寻不到踪迹。

（该文原载于《教育研究与评论（中学教育教学）》2017 年第 9 期）

课堂的深度来自学生的质疑

徐　飞

最近，我们备课组尝试采用“质疑-共解”的方式和学生一起对课文进行深度解读。所谓质疑，就是师生（主要是学生）针对课文中难以理解、相互矛盾、不合常规或自己不能认同的地方提出问题；所谓共解，就是师生围绕问题进行探究性阅读、展开充分讨论和形成一定共识。用这种方式授课，师生对文本解读往往更细致深入，有时甚至可以开通预想不到的进路，抵达始料不及的深度。一段时间尝试下来，我有这么几点体会：

一、教师的提问不能替代学生的质疑

“质疑-共解”与“师问生答”的显著区别在于：前者学生研究的是自己发生兴趣和产生探究冲动的问题，并由此开始一个真正的主体性的思索过程；后者学生也发生思维活动，但其思维的场域、界限、方向，甚至结论都是被圈定和指定的，不可避免地在教师的逻辑设计和语言编织下被客体化和对象化了，这样的课堂，深度是单方面的，精彩也是孤独的。

《现代散文选读》（苏教版）中《我的一位国文老师》《看社戏》《铃兰花》这三篇散文在叙事上都体现了抑扬变化。《我的一位国文老师》中，国文老师以作者笔下凶神恶煞的形象登场，又在作者的“敬慕、怅惘”中飘然而逝；《看社戏》中，“我”起初对梆子戏“不怀好意”，后来在“觉得出它的好”的同时仍感到“遗憾”与“可悲”，再后来又赞其“腿最长，生命力最强”，直至最后赞其为“文化给养、精神升华的象征”,体现了“从底层民众的角度去搞艺术是最原始的,却也是最本质、最不朽的这一伟大真理”;《铃兰花》中,“我”对“地狱”“恐惧万端”,被父亲逼迫进“地狱”时“吓呆了”,“大声哭叫”,“成了个泪人儿”,但后来奇妙的是,“对这个地方依然像当初那样惧怕”的我,却在某一天清晨独自走向“地狱”深处。

这种抑扬变化决定了这三篇课文解读的内在框架,即“这种贬与赞的态度或惧与勇的情绪是如何体现的,内在的原因是什么,转变的机理是什么”,尽管不同教师具体的问题设计和课堂切入会有所不同,但一般不会超离这样的框架。例如:

《我的一位国文老师》:国文老师是以怎样的特点出现在读者面前的?作者是怎么表现这一特点的?后来作者对国文老师的认识有了怎样的变化?为什么会有这样的变化?

《看社戏》:作者总共看了几场社戏?重点写了几场?有哪些不同的感受?中间插入一段戏子的后台生活起什么作用?

《铃兰花》:“我”为什么害怕“地狱”?课文是怎么表现“害怕”的?“我”再度下地狱时是怎样的心理?作者是怎么刻画这种心理的?“我”为什么能克服这种恐惧?

这样的问题设计固然能将教学的重点难点囊括其中,也有利于尽快将全体学生的注意力聚焦对准到最终的学习目标上,但始终是将学生限制在自己身后亦步亦趋,难以让他们积极主动、兴致盎然地去捕捉文本疑点,体会作者匠心,共同创造精彩。如若放开让学生提问,则往往可以遇到意想不到的挑战与惊喜。而且只要处置得当,不仅无节外生枝之虞,还可以获得不同一般的趣味与深度。

例如,对《我的一位国文老师》一文,学生提出了这样几个令人意想不到的问题:

(1) 为什么要插入一段课程安排和听课情况的描述?

(2) “正当防卫”是防什么呢?

(3) “敬慕”仅仅是因为他教得好吗?

这看似不相干的三个问题其实是密切联系在一起的。先看第三个问题,学生敏锐地捕捉到(可能连作者都没有意识到的)精妙的语词细节。一个人的能力、学识或才情可以说令人“佩服”；而用到“敬慕”这个词，则一定与人格、修养等有关。课文在何处有这方面的表述或暗示呢？

再看第一个问题，课文第三段介绍学校“下午的课全是国语讲授”，“成绩与毕业无关”，“学生们便不踊跃，课堂上常是稀稀拉拉的不大上座”。又说到下午授课的国文先生都是“年高有德的，不是榜眼，就是探花，再不就是举人”。这些人都是旧文化的精英，却逐渐被抛弃或边缘化。在一个剧烈动荡的时代，固有的价值体系颠覆，他们或丧失生命的意志与尊严，精神上被阉割，或激越地反抗，不惜以死明志。徐锦澄先生个性刚烈，虽不至于自戕，但满腔块垒，一身敏感，是可以想象得到的。这一段的叙述，不仅刻画了徐老师的生存困境，暗示了徐在后面的师生冲突中反应过度的原因，而且把笔触直指人的内心。

由此看第二个问题，一般人“正当防卫”是在防生命财产被剥夺，徐先生却是在防尊严被伤害，人格遭蔑视啊！这和那些与时俯仰，“乐得敷敷衍衍”的国文先生是多么的不同！这难道不是为人为学令人“敬慕”的地方吗？

在此基础上，再看很多学生关心的另一个问题：

第二段的外貌描写起什么作用？是欲扬先抑吗？

在解决了上述三个问题的基础上，同学们基本上确定这篇课文的展开其实体现了作者对国文老师的认识不断深入的过程。此处外貌描写不仅制造了幽默和诙谐的效果，还体现了作者对国文老师的第一印象。因此，准确地讲，这并不是欲扬先抑，而是先抑后扬，前者“抑”是为“扬”服务的，使“扬”的部分更有力、更突出，使文章跌宕起伏；后者的“抑”，有其独立存在的价值，本身也是认识过程的一个阶段、主体形象的一个侧面，体现了生活的复杂与人性的丰富。丑陋、邋遢和凶狠、暴躁是这位国文老师，高傲、敏感和自尊也是这位国文老师，包容、敬业和高明依然是同一位国文老师，唯其如此，才体现人的多面多姿。

二、从“质疑”走向“深度”需要教师适度点拨

当然，放开让学生质疑、讨论并不能完全取代教师在关键时刻的点拨。

在《看社戏》一文的学习中，学生提出了更为尖锐的问题：

(1) 作者真的喜欢社戏吗？

(2) 为什么要插入一段戏子的幕后生活？

提第二个问题的学生后来还补充了一句：

你会因为手艺人生活艰难而喜欢这项手艺吗？你会因为作者值得同情而喜欢他(她)的作品吗？

这样的质疑包含了可贵的批判性思维的因子。的确，戏子的生活艰难衬托出了他们的坚忍与敬业，但理智地想，这和社戏本身好不好又能有多大的关系呢？对这一问题的放开讨论极有可能把文本探究引入深处，但也可能把课堂的状态带入无序。必要时，教师要适度点拨。当时我问了学生一个问题：

现在很多名演员也会到基层、到农村去，贴近群众进行创作和演出，但姜昆、冯巩他们和社戏演员最大的不同是什么呢？

学生很快明白了我的意思。因为演员本身就是群众，所以他们的演出就更能贴近群众，并融入他们的内心。

至此，学生提的其他问题也变得明朗起来。例如：

(1) 题目为什么叫作“看社戏”而不是“社戏”？

(2) 为什么要写“兰花指”？

(3) 作者对社戏的评价不断升级，究竟是为什么？

《看社戏》全文其实明里暗里自始至终扣着一个价值取向，那就是“从底层民众的角度去搞艺术”，作者对社戏的评价其实并不完全取决于前者对后者的悦纳或者后者对前者的感染，还依据作者对社戏与观众的血脉联系的程度。这就是本文题为《看社戏》的重要原因，是作者突出演员手指的原因，是作者不惜笔墨刻画观众情绪的原因，也是作者在观照到观众的反应后对社戏评价不断升级，并在确认

社戏演员和观众的身份同一性后将这种评价抬到极高层次的原因。所以，这篇文章的主题，必须放在戏、演员、观众和“我”的多向互动的关系框架内来思考。

然而，当我们冷静思考“作者真的喜欢社戏吗”这个问题时，却真的很难发现作者喜欢社戏的直接证据。作者对社戏演员充满同情和钦敬，对社戏观众的亲近与爱溢于言表，然而她对社戏本身的态度是相对超脱和有距离的，当她刻画社戏本身时，语言里充满了调侃甚至戏谑；而当她赞美社戏时，语言又显得抽象与理性，充满着艺术哲理和创作理论的思考。喜欢，往往是“心坎里”而不是“头脑里”的，是不需要什么富有逻辑性的理由的；从文章的字里行间，我们很难看到她对社戏本身的这种喜欢。这恐怕是作者不愿意承认的事实。

三、看似琐碎的质疑也可能有关宏旨

很多老师不愿意当堂让学生提问，其中一个很重要的原因是担心问题太“碎”，会分散注意、影响效率。其实，那些看似琐碎的问题也可能有关宏旨，可以由此进入文本的核心或靠近学习的目标。

《我的一位国文老师》和《看社戏》中的转变是自然而然发生的，《铃兰花》中的转变背后却有一双看不见的手隐秘地安排一切。而这一点，应该由学生自己追问出来，才更有乐趣，才更令他们体会到作者的匠心。

在《铃兰花》这篇课文学习的大部分时间里，学生们围绕他们自己提出的“我是如何克服恐惧进地狱采摘铃兰的”这一问题进行研读与探讨。这一问题的答案是高度发散的，这也体现了这篇作品的丰富性和延展性。猜想至少可以包括以下几个方面：

——对母亲的爱

——成就动机与价值感

——宗教性支持(母亲要带着铃兰去教堂)

——对美的追求

——憧憬与期待

——被焕发的生命力

然而，真正的问题是，以上诸多动因怎么会聚焦到这一天、这一刻、这个孩子克服恐惧进地狱这件事上来的呢？为什么会这么巧呢？当然，这还是教师着眼整体和统合的一种思维方式；学生会从看似细枝末节的地方，以你意想不到的方式进入这一问题的思考。在我的课上是这样的：

生：很奇怪，父母就这样放弃对孩子勇敢精神的培养了？“打这以后，果真不再叫我到‘地狱’去放牧了”。

（片刻沉默）

生：我也有一点奇怪的，母亲为什么自己不去？父亲为什么不去？

师：还有什么奇怪的，我们集中交流一下。

生：母亲的脸上漾起了欣喜的微笑，为什么不是“惊喜”？

生：“在吸进那浓郁而清新的花香之前，她先看了看我”，为什么“先看我”？

生：看来，只有一种可能了，就是母亲是知道“我”去采摘铃兰的。

生：还有，母亲为什么恰巧是铃兰在其他地方已经凋谢而在“地狱”还在盛开的时候提出这个愿望呢？只有一个解释，她这样做就是要激发“我”克服恐惧再入“地狱”。

师：看来，父母从来就没有放弃过培养“我”勇气的努力。小伙子的壮举直接来自父母的精心设计，这一点，作者并没有挑明，但只要仔细阅读、严谨思考就一定可以看出来，我认为这是本文创作极为成功的一个地方。

于是，这堂课就有了这样一段补白。想象父母在“我”采摘铃兰之前有一段对话，来体现父母对“铃兰花事件”的安排：

父：这孩子这么怯懦，将来怎么保护家人呢？我小的时候……

母：但是，亲爱的，不能因为你过去怎样他今天就必须怎样！上帝对他会有不同的安排。

父：唉……也许你是对的。为什么不赐予他和我一样的勇敢呢？

母：上帝赐予他恐惧，因为战胜恐惧方得真正的勇敢。但是，亲爱的，我们不能逼迫他去承受恐惧，而应该激发起他内心的力量来对抗恐惧。

父：亲爱的，现在我的想法变得和你一样。他必须再去一趟“地狱”！但这一次是为了完成一件非常有意义的事情！

母：亲爱的，我们终于想到一起了！可是他会带着什么特殊的任务去呢？不会还是放羊吧？

父：不，这一次是为你！这孩子对你的爱超过了一切！为你去……

母：……对了，有什么好东西唯有“地狱”才有呢？

父：铃兰！！为你采摘铃兰，当其他地方铃兰凋谢时，“地狱”的铃兰开得正盛。对你的爱，加上铃兰的美，这样一个圣洁的愿望，也许可以对抗恐惧。

母：还有，我将带着这一束铃兰上教堂！以神圣礼拜的名义，是不是可以驱散“地狱”这个词带来的不祥、恐吓与诅咒？

父：是的！是的！如果是做礼拜用，那最好是礼拜天当天的早晨采摘。传说地狱的深处是天堂的入口。我们的小伙子将在晨曦中走进地狱的深处，走向那一片铃兰；在霞光下亲手把洁白的铃兰献给你。

母：那将是最珍贵的礼物！我们这就商量一下细节吧……

感谢学生的质疑，让语文课堂成为了充满惊喜的地方！

（该文原载于《七彩语文（中学语文论坛）》2016 年第 5 期）

批判性思维与历史核心素养的建构

卞姗姗

批判性思维直译于英语中的 critical thinking，其内涵的具体界定国内外学者不尽相同。从根本上说，批判性思维是把一切置于理性范畴内加以检省和评判的意识和能力。在国内，对批判性思维的研究一度是空白，直到 MBA、MPA 入学考试在我国兴起，才引起了注意。自 2002 年以来，国内部分高校先后开设批判性思维课，关于批判性思维培养的话题也持续加热。

历史教学中关于批判性思维的研究在本世纪以来也逐渐展开。然而，2013 年，赵亚夫先生在《批判性思维决定历史教学的质量》中尖锐地指出："无论从学理的层面，还是从实践的层面，现阶段，中学历史教学中批判性思维的进展状况并不理想。主要表现为：其一，不管你如何定义批判性思维，在历史教学中它都是历史思维；其二，将批判性思维直面命题研究的多，深入结合教学实践的少。"[1] 2016 年暑假，在西安召开的全国历史教师学科素养与高考教学胜任力研讨会上，"批判性思维"已经成为学科专家口中的"热词"。由此可见，批判性思维作为一种高级思维能力和可贵的精神特质，于中学历史教学的价值已经得到学界广泛认可并推崇。

然而，中学历史课堂中批判性思维的培养，目前依旧处于理论探索和零星实践阶段，远未在一线课堂系统地贯彻落实，甚至许多老师对"批判性思维"这一概念还相当陌生。本文仅以必修教材中晚明至清朝前期相关内容为实例，来探讨批判性思维对历史学科核心素养建构的重要性。

一、批判性思维与历史核心素养高度契合

批判性思维对于历史学科核心素养的建构为何必不可少？其根本原因在于批判性思维和历史核心素养两者的价值追求本质上高度契合。我们不妨先来审视一下批判性思维的内涵。

美国伊利诺伊大学罗伯特·恩尼斯教授对批判性思维给出的经典定义为“批判性思维是合理的、反思性的思考，着重于决定相信什么或做什么”。马修·李普曼则认为：“批判性思维是熟练的、可靠的思考，因为它对背景很敏感，依赖于标准，并且是自动调整的，所以有助于形成有效的判断。”[2]另一位美国学者约翰·查菲在《批判性思维》一书中说：“我们的思维不应该停留在单纯接受别人意见的水平上。我们应该逐渐地培养一种能检查别人的意见是否正确，确定别人的意见是否对我们有意义，决定我们是否应当采纳别人的主意之类的独立而主动的思维能力。”[3]

国内的一些学者也从不同角度对批判性思维进行了描述。朱智贤和林崇德认为：“思维的批判性，就是指思维活动中善于严格地估计思维材料和精细地检查思维过程的智力质量。”[4]刘儒德认为：“批判性思维是指对所学的东西的真实性、精确性、性质与价值进行个人的判断，从而对做什么和相信什么做出合理的决策。”[5]罗清旭指出：“批判性思维是个体对产生知识的过程、理论、方法、背景、证据和评价知识的标准等正确与否做出自我调节性判断的一种个性性质，它包括批判性思维的个性倾向性和个性心理特征两个重要方面。”[6]

从国内外关于批判性思维构成要素的诸多表述中，我们可以看出，批判性思维至少包括情意特征和认知能力两个维度，前者可以看作是批判精神，后者可以看作是批判技能。再细究下去，批判精神可以包括：① 独立性，推崇自由地思考和自己做出结论；② 理性，信任逻辑；③ 好奇心与求知欲；④ 勇气、果断，不畏惧错误，乐于进行智力冒险；⑤ 执着追求真理，对真相负责；⑥ 开放与包容，平等地对待一切观点，直面来自他人的否定，换位思考；⑦ 认识到人类的知识是有

限的。而批判技能则可以包括:① 理解并集中思考论题;② 对言辞进行分析;③ 问答与交流;④ 判断资料的可信度;⑤ 识别逻辑关系,发现矛盾,辨析与推理;⑥ 验证与评价假设;⑦ 自我调节。

由此可见,批判性思维的发展与尊重差异、崇尚真知、理性思维、勇于探究、勤于反思、批判质疑、问题解决等素养的形成直接相关,或是同一概念的不同表述,或基于同样的认知逻辑和情意规律,或指向同样的能力、价值观和人格特质。

2016 年教育部公布的最新历史课程标准中,唯物史观、时空观念、史料实证、历史解释和家国情怀被定义为历史学科的核心素养。若将这五种核心素养进行分类,我们可以发现,时空观念、史料实证和历史解释属于历史的思维能力,唯物史观和家国情怀则属于历史价值观念,前者可以看作是历史学科专业技能,后者可以看作是历史学科专业精神。对照五大核心素养的内涵,我们可以认为,历史学科的专业技能主要包括:① 能够将历史事件和历史人物进行极其明确的时空定位;② 识别历史的逻辑关系;③ 有效地获取史料提供的信息;④ 理性地辨析史料的价值;⑤ 对历史事物进行理性分析和客观评判;⑥ 分辨历史上的真伪、善恶、进步与倒退;⑦ 具有明确的价值取向及对未来判断的能力。历史专业精神则主要包括:① 历史唯物主义;② 独立性的自由思考;③ 追求真理,对历史真相负责;④ 开放包容,尊重与理解他人的观念;⑤ 全面、客观、辩证、发展的眼光;⑥ 家国情怀,对民族与历史文化的认同。

通过上文的比较对照,我们不难得出结论,无论是专业技能还是专业精神,批判性思维与历史学科核心素养的诉求都高度一致。因此,研究学术范畴的历史课堂教学与批判性思维构建,也就是研究历史学科核心素养的培养。

二、历史教学中批判性思维的实践路径

批判性思维与历史核心素养的内涵虽高度契合,但在历史教学中建构批判性思维并以此达成提升核心素养的目的,并非是一蹴而

就的。批判性思维在融入历史教学的过程中具有考证历史事实、打破思维惯性、反思历史结论、多视角评价等历史学科化特征。在这个过程中，“求真”是批判性历史思维的核心，“质疑”则是批判性历史思维的出发点。

（一）批判从质疑开始

笛卡尔说：“要想追求真理，我们必须在一生中尽可能地把所有的事物都怀疑一次。”[7]教师要想培养学生的批判性思维，首先必须引导学生发现问题，敢于质疑。以《鸦片战争》一课为例，这是必修教材中经常作为课例出现的经典内容，也是学生最为熟悉的内容。笔者从学生时代起，就被老师一遍遍灌输一个结论——“落后就要挨打”，时至今日，“落后就要挨打”依旧时常出现在中学历史的课堂上。显然，这一结论在中学历史教学中已经被固化。然而，这个结论无条件成立吗？若不成立，问题出在哪儿？若能成立，仅仅作为结论灌输给学生是否合适？面对学术界研究的成果，历史教师必须要思考。

判断一个国家是否落后的首要标准是这个国家的经济发展水平，探究晚明至清前期中国的经济发展状况就可以对鸦片战争爆发前的中国有一个基本的认识。英国著名的经济史家麦迪逊经过详细计算处理，曾提出一组数据：直到清英鸦片战争爆发之前二十年，即道光帝立位的1820年，中国的总产出（GDP）仍占世界总份额的32.9%，领先西欧核心十二国的产出总和十二个百分点，更遥遥领先于美国（1.8%）和日本（3.0%）。[8]这样的数据虽未必完善，但至少表明了一个基本结论：中国在清中叶仍属全球首富。是什么支撑了中国全球首富的地位呢？我们可以从生产和贸易两个角度进行分析。

1. 生产的发展。一个国家的GDP总量首先依赖于国内的生产。以江南地区为例，宋代以来，太湖流域的农业生产得到长足进步，“国家根本，仰给东南”，“苏湖熟，天下足”已成时人普遍的看法。进入明代以后，这一现象发生了变化，一个新的“粮仓”正在悄悄形成，那就是长江中下游的湖广地区。顺治年间的《地图综要》提道：“楚固泽国，耕稼甚饶，一岁再获，柴桑吴楚多仰给焉。谚曰湖广熟，天下足。

言土地广沃，而长江转输便宜，非有他比。”无论是“苏湖熟，天下足”还是取而代之的“湖广熟，天下足”，都说明了宋明以来中国农业生产力的高度发达。

那么，原先曾经以天下粮仓闻名的苏州、湖州及其周边地区，是否在“湖广熟，天下足”之后就此衰落呢？答案恰恰相反。明中期以后，由于商品经济不断向纵深发展，日益深入农村，促使农家经营的商品化程度不断提升，这集中体现在传统的蚕桑丝织经济与新兴的棉纺织经济中。商品化程度的提升带动了农民家庭手工业的专业化和市场化，经济收益明显增加，又导致农业结构发生变化，蚕桑压倒稻作、棉作压倒稻作，从而改变了先前以粮食作物为主体的农业模式，代之以与市场密切相关的经济作物的栽培，以及对蚕茧、棉花的深加工带动的手工业的飞速繁荣，于是出现了早期工业化。[9]从农业和工业的比重来看，1850 年以前的三百年中，江南工业的发展使其在经济中所占比重日益提高。到 19 世纪初，在江南的大部分地区，工业的地位已与农业不相上下，甚至可能已经超过农业。[10]彭慕兰将当时的中国与欧洲比较，将江南与欧洲最先进的英格兰进行比较得出的结论是，欧洲核心区和世界其他一些地方核心区之间经济命运的大分流，在 18 世纪相当晚的时候至 19 世纪才出现。[11]可见，直到 19 世纪早期，中国的经济生产并未落后于西方。

2. 贸易的繁荣。生产力的发达，产品的丰富，使得中国的商品在国际市场上具有极强的竞争力。15～16 世纪地理大发现以来，“全球化”初露端倪，世界历史进入了一个新时代，中国当然不可能置身事外。必修二教材内容认为，明清的海禁和闭关锁国政策阻断了中国与外界的交往是不符合历史史实的。

新航路开辟后，葡萄牙人绕过好望角进入印度洋，占领了马六甲及香料群岛，从 1524 年起开始在中国东南沿海走私，获得澳门贸易许可后，把中国市场卷入全球贸易网络之中，形成“丝-银贸易”。1580 年以后，西班牙的马尼拉当局，为生丝、丝织品、棉布等中国商品找到了一条通往墨西哥的贸易航路——太平洋丝绸之路，运去的是丝货为主的中国商品，运回的是墨西哥银元。在全球化贸易浪潮和巨大的利益诱惑下，贸易双方都在不遗余力地冲击着明朝的海禁政策，走私与海禁较量的结果，终于使得统治集团明白，时代的潮流不可阻挡，海禁政策已经不合时宜。[9]“隆庆元年，福建巡抚涂泽民上疏请开放海禁，准贩东西二洋，朝廷允准”[12]，由此，走私贸易转化为合法贸易，铸就了晚明后中国对外贸易的辉煌。

需要强调的是，无论是葡萄牙、西班牙，还是后来的荷兰、英国，在与中国的贸易中，始终都处在逆差之中，所以教材中说，鸦片战争前，中英贸易中中国处于出超地位。为了弥补这种逆差，各国不得不向中国支付白银，美洲、欧洲和日本的白银由此源源不断流入中国。德科民估计，自1571年至1821年的250年中，有西属美洲运往马尼拉的银子共约40000万公元，其中四分之一或二分之一都流入中国。全汉昇认为德科民说的四分之一显然估计太低，二分之一或更多些，可能比较接近事实。[13]美国学者弗兰克在最新的研究成果中说：“中国占有了世界白银产量的四分之一至三分之一”，“中国贸易造成的经济和金融后果是，中国凭借在丝绸、瓷器等方面无与匹敌的制造业和出口，与任何国家进行贸易都是顺差……外国人，包括欧洲人，为了与中国人做生意，不得不向中国人支付白银，这也确实表现为商业上的纳贡。”白银并非一般商品，而是货币形态的资本，由此可见，“整个世界经济秩序当时名副其实地是以中国为中心的。”[14]

从中外学者的这些论述中，我们可以得到一个基本共识，至少在经济方面，鸦片战争前的中国并不落后。“打个比方，有强盗要劫掠，一家穷得家徒四壁，另一家却富得流油，他要冒惊涛骇浪越洋抢劫，岂会弃富选穷？”“所以，倘说鸦片战争是因为中国落后而挨打，不合乎历史实相。”[15]

（二）反思与建构必不可少

对“落后就要挨打”的命题进行质疑，并以相关的历史研究和理论依据为基础来论证合理的质疑，这是迈出了建构批判性思维的第一步。由于人的认识能力的有限性与认识的主观性，只有通过质疑和批判才能使知识获得建设性的进步和发展。当然，提出质疑，并非是毫无逻辑的胡乱猜测，而是根据已知推出的假设。质疑意识往往是发现新问题、进入更深层次理性思考的起点。只有具备质疑意识，才能冲破已有的思维定式，挑战教科书的结论，转向新的发现和创新思维。[16]所以，批判性思维虽然常常以否定和怀疑的形式出现，但其最终目的却在于反思与建构。

既然至少到19世纪初，中国的国力并不落后，那中国为何会挨打呢？又是什么让中国轰然倒在了近代化的门槛前呢？质疑过后，我们必须要进行反思。

“挨打”，首先是一个军事问题。茅海建先生研究了虎门大战后认为“战败的原因几乎全是军事的，是由双方军事力量的强弱、技战术水平的高下决定的。”[17]理论上，军事实力应该完全由经济水平决定，然而现实的情况却要复杂得多，历史上我们也多次看到落后文明征服先进文明的实例。鸦片战争前的清军实力，茅先生从武器装备、兵力与编制、调兵速度、士兵与军官作战的积极性等多个角度进行了分析，得到的结论是“鸦片战争时期的清军，本是一个难得见到光明的黑暗世界”。

清军为何会是“黑暗世界”？以武器装备为例，在明清之际，中国的军事科技并不落后于西方，在制造方面，中西双方都处于工场手工业的同一水平。到了康熙之后，中西武器装备的差距急剧扩大。究其原因，在于清王朝对军事技术的立足点是保密而非研发，因为平三藩收雅克萨之后，清王朝就进入了一个长期的相对和平的阶段，只需垄断具有优势的军事技术不被潜在的对手掌握即可。而为了确保满洲贵族的统治，清军的武器配备采取梯次配备，绿营兵的武器明显劣于八旗兵，这种政策导致鸦片战争中清朝实以最次的装备来应敌。除了性能之外，康熙之后的武器装备在制造质量上也明显下降，因为清朝规定了各种兵器的型制，再根据型制规定制造工艺和价格，这就导致新技术、新工艺因不合规定而被排斥——不合规定是不允许报销的。任何一位制造者都不会做亏本生意，在物价上升而政府的制造经费固化的情况下，又出现了偷工减料、贿赂验收官的现象，由此清朝的武器装备在已无创新机制的制造中“居然尚未达到当时社会的技术和工艺已经达到的水平”[17]就不足为奇了。探究清军的武器装备，我们会清楚地发现，这种军事水平并非因为国力的急剧衰退，实为清朝的军备政策及管理体制所造成。同样，清军警察特色的部队编制，陈旧保守的战略战术，训练废弛、军纪荡然的士兵和军官，凡此种种，无一不和当时的政治体制息息相关。

政治体制的弊病在军事上还有另一种表现。战场态势瞬息万变，领导者的决策对战局的发展至关重要，清朝的皇帝都亲理一切政务，以一个人的智慧，在短时间内对大小政务作出决策，这不仅需要雄才大略，还要精力充沛，这种高度集权的体制对皇帝的人选提出了近乎于神的要求，然而皇帝产生的方式决定了大多数皇帝都是平庸之辈。于是，朝廷的决策难以建立在具体分析和理性探讨的基础上，往往跟着君主一时的感觉走，决策失误就在所难免了。决策层无法避免失误，以镇压而维持统治的政府，民众又不是可依靠的力量，绝大多数民众对鸦片战争都是置身事外的态度，加之清军的作战水平，中国“挨打”的结局又如何能够避免！

反思至此，对于“挨打”的原因我们应该有了清醒的认识。再反思“落后就要挨打”的结论，我们可以建构一个更为理性全面的观点：第一，鸦片战争前的中国，从经济实力上看并未落后于西方。因此，直接将“落后就要挨打”的结论抛给学生，缺乏严谨性。第二，从“挨打”的过程来看，中国在战争中显露出军事与科技的明显落后，因此“挨打”确因落后。第三，康乾之后，中国的军事与科技迅速落后，这是中国政治体制导致的必然后果。

行文至此，可能会有老师提出疑问：根据历史唯物主义的经典理论，应该是经济基础决定上层建筑，怎会经济繁荣而政治体制落后？实际上，马克思主义的经典理论主要是基于对欧洲社会的分析，欧洲历史上绝大部分时间没有形成强有力的中央集权，封建领主既是土地所有者也是土地上居民的统治者，国王权力相对弱小，从未如中国一般形成具有独立地位、掌握巨大权力的官僚集团。中华帝国是一种权力主导型社会，这种特殊性决定了政府体制对经济基础的影响力要远远大于经济基础的决定作用。[18]“中国在清中叶仍属全球首富,却在世界竞争格局中,迅速沦为东亚病夫,成为欧美乃至后起的日本竞相瓜分的鱼肉。那历史原因,不正在经济繁荣与政治腐败、社会黑暗的落差越来越大的中间吗?”[15]当制度以超强的力量阻碍军事、科技、思想等因素发展时,经济的繁荣又怎会不是强弩之末呢!在西方科技革命的前夜,中华文明在北方少数民族入侵、民族压迫政策和理学思想文化专制的统治下,最终倒在了近代化的门槛前。

三、核心素养在批判性思维中的达成

通过上文的分析,我们以晚明至清前期的相关史实为例,厘清了批判性思维从质疑到建构的基本过程。但要将批判性思维目标在课堂教学过程中达成,并以此提升学生相应的核心素养,还需要教师具备过硬的历史教学胜任力,这里面包含三层意思:一是历史教师本身需要有批判性思维;二是教师自身在批判性思维的引导下处理教学关键环节;三是通过有意识地融入批判性思维的培育落实学科核心素养,最理想的就是基于关键环节设计的批判性思维的培育与学科核心素养的落实相生相伴,具体包括教学立意的重构、教学内容的选择、教学资源的发现、教学问题的设置。[19]

依旧以上文所述内容为例,教学中我们要做的第一步是要有意识地激发学生对自己和他人的既有观念提出质疑,要提醒学生,无论是学习教科书或是其他社会学科书籍,都应该思考怎样对待眼前的材料。[20]当然,要使学生质疑,教师首先要有目的地选取资源引发学生质疑:

“在 1800 年以前,欧洲肯定不是世界经济的中心。无论从经济分量看,还是从生产、技术和生产力看,或者从人均消费看,或者从比较‘发达的’‘资本主义’机制的发展看,欧洲在结构和功能上都谈不上称霸。16 世纪的葡萄牙、17 世纪的尼德兰或 18 世纪的英国在世界经济中根本没有霸权可言……在所有这些方面,亚洲的经济比欧洲‘发达’得多,而且中国的明清帝国、印度的莫卧儿帝国,甚至波斯的萨菲帝国和土耳其奥斯曼帝国所具有的政治分量乃至军事分量,比欧洲任何部分和欧洲整体都要大得多。"[14]

提供这段材料是为了让学生接触学术界对1800年前后东西方实力对比的看法。按照教材中的相关表述,明中期以后,中国即开始落后于西方。看到这样的材料,学生自然会产生质疑,难道在鸦片战争爆发前的40年,亚洲经济还比欧洲发达吗?在此质疑的基础上,教师可以再提供资料(见表1)。

表1　明清间美洲白银每年经菲输华数额表[13]

年代	数额(单位:西元)
1586年以前	300000
1586年	500000
1598年及以前	800000～1000000
1602年及以前	2000000
1604年	2500000
1633年及以前	2000000
1729年及以前	3000000～4000000
1815年	1550000

能够对图表数据进行分析并有效地获取相关信息,是历史核心素养的基本要求。上述表格数据来自全汉昇的研究成果,在学术界被广泛认可。学生在分析表格数据时会发现,直到鸦片战争爆发前的25年(1815年),在对外贸易中流入中国的白银数量依旧非常庞大,即使后来由于走私鸦片,中国的白银迅速外流,也不可能在1840年中国的经济实力就远远落后于西方。至此,学生对挨打因落后的质疑已可以基本确立。

按照批判性思维发展的规律,质疑过后,接下来需要的是反思和论证。落后的结论有疑问,挨打又是不争的事实,这又如何解释呢?教师可以选择某个战败的具体细节,继续提供史料:

"中国之官炮,之官船,其工匠与监造之员,惟知畏累而省费,炮则并渣滓废铁入炉,安得不震裂?船则脆薄腐朽不中程,不足遇风涛，安能遇敌寇？”

“官设水师米艇，每艘官价四千，已仅洋艘五分之一。层层扣蚀，到工又不及一半。”[21]

短短两段，就一针见血地指出了鸦片战争中中国船炮装备的落后及制造中的腐败行为。武器装备落后首先是因为技术落后，而制造过程中的腐败行为又加剧了这种落后，在乾道年间中国尚未出现银荒的局面下就出现这样的问题，主要原因只能是政治因素。需要特别注意的是，当我们努力启发学生展开思辨，客观理性地认识教科书的结论，并培养学生独立自主审视历史现象的能力时，也需要告诉学生并不是发现错误才是批判性思维，通过检省发现别人的正确也是批判性思维。对“落后就要挨打”进行论证反思，一方面否定了鸦片战争前中国经济实力远远落后于西方的传统看法，另一方面又肯定了中国在军事和科技上不如西方先进的事实，两者的背离中我们看到了政治体制巨大的作用力。在这样看似矛盾却又相辅相成的论证中，学生才能学会比较与对比、推理和结论，才能洞察偏见、评估信息，最终形成并提出观点。而这些能力与历史核心素养所要求的独立性的自由思考、追求真理、对历史真相负责、开放包容、尊重与理解他人的观念等要求不是完全一致吗！

历史学科核心素养不仅可以进行结构性要素分析，同时也可以进行过程性的描述分析。批判性思维的技能化发展在论题的论证、推理的逻辑、证据的可信性评估、批判性阅读与研讨等方面积累的诸多经验，运用于历史学科就可以在史料的考证、史论的得出、材料的解析、史观的表达等方面得到相应的改造，最终给历史学科能力培养的过程勾勒出清晰的思维路线轨迹图。[22]这也是将批判性思维应用于历史教学，并能够切实提升历史学科核心素养的依据所在。

历史教学需要创新和坚守，这些离不开中学一线教师的努力，批判性思维在历史教学中的渗透，更是有赖于中学历史教师专业素养的提升。从公布的历史核心素养最高层级的要求来看，无不体现着对批判性思维特质的检测，如“在独立探究历史问题时，能够在尽可能占有史料的基础上，尝试验证以往的假说或提出新的解释”；“能够表现出对历史的反思，从历史中汲取经验教训，更全面、客观地认识历史和现实社会问题”等。楼卫琴老师说，批判性思维的特质将更加有利于学生核心素养的层级提升，它培养的是从时空出发的历史认知，从证据出发的推理，从人性出发的历史理解与解释，并在此基础上形成基于自主意识的判断。可见，历史教学中批判性思维的培养还有赖于更多学者专家与一线教师投身于此，也唯有如此，核心素养的落实才不会是空中楼阁。

参考文献

[1] 赵亚夫. 批判性思维决定历史教学的质量[J]. 课程教材教法，2013(2)：7.

[2] 诺希克. 学会批判性思维[M]. 柳铭心，译. 北京：中国轻工业出版社，2005.

[3] 查菲. 批判性思维[M]. 太原：山西人民出版社，1989.

[4] 朱智贤，林崇德. 朱智贤全集・思维与发展心理学[M]. 北京：北京师范大学出版社，1988.

[5] 刘儒德. 论批判性思维的意义和内涵[J]. 高等师范教育研究，2000(1)：20.

[6] 罗清旭. 批判性思维的结构、培养模式及其存在的问题[J]. 广西民族学院学报，2001(3)：11.

[7] 笛卡尔. 哲学原理[M]. 关文运，译. 北京：商务印书馆，1958.

[8] 麦迪逊. 世界经济千年史[M]. 伍晓鹰，译. 北京：北京大学出版社，2004.

[9] 樊树志. 晚明大变局[M]. 北京：中华书局，2015.

[10] 李伯重. 江南的早期工业化(1550～1850)[M]. 北京：社会科学文献出版社，2000.

[11] 彭慕兰. 大分流：欧洲、中国及现代世界经济的发展[M]. 史建云，译. 南京：江苏人民出版社，2010.

[12] 张燮. 东西洋考：卷七. 饷税考[M]. 上海：商务印书馆，1936.

[13] 全汉昇. 明清间美洲白银的输入中国[M]//中国经济史论丛：第一册. 北京：中华书局，2012.

[14] 弗兰克. 白银资本:重视经济全球化中的东方[M]. 刘北成,译. 北京:中央编译出版社,2008.

[15] 朱维铮. 重读近代史[M]. 上海:上海文艺出版集团,2010.

[16] 戴羽明. 用批判性思维解读第 40 题[J]. 历史教学,2011(5):10.

[17] 茅海建. 天朝的崩溃[M]. 北京:生活·读书·新知三联书店,2005.

[18] 李晓鹏. 从黄河文明到"一带一路"[M]. 北京:中国发展出版社,2016.

[19] 楼卫琴. 批判性思维与历史教学胜任力[J]. 中学历史教学参考,2016(9):22.

[20] 刘立新. 历史教学应提倡批判性思维[J]. 历史教学,2008(11):44.

[21] 魏源. 圣武记[M]. 北京:中华书局,1984.

[22] 吴四伍,王峰. 批判性历史思维的课程实践与历史测量的技能化反思[J]. 历史教学,2013(7):30.

(该文原载于《历史教学:中学版》2017 年第 8 期)

史料教学中批判性思维的建构

卞姗姗

“批判性”一词来源于希腊文，意为辨别力、洞察力、判断力。批判性思维指对所学的东西的真实性、精确性、性质与价值进行个人判断，从而对做什么和相信什么做出合理的决策。[1]在历史教学中，批判性思维属于历史的核心思维，赵亚夫先生认为，“批判作为一种思维过程，具有积极思考、自主分析，提出新见解的特质。它关乎探究精神，多以调查为手段，使学生养成合理的质疑态度；它还关乎行动能力，以学生的好奇心为基础，指导他们掌握解决问题的诸种高明的方法。”[2]可见，激发学生独立思考，养成学生批判性思维能力和精神气质是历史教学的根本诉求。而历史研究离不开史料，史料教学已是目前历史教学发展的必然趋势。将史料教学与批判性思维的建构结合起来，不仅可以使教师教学的专业化水准大大提升，还可以使学生基本的专业技能和思维素养得到锤炼。本文仅以选修课程王安石变法为例，来探讨史料教学中批判性思维的建构。

一、基于批判性思维的教材内容探究

批判性思维是面对相信什么或者做什么而做出合理决定的思维能力。在历史教学中，教科书所阐释的内容与传授的观点往往具有统一思维的特质。然而，随着史学研究的不断深入，新的学术成果不断呈现于世，社会发展和经济的复杂变化也在不断拓宽人们的视野，教科书的传统观念面对新观念的冲击，往往会引起质疑。因此，用批判性思维对教材内容进行探究分析就显得至关重要。

王安石变法的首要目的是改变北宋积贫积弱的局面，因此以增加政府财政收入为目标的“富国之法”就成为这次变法的核心部分。现行选修教材从六个方面对“富国之法”进行了介绍，但每项措施仅仅停留在蜻蜓点水式的概念阐述，而无必要的推理分析。这样的呈现方式显然无法达成课程标准对学生历史核心素养的要求，“富国之法”还需深入的剖析。

（一）从理财手段看变法的跨时代性

史学界对王安石变法的争论由来已久，成果颇丰，如青苗法、募役法等，教材中也有所涉猎，但以理财手段为分析主旨的论著却并不多见。笔者认为，以经济学的视角来分析变法才更具有时代的价值。

众所周知，在理财问题上，王安石和司马光有过激烈的争论，“民不加赋而国用足”的论断受到了司马光的严厉批判。在不增加百姓负担的情况下，能够增加国家的财富吗？从经济学的理论来看，不增加赋税而增加财政收入的方法很多，改变生产条件以发展生产、加速资本流通等许多措施都可以做到。王安石变法中的若干措施正是体现了对商品化社会和市场规律的应用。

青苗法就是类似的一个相当高明的方法。“青苗法者，以常平籴本作青苗钱，散与人户，令出息二分，春散秋敛。”[3]从其具体内容和实施的办法来看，青苗法是以各路常平、广惠仓本贷放，贷放对象以农户为主，兼及工商，受贷者须结保或抵当，并以半年为限，取息二分。在百姓五谷青黄不接之时，通过青苗贷钱取息获利，既可济困助贫又增加了政府的财政收入。究其原因，就在于青苗法的放贷措施实质上已具备了银行借贷的雏形，它用信用贷款的方式保证封建社会中最重要的两种生产要素——农民和土地能够发挥其应有的功能，以此刺激经济的增长。当生产发展增加了货物的流通量时，即使国家不提高税率也能在加速周转的流通状态中收到增加财政收入的成果。这种采用金融调控的方式管理国家财政的措施与现代国家的理财理念似乎已不谋而合。

再来看均输法。北宋都城汴京是一个巨大的消费市场，专有发运司主持由东南六路向都城供应物资的工作。然而诸路上贡，岁有定额，既劳民伤财又易刺激物价的波动。因此，均输法设计了“徙贵就贱，用近易远”[4]的原则，改革死板的实物征敛制度，根据年景收成的变化，“折钱与购买相结合，依托市场，舍远求近，通过增加购买获得上供物资。”其目的是协调供需关系，在保障物资供应的同时，“提高财政收支的效率，撙节购买、运输等开支”，减轻农民负担，打击商人操纵市场的行为，着眼点是“利用市场机制解决物资供应问题。”[5]显然，均输法充分体现了对市场规律和商品经济的关注。

除了利用金融等手段理财外，变法还鲜明地体现出国家干预经济的色彩。随着商品经济环境下市场机制对社会经济活动的调节作用愈加显著，变法实质上就是“通过变法度，加强政府对经济的干预力量，消除可能与人主争利的兼并势力”[6]的具体实践。以市易法为例，宋代是一个社会经济商品化程度取得突破性进展的朝代，实行市场垄断是商人牟利的重要手段之一。由于私商的垄断不仅阻碍了工商业者的正常经营，不利于商品的公平交易和市场供应，而且也常常损害政府的利益，因此，宋政府经常用法律和经济的双重手段抑制私商垄断。王安石的市易法就是通过官营商业剥夺私商对市场的垄断权，“凡商旅所有必卖于市易，或非市肆所无，必买于市易。而本务率皆贱买贵卖，重入轻出，广收赢余。”“凡牙侩市井之人，有敢于与市易争买卖者……小则笞责，大则编管”。[7]市易法在货源和销售两方面都压缩了大商人操控市场的空间，对稳定市场物价起到了一定作用。而前文所述的青苗法在用政府资本进行放贷，均输法在用政府“籴本”征购物资，这些新法都是政府直接介入经济运行，利用国家资本平抑物价。以现代的眼光来看，“王安石通过农田水利法、免役法对公共设施、公共服务的提供机制进行的改革，通过方田均税法对土地所有权的审定，也不乏调整和规范社会经济秩序的意味。”[8]虽说用政府直接介入市场进行控制的方式会产生诸多弊病，但在封建政府尚“缺乏适应性去掌握一种多元的而经常成长改变的城市经济”之时，王安石就能“用官僚资本刺激商品的生产与流通”[9]，无疑是跨时代的进步。

（二）从体制局限看变法失败的必然性

王安石变法为何会失败？教材中的相关描述所给的结论为王安石变法触犯了许多人的既得利益，所以遭到了守旧派的激烈反对。依据这样的表述，许多中学教师在分析变法失败的原因时，给出了这样的结论：变法失败的根本原因在于触犯了大地主、大官僚的利益，因此在失去皇帝的支持后，新法被保守派废除。事实果真如此吗？

宋朝立国之后，实行文官统治，大量吸收和使用知识分子，采取养兵政策，建立了牢固的官僚机构。这些政策在加强中央集权，保证社会秩序稳定的同时，也逐渐向对立面转化，形成冗费、冗兵和冗官三大弊政。面对这种局面，许多在朝的知识分子从忧国忧民的角度出发，提出了不少革新朝政的建议。如范仲淹、富弼、欧阳修的庆历新政。从庆历新政到王安石变法，主张改革的人们奔走呼号，例如韩琦在《论减省冗费》中尖锐指出“朝廷若不能节用”，则后果难以设想。他要求当朝“先务节俭，凡奢靡之饰，奇巧之玩，无名支赐，无度取索，一切罢去。”[10]苏轼在《嘉祐制策》及其他言论中，同样认为“方今天下何病哉？其始不立，其卒不成。惟其不成，是以厌之而愈不正也。”[11]司马光看到了“害农者政”，认为“为今之术，劝农莫如重谷，重谷莫如平籴。”[12]由此可见，在王安石变法之前，朝廷上下多以改革为治国的必然，真正的所谓顽固派、守旧派是极少数。

翻检当时和后世的文献资料，我们很难找到证据证明司马光、欧阳修、苏轼等一大批历史文化名人反对变法是因为他们代表了大地主、大贵族的利益。他们冒着可能丧失一生政治前途的风险来反对变法，与年富力强的皇帝对着干，必然有着更为崇高的理由，那就是来自社会各个阶层痛苦挣扎的情形深深触动了他们的良知。所以李亚平先生说，“如果一定认为他们是代表了大贵族、大地主阶级的利益，代表了某种僵化、保守的政治立场才反对变法的话，我们就必须同意这样一个前提，即，苏东坡们在写下所有那一切辉煌文字的时候，实际上是口是心非的：在政治上，他们落后而反动；在经济上，他们贪婪而自私；在文化上，他们虚伪而心理阴暗；在个人品质上，他们狡诈而伪善。否则,我们将无法自圆其说。”[13]然而,一切历史知识和常识都告诉我们,事实并非如此。

那么,王安石变法失败的根本原因究竟是什么呢?如上文所述,变法的理财措施所体现出的理念是超越时代的进步和创新,但在帝国政治体制和各级官吏的运作下,原本具有功德性质和政治善意的政策往往变得面目全非。例如青苗法,其目的自然是在青黄不接时救农户之急,但“取天下之财以供天下之费”的出发点决定了政府的获利之心,加之封建政府不受任何监督,因此这一政策最终势必沦为政府和各级官吏敛财的工具。青苗法下,各地都有固定的贷款准备金,上级下达的任务是要全部贷出去,并完成百分之二十的增值。为了最大限度地谋取私利,有些地方官员甚至把利率提到了30%。农民得青苗钱“陈色白米一石,却将来纳新好小麦一石八斗七升五合,所取利近一倍。”青苗法已经代替民间资本成为官家垄断的高利贷生意。各地官府和官员还根据农户的经济状况,将之分为不同等级,各自要承担不同的贷款额度。同时,为了保证还贷,还强令当地富户与不同等级的农户结为利益共同体,由富户提供担保或抵押。“盖其初意本欲以裁抑兼并者,而其结果势必至以国家而自为兼并者也。”[14]出现这种状况的根源还在于帝国政体下缺乏现代的信贷体系与监督机制。

市易法和均输法同样存在这些问题。原本立足于平抑物价、抑制大商人重利盘剥的新政策,蜕变成国家垄断市场、货源、价格的手段,“尽笼诸路杂货,渔夺商人毫末之利,”造成“卖梳朴则梳朴贵,卖脂麻则脂麻贵”的局面。而挟官府之势的垄断对于公平交易、自由竞争所造成的戕害,比单纯私商的垄断更为酷烈。因为任何时代,国家想依靠行政权力来与民间争夺商业利益,都是一件轻而易举的事情。在帝国体制下,政府对经济的干预不仅未能有效地克服市场的失灵,反而阻碍和限制了市场功能的正常发挥,进而加剧了市场的紊乱,因此具有良好愿望的新法最终不仅完全沦为政府增收的工具,还给官吏腐败打开了方便之门。

以今天的眼光来看,一场改革能否成功,需要满足众多的必要条件,“国家决策层治理好国家的政治善意与目标;改革目标与社会发展、人民需求的深度吻合；社会发展程度与改革步骤的适应；具有政治智慧、耐心和洞察力的改革政策、策略、步骤与准备；稳妥而正确的实施路径；贯彻执行改革的人力资源等。”[13]反观王安石变法，恐怕只有决策层治理好国家的政治善意与目标可说勉强吻合，其他所有条件基本无从谈起，特别是宋朝客观的社会发展程度与改革的主观措施严重不相适应，改革结果所呈现的悲剧色彩自然就无可避免了。可以说，王安石变法带有浓重的理想化色彩。

二、基于史料教学的批判性思维

“作为人文学科的历史课程，其教学本质所反映的教学行为是互动，由教学本质映衬出的教学气氛是交流”，单靠教科书内容的呈现是无法实现这种互动与交流的，它需要教师的组织和引领，用批判性思维探究教材内容是建构批判性思维的一种途径，这种探究任务主要也应由历史教师来完成。因此，在历史教学的效果达成中，教科书仅仅是媒介，决定教学质量的关键因素还是教师。要想在使用教材的过程中建构批判性思维，就必须要将教材信息转化成能为学生所接受的素材，并且有效地运用到课堂教学的过程中，史料的支撑就成为最关键的因素。

（一）史实到史识，批判性思维建构的切入点

批判性思维是质疑辨析、抓住要领，基于事实进行合乎逻辑推理论证的思维。历史教学强调“论从史出，史论结合”，不了解基本的史实就无法形成有价值的史识，批判性思维更无从谈起。对于中学历史教学来说，能够提供基本史实的最重要素材依旧是教科书，因此，对教科书内容的归纳整理就成为学生形成基本史实的重要环节。

人教版教科书对于改革的编撰采取的统一模式为：用3课内容分别介绍改革的背景、内容和影响。从学生的认知规律来看，最易接受的史实自然是改革内容，因为只有在了解改革内容的前提下才能去分析改革的背景和影响，从而形成基本的史识。如何才能在有限

的课堂时间中迅速形成基本史实呢？表格归纳无疑是最简便易行的方法，例如对富国之法的归纳（见表1）。

表1　富国之法

名称	核心内容	作用
青苗法	借贷钱物，还本付息	限制高利贷盘剥，并能增加政府财政收入
农田水利法	开垦荒地，兴修水利	有利于农业发展
免役法	收免役钱，雇人服役	减轻了农民的差役负担
方田均税法	核实土地，征收隐瞒田赋	增加了国家的田赋收入
市易法	市易务，收购滞销，短缺卖出	增加政府财政收入
均输法	发运使，徙贵就贱，用近易远	节省政府开支

学生通过对教材内容的自主学习，然后合作交流，制作以上表格来整理基本史实并非难事，有了这个基础，教师就可以引领学生去进一步建构史识。史识，是指在史观指导下对历史资料的理解、对历史现象的辨识、对历史规律的感悟和对历史与现实联系的认识，可以说，史识是通过分析客观史实得到的科学结论。能够通过分析得到科学结论，其必备的基本素养即具有批判性思维。从上述表格来看，教材对富国之法各项措施作用的描述皆为积极的，学生必然会产生一个疑问：既然变法措施的效果如此积极，为何还会被反对以致被废除呢？教师可以利用这一疑问为切入点，在建构史识时充分引发学生的批判性思维。

以学生最易理解的免役法为例，农民只要缴纳免役钱就可以避免差役负担，既保证了不夺农时，又打击了富家大族，可谓一举两得，这么好的措施为何还会遭到反对呢？教师在讲解时，只需提供几段材料让学生自己分析即可：

“女户、单丁户、未成丁户、僧道户和城市中的上五等户，旧无差役负担者，一律按其田产数量减半出钱，称为助役钱。……诸路州县均须分别预计一年应用雇值若干，由各该州县的上四等民户分别摊纳。在实际应用数目之额外，还必须多取百分之二十，称为免役宽剩钱。”[15]

学生在读完材料后自然会发现免役法存在的问题：原来不充役的女户、单丁户、未成丁户和享有特权的官户、寺院户，需要按同等人户的“免役钱”之半，缴纳“助役钱”。在征收免役助役钱时，政府还要加收百分之二十的免役宽剩钱，这样的规定固然打破了官户、寺院户的特权，但原来由于贫困而免于充役的下等户却增加了更重的负担。虽然下等户纳钱不多，但“户数至广，积少成多，役钱恃此而足。”看来免役法为使官府富裕而大大加重百姓负担的弊病是显而易见的。在此基础上，教师可以再提供一段材料：

“盖熙宁之征免役钱也，非专为供乡户募人充役之用而已，官府之需用，吏胥之廪给，皆出于此……是假免役之名以取之，而复他作名色以役之也。”[16]

学生读完之后会更加明白免役法遭到反对的原因。原来，免役法在执行之中，免役钱并没有专款专用，“庸钱不除，差役依旧”，百姓的免役钱是缴纳了，可差役负担并没有减轻，政府如此失信于百姓，免役法遭到激烈的反对就不足为奇了。教师通过这样的引领，使学生对客观的史实有更全面的了解，在多角度分析史实形成自我认识的同时，学生的批判性思维必然也随之得到训练。由此可见，基于史实形成史识，是批判性思维形成的基本途径。

（二）史料探究，批判性思维建构的必备技能

翦伯赞先生说：“不钻进史料中去，不能研究历史；从史料中跑不出来，也不能懂得历史。”时至今日，史料教学已是历史教学的基本方法和必然趋势。因此，批判性思维的建构离不开对史料的探究。如何通过对史料的选择、甄别、分析和运用，来帮助学生用历史的思维去思考问题，是中学历史教育者必须面对的问题。那么，是否在教学中运用到史料就是史料教学呢？如前文所述，笔者在分析免役法时提供了相关的史料，但这些史料都有一个共性，那就是它们都偏向于一个角度，都是为了说明免役法的不足，这是通过史料说明结论，而

非通过论证得出结论。虽然通过史料说明结论也会有助于学生形成史识,也会有助于批判性思维的建构,但其层次是初始的,效果也有限。因为在历史研究中,许多问题是没有定论的,而批判性思维不同于其他的思维类型,它特别强调对信息的处理,尤其是对原始资料或未经解释的信息加以处理。因此,能够提供多类别的、具有差异性的史料,才能从根本上激发学生的批判性思维。

在历史课堂教学中最能提升学生历史思维的环节是对历史问题的评价。以本文论述的王安石变法为例,自古以来对这场变法的评价莫衷一是,不同的史家,不同的视角,观点往往截然相反,这其中很难说谁是绝对正确的,谁是绝对错误的。教学中,在评价王安石变法时,我们不妨多提供一些史料给学生。例如:

"王荆公以兴作之说歆动先帝,先帝信之而患财之不足也,乃散青苗,置市易,敛役钱,变盐法;凡政之可以得民财者,无不用。"[17]

"安石乃汲汲以财利兵革为先务,引用凶邪,排摈忠直,躁迫强戾,使天下之人,嚣然丧其乐生之心。卒之群奸肆虐,流毒四海,至于崇宁、宣和(宋徽宗的年号)之际,而祸乱极矣。"[3]

"且如青苗之法,但能逐年比较,则官司既不邀功,百姓自免抑勒之患。免役之法,当少取宽剩之数,度其差雇所宜,无令下户虚有输纳。保甲之法,止令就冬月农隙教习,仍委本路监司提按,既不至妨农害民,则众庶得安业。"[18]

"王安石没有从实际出发解决当时迫切需要解决的社会问题即三大灾害,而是从想当然出发,以增加税收来解决财政困难。这就不但没有解决或缓和原有的社会矛盾,反而激化了矛盾,加剧了与农民的对立和冲突。这种违背历史潮流和民心所向的做法,正是造成变法失败的根本原因。"[19]

"王安石……的贡献,在于进一步增大了市场因素在东南六路对汴京的物资供应体系中的份额,并在继承、发展、完善许元之法的基础上,对宋政府在东南诸路的消费性购买和供应体制进行了改革和新的制度化、常规化建设,使之既更加适应商品货币经济的发展,又能够反过来刺激拉动商品货币经济的发展。"[20]

以上史料，有从农业的角度进行评价，有从商业的角度进行评价，有当时亲历者的评价，也有后世学者的评价，有肯定的评价，也有否定的评价。将这些极具差异性的史料提供给学生分析，学生必须要对史料进行辨析，并且选取自己认同的素材。或者对史料的内容产生疑问，再通过各种渠道去寻找更多的辅证，从而进行独立的思考和判断。教师在使用史料的过程中，若能再不失时机地引导学生去思考一些深层次的问题，如：当时人们激烈批评王安石，是因为他确实为了朝廷利益而不顾百姓死活吗？今人为何又能对王安石做出肯定的评价呢？如果你是变法者，你认为怎样调整变法的措施才能保证变法的成功呢？学生若能结合这些问题，对史料本身和史料所反映出的问题进行深入思考，我们何愁学生不会形成独立的分析、辨别、判断和反思能力呢？批判性思维就是在这样一个不断探究史料的过程中被反复训练、提升、强化，从而最终建构起来形成固定特征的历史思维模式。

（三）核心素养，批判性思维建构的价值体现

最新的普通高中历史课程标准对历史课程规定的总目标是："通过历史课程的学习，学生能够形成作为合格公民应具备的历史学科核心素养"。显然，历史核心素养的形成已成为高中历史教学最根本的目标。如何才能形成核心素养呢？它需要学生"能够从历史的角度养成求真求实的意识和精神"，"能够在自己对历史的论述中体现出正确的思想导向和价值评判"。因此，戴加平先生说："历史教学要服务于现代公民的培养，要重视对学生求真求实意识与精神的涵养。"[21]而形成求真求实的意识和精神，必须要激发学生的独立思考，必须要涵养学生的探究和创新意识，这与批判性思维的建构目标可谓不谋而合。

依旧以王安石变法为例。课程标准对本单元的要求是：(1) 了解王安石变法前北宋社会危机的表现。(2) 归纳王安石在"富国""强兵""育才"等方面采取的主要变法措施。(3) 评价王安石变法的历史作用。(4) 培养以天下为己任，培养为社会做贡献的担当意识。

若用传统的讲授法来教学，学生根据教材内容和教师的讲解，也可以掌握变法的背景、措施和作用，但这种掌握是被动接受的，是浮于表面的，学生批判性思维基本没有发展空间，一个不具备自主意识和价值评判的人，若想对社会真正有所担当是难以想象的。所以单纯用讲授法哪怕配以一些形式化的活动，要完全达成课程标准也是比较困难的。

可是，若用批判性思维来建构目标，本单元的要求就可以变成：(1) 通过了解北宋的社会危机，判断变法是否具有可行的空间。(2) 通过分析王安石及变法的措施，判断变法可能会带来的后果。(3) 分析变法最终的结局，探讨其历史必然性。(4) 培养为社会做贡献的担当意识和公民意识。将教学目标用批判性思维呈现后，学生就不再是被动地接受信息，因为没有对史料的深入思考和探究，就无法判断变法的可行性和必要性，就无法判断变法措施可能会带来的各种意料中或意料外的后果，就无法对变法的结果进行理性的反思。而历史学科的核心素养除了对史料的论证与解释能力外，历史反思与价值取向恐怕更为重要，“树立深思熟虑的思考态度，尤其是理智的怀疑和反思态度”，“养成清晰性、相对性、一致性、正当性和预见性等好的思维品质”[22]，这些都是学生终身发展和民族、社会、国家发展所需的必备素养。当批判性思维的建构与核心素养的塑造完全结合后，历史教学的效益自然会显著不同。

赵亚夫先生说：“历史教学必须创造出与学生历史认知——将学会质疑作为学会学习的前提——相吻合的培养学生批判性思维的教学环境和学习经历，特别是高中学生理应通过内化的思维系统去筛选、重组各种信息，并有能力解释、设计历史概念和现象。”[23]要创造出符合学生历史认知和批判性思维培养的教学环境，历史教师的学科素养就显得至关重要，因为史料的选择、问题的设计、课堂的引领，每一个环节都需要教师的精心设计，“当教师的逻辑推理方式和解决问题的方法极少含有批判性思维时，学生也就远离了历史教育的本真追求”。挖掘史料，立足思维，中学历史教师任重而道远。

参考文献

[1] 刘儒德. 论批判性思维的意义和内涵[J]. 高等师范教育研究，2000(1)：4.

[2] 赵亚夫. 批判性思维决定历史教学的质量[J]. 课程教材教法，2013(2)：6.

[3] 脱脱，等. 宋史·列传第八十六·王安石[M]. 北京：商务印书馆，1934.

[4] 徐松. 宋会要辑稿·职官：四二[M]. 北京：中华书局，1957.

[5] 李晓. 宋代工商业经济与政府干预研究[M]. 北京：中国青年出版社，2000.

[6] 叶坦. 论王安石"抑兼并"思想[J]. 天府新论，1988(2)：66.

[7] 李焘. 续资治通鉴长编：卷二五一[M]. 北京：中华书局，1979.

[8] 李昕、胥仕元. 由市场失灵到政府失灵[J]. 邯郸学院学报，2009(2)：40.

[9] 黄仁宇. 赫逊河畔谈中国历史[M]. 北京：三联书店，1992.

[10] 吕祖谦. 皇朝文鉴：卷四四[M]. 北京：中华书局，1975.

[11] 苏轼. 苏轼集：卷四十四. 思治论[M]. 郑州：中州古籍出版社，2010.

[12] 司马光. 司马文正温国公文集：卷三[M]. 北京：商务印书馆，2005.

[13] 李亚平. 帝国政界往事[M]. 天津：天津人民出版社，2015.

[14] 梁启超. 王安石评传[M]. 北京：世界书局本，1935.

[15] 邓广铭. 北宋政治改革家王安石[M]. 北京：三联书店，2007.

[16] 马端临. 文献通考·职役考[M]. 北京：中华书局，2006.

[17] 毕仲游. 西台集：卷七[M]. 郑州：中州古籍出版社，2005.

[18] 李焘. 续资治通鉴长编：卷二五一[M]. 北京：中华书局，1979.

[19] 顾全芳. 评王安石变法[J]. 晋阳学刊，1985(1)：13.

[20] 李晓. 宋代工商业经济与政府干预研究[M]. 北京：中国青年出版社，2000.

[21] 戴加平. 史料在中学历史教学中的主要功能及其实现路径[J]. 历史教学，2015(12)：17.

[22] 谷振诣，刘壮虎. 批判性思维教程[M]. 北京：北京大学出版社，2006.

[23] 赵亚夫. 批判性思维决定历史教学的质量[J]. 课程教材教法，2013(2)：45.

（该文原载于《历史教学（上半月刊）》2016年第4期）

让批判性思维在高中化学教学中生发

钱　华

《中国学生发展核心素养》提出中国学生应具备的九大素养，其中“实践创新”素养明确将学生“批判质疑”作为核心内容之一。对应高中化学五大核心素养，如“宏观辨识与微观探析”要求学生能预测物质的性质和变化；“变化观念与平衡思想”要求学生能用对立统一、联系发展和动态平衡的观点考察、分析化学反应；“证据推理与模型认知”要求学生能搜集证据，提出假设，并能基于证据进行证实或证伪；“实验探究与创新意识”要求学生不迷信权威，具有独立思考、敢于质疑和批判的创新精神；“科学精神与社会责任”更要求学生能分析化学过程对自然可能带来的各种影响，权衡利弊，参与决策。以上种种无不体现学生批判性思维和质疑精神作为核心素养的重要组成部分，已成为当代教育追求的一个重要目标。

首先，培养学生批判性思维是时代发展的必然选择。在信息爆炸时代，互联网能迅速为我们在生活、学习和工作中遇到的任何一个问题提供无数个答案。时代的发展虽然给我们获取知识提供了多种途径，但同时也必然要求我们学会选择，只有充分运用批判性思维，才会在浩海如烟的知识中选择对我们有用的信息。其次，培养学生批判性思维是素质教育的必然要求。素质教育的出发点和根本点都是以学生的自主发展为中心，以培养学生的实践能力和创新精神为重点。批判性学习注重引导学生主动思考，培养学生提出问题、探究问题、解决问题的能力，在获得知识的过程中发展和创新。第三，培养学生批判性思维也是化学教学的必然结果。化学作为一门实验科学，对于培养学生的批判性思维具有独特的优势。高中化学教材中设计了很多实验，其设计思路本身就是在引导学生运用批判性思维动手验证或推导有关化学规律，这也为培养学生的批判性思维提供了重要的抓手。

回想自己从教学之初主持个人课题《高中化学反思性教学实践研究》到现在作为核心成员之一参与教育部国家级课题“普通高中学生批判性思维的实践研究”，个人在对教学的追求目标上与“新课改”倡导的中国学生发展核心素养竟是一脉相承的——重在培养学生思维，特别是批判性思维这种优秀的思维品质。在我眼中，学生的批判性思维有着如下几点特质：它是一种日常的思维方式，不是从已知信息中去寻找答案的一元化思维，而是习惯对问题进行“评头论足”分析的多元化思维，然后否弃错误，确定什么该相信、什么不该相信的过程；它是一种创新的元素，从质疑开始但它不是吹毛求疵、故意挑刺，更不是无理取闹或找茬；它是对不同的质疑和假设进行充分的论证和客观的检验，所以它不是信口拈来、胡乱批判。结合日常教学实践和课题研究，我努力通过化学史、化学实验、问题和习题、反思纠错、小组合作学习等多种途径培养学生的批判性思维，具体实践如下。

一、巧用化学史教育，树立学生批判性思维意识

化学发展史本身就是一部充满批判的历史，不断被否弃、不断向前发展，从化学发展史中能看出人类对化学的认识不断提高和批判性思维息息相关。人们敢于质疑权威，对现有的“正确”知识、结论进行质疑和批判，对它们进行孜孜不倦的探索求证，去伪存真，由现象到本质认识化学的规律，进而推动人们认识的提高和科学的进步。科学家对原子结构的认识就充分说明了这一点。在原子结构这一节内容教学时，我设计了下列问题培养学生的批判性思维。

(1) 阅读教材和查阅资料，说说原子结构模型是怎样演变的？

(2) 对原子结构模型的演变有突出贡献的科学家有哪几位？他们在历史上还有什么其他突出贡献？

(3) 这几位科学家对原子结构模型的贡献是什么？不足的方面有哪些？你怎样看待这些贡献和不足？

(4) 从原子结构模型的演变中，你可以发现人们的认识规律吗？

(5) 从原子结构模型的演变中，你能说说科学家所具备的基本素养和科学品质吗？

从讨论中，学生不难发现，人们对原子结构模型演变的正确认识就是在批判质疑中提高，再质疑—再批判—再提高中实现螺旋式上升的。无论是汤姆生、卢瑟福还是道尔顿、玻尔，他们都不迷信权威，勇于怀疑之前科学家的定论，孜孜不倦进行探索求证，从而使人们获得了目前对原子结构的科学认识。元素周期表的发明和元素周期律的揭示也说明，人们的认识就是在质疑批判和探究求证的过程中得以发展和提高的。此类事例举不胜举，我通过挖掘化学发展史作为情景素材，使学生树立批判性思维意识，认识到化学发展史是一种充满批判的历史，逐步帮助学生克服思维上的盲从性，淡化权威意识，促使学生敢于形成自己的见解。化学史的发展一次又一次告诉我们，谁不迷信权威，敢于质疑、乐于探究求证，谁就能有所创造。

二、倡导问题探究教学，培养学生批判性思维习惯

批判性思维的养成要求学生有问题意识。缺乏批判性思维的学生，往往问题意识薄弱，不敢发表独立见解，把老师课堂传授的知识和方法当成真理，缺乏透过表象看本质的能力。在化学教学中，我注重培养学生的问题意识，通过问题情景的创设来引导学生展开思维的空间，引导学生发散式思考问题，养成于无疑处生疑的批判性思维习惯。

批判性思维的养成还要求学生能主动提出问题。爱因斯坦曾说过：提出一个问题往往比解决一个问题更重要，没有问题，就不会有创造。因为只有对当前的问题进行批判性的思考，才能提出更深刻的问题。化学教学中，我鼓励学生主动质疑，在学生提出质疑之后，不急于给他们答案，而是通过组织学生自行讨论和探究来求证。例

如在学习“氯气的检验”时，我们预设的现象是氯气能使湿润的淀粉-KI试纸变蓝色，其原理是 $Cl_2 + 2I^- = 2Cl^- + I_2$，$I_2$ 遇淀粉显蓝色。但学生在实际操作中还会出现各种各样的可能，如有一组学生当堂就提出了为什么他们这组出现了先变蓝色最终却褪色的现象，其他组的学生也觉得疑惑。此时我顺势引导学生进行推测，在推测的过程中学生产生了分歧和质疑，主要呈现以下两种声音：可能是过量的氯水漂白了蓝色；可能是过量的氯水把溶液中的碘单质氧化掉了。结合学生的这两种观点，我鼓励学生设计新的实验来验证推测，逐步开启学生的思维。学生又设计了两个验证实验：向褪色的试纸上再滴加碘水，观察现象；向另一褪色的试纸上滴加淀粉溶液，观察现象。通过这样的质疑、猜想和巧妙运用生成性资源进行实验探究，学生顺利得出了正确的结论，证明了第二种观点的正确性。以上过程既加深了学生对氯气性质和检验的理解，提升了课堂的效度和信度，又突出了学生的主体地位，让学生通过问题探究的体验培养了批判性思维习惯。

三、立足化学实验教学，发展学生批判性思维能力

化学实验是训练批判性思维，培养科学学习方法最有力的工具和载体，充分用好这一资源，化学实验的教与学便能成为发展学生批判性思维能力，培养创新人才的主阵地。物质的制取和鉴别，除杂与分离，方法多种多样，其中有的由理论推断而来，实际上行不通或实施起来难度大，这就需要他们综合分析各种方法的优劣，用批判的眼光反复权衡利弊得失，筛选出污染少、成本低、操作方便、可行性强的操作方案。再如做实验时常常因为不能满足反应的条件，产生与书本结论不同的现象，而引起学生的困惑。是书上错了，还是实验操作出了问题？带着思考去解决问题恰恰是训练学生批判性思维的好时机。

例如进行勒夏特列原理的教学时，我们可以通过设计分组实验、演示实验和实验设计等多种手段来训练学生的批判性思维能力。在

探究浓度对平衡移动的影响时，先通过对重铬酸钾溶液成分的分析，体会下列平衡 $Cr_2O_7^{2-}$（橙色）+ $H_2O \rightleftharpoons 2CrO_4^{2-}$（黄色）+ $2H^+$，同时反问学生：化学平衡会永恒不变吗？改变此溶液的酸度能使平衡发生变化吗？进而组织学生分组实验，在溶液中滴加烧碱，根据实验现象分析原因；继续让学生设想加酸后的现象，并通过分组实验验证，引导学生建构平衡移动的概念，并同时理解浓度变化对平衡移动的影响；在此基础上请学生分析加水后平衡的移动结果，此时学生会出现第一次认知冲突，因为加水后反应物和生成物浓度均降低，通过实验现象较难论证平衡移动的结果，所以需要引导学生学会从平衡常数和浓度商的大小关系来解释平衡移动的方向。

在探究压强变化对平衡移动的影响，以平衡体系 $2NO_2 \rightleftharpoons N_2O_4$ 为例。我首先预设情景：将收集了 20 ml NO_2 气体的针筒在 t_1 时刻迅速压缩至 10 ml 处并保持固定，让学生画出 $p-t$ 图像。接着进行 DIS 演示实验，让学生通过投影观察数字化实验的真实绘图结果，对比两张图的异同，再一次引发学生的认知冲突，此时便可引导学生用批判的眼光来进行问题探究，最终以“小尖角蕴含大文章”的科学探究精神鼓励学生发现和思考、质疑和探究。

在探究温度对平衡移动的影响时，可以根据之前的讲解、归纳，听讲、类比，鼓励学生大胆预测温度变化对平衡移动的影响，并讨论设计实验，最终可以选择现象明显、可操作性强的两个平衡体系

$$Co(H_2O)_6^{2+} + 4Cl^- \rightleftharpoons CoCl_4^{2-} + 6H_2O \quad \Delta H>0$$

$$2NO_2 \rightleftharpoons N_2O_4 \quad \Delta H<0$$

分别进行学生分组探究实验，验证学生的预测结果是否正确。以上教学过程充分运用了不同类型的实验，发展了学生的批判性思维能力，提升了学生的核心素养。

四、坚持纠错反思训练，提升学生批判性思维品质

学生课堂暴露的前概念、课后习题和试卷中的典型错误，以及日常生活中化学现象的错误解释等都可以作为我们进行批判性思维教

学的良好素材。我们经常发现一些同学对习题中的错误不是先进行反思，而是边对答案边订正，以致屡做屡错，这恰恰是缺乏思维批判性的表现。对错误进行分析和反思，可以培养学生勇于质疑的精神。培养学生掌握多种思维方法，使之在思维活动中减少盲目性和狭隘性，思维的结果将更具有正确性，从本质上把握化学过程，从而实现思维品质的提高。

日常教学中，我会让每位学生都准备一本纠错本，主要用于学生整理日常学习中的错题，并写明错误原因；大型考试后，我会为学生设计该试卷的反思记录表，要求学生逐题分析错因，反思知识点漏洞，并提出下阶段争分策略。同时，对上述两项训练进行定期评比，评选出优秀错题本和反思记录表，并在班级或年级进行展示，让学生相互借鉴如何反思、如何纠错，从而更好地运用批判性思维这一工具。试卷讲评时，我会展示批阅试卷时留存的典型错题截图，有意识地让平时做题不规范或思考不全面的同学进行批阅给分，并请其说明扣分原因，最终与试题的实际得分对比。让学生通过批判别人，达到自我审视、自我批判的效果，从而培养他们细心严谨的态度。坚持纠错反思训练，可以有效提升学生的批判性思维品质，进而培养学生思维的深刻性。

五、倡导小组合作学习，激发学生批判性思维热情

“三个臭皮匠，顶个诸葛亮”。心理学研究表明，在小组合作学习中，群体中的个体易受组员提出见解的刺激和启发，产生群体感应和共生效应，从而诱发发散思维，拓展思维的多元性。

例如，在“浓硫酸特性”的教学中，我设计了课题引入情景：无色试剂瓶中有一瓶硫酸，试设计方案确定其是浓硫酸还是稀硫酸。课堂中我采取小组合作学习的方式把每 8 个学生分成一组，要求每组学生在自主学习的基础上提出可行方案，再通过讨论确定哪种方案最好，最后由各小组代表进行汇报，其他小组进行评价。整个过程非常热烈，学生积极性高涨，反馈的结果超乎了我的想象，归纳起来有

如下多种方案：(1) 测定密度，浓硫酸密度较大；(2) 观察黏度，浓硫酸比较黏稠；(3) 取少量液体溶于一定量水中，浓硫酸明显放热；(4) 敞口放置一段时间，称其质量，变重的为浓硫酸；(5) 取少量液体于试管中，加入铜片并加热，浓硫酸会释放出刺激性气味的气体；(6) 用玻璃棒蘸取少量液体于纸片上，若纸片逐渐变黑则是浓硫酸；(7) 将少量液体加入一定量 $CuSO_4 \cdot 5H_2O$ 晶体中，若蓝色逐渐褪去则是浓硫酸；(8) 用光亮的铁钉或用砂纸擦过的铝条放入液体中，无明显现象则是浓硫酸。学生通过小组合作这一学习方式集思广益，并可以设计"正—反—正"的讨论模式相互启迪，取长补短，大大激发了学生的批判性思维热情。

核心素养呼唤批判性思维，就像理查德·保罗在《批判性思维工具》一书中曾提出的："一个人可以听一千场讲座，读一千本书，就好像可以通过这种方式获得知识。但是，求知的过程不仅仅是被动地接受，而是让知识进入自己的头脑，思维必须行动起来，主动出击，迎接迎面而来的知识，丰富自己的心智，让自己从无到有。"由此可见，知识是无穷无尽的，同时知识也会不断更新，但思维方式却可以超越具体的知识，存在并发挥作用，所以拥有批判性思维的人不会落伍。

要培养具有批判性思维的学生，首先我们自己要成为一名真正具有批判性思维的教师，我们需要做的就是尽快告别传统的教学方式，让自己的课堂没有"标准答案"，只有"更好答案"。通过我们的教学让学生不再迷信权威，敢于合理质疑，摒弃固执己见，学会包容接纳。只有这样，批判性思维才能真正在高中化学教学中生根发芽！

参考文献

[1] 保罗，埃尔德. 批判性思维工具[M]. 3 版. 侯玉波，等译. 北京：机械工业出版社，2013.

（该文原载于《江苏教育》2017 年第 11 期）

例谈高三生物实验教学中批判性思维的培养

杨克俊

生物实验属于科学实验，在生物实验教学过程中能培养学生的科学精神。强调科学精神就是强调怀疑的、批判的和创新的精神；[1]而批判性思维是把一切置于理性思维范围内加以检省，合乎逻辑地辨析事物的差异，有理有据地表达自己的观点，并运用自己的已知知识去解决疑难问题的过程。培养学生的批判性思维，有利于培养学生的创新精神和科学精神。笔者在高三生物实验教学过程中注重培养学生的批判性思维，取得了一定的成效。

一、实验教学要求和方法

高三生物教学考查的实验内容有 20 个，这些实验要求学生具备初步探究一些生物学问题、恰当评价实验结果和完善实验方案的能力。[2]如果不重视实验教学，或者仅把教材上的实验简单重做一遍，是很难达到教学要求的。高三学生具备一定的实验能力，课前将实验内容告知学生，学生以学习小组的形式，经过交流、探讨与合作，质疑日常学习生活中遇到的问题和实验题中的拓展性问题，再精心设计出实验方案。教师则依据学生的实验方案准备实验器材。这种平等合作的师生关系，便于学生拓展思路，积极地开展实验探究。实验课上，教师对学生进行面对面的指导、答疑，学生则充满着乐观活跃的情绪，经过同伴间的互助学习，认真实验，观察并记录实验现象，分析实验结果，再经过交流、分析，有理有据地得出合乎逻辑的实验结论。

（一）实验“叶绿体中色素的提取和分离”

1. 红色叶片植物为什么能自养?

我们学校有“生命·生活·生态教育”省级生物课程基地，基地中的水生植物园、阴生植物园和四季花卉园可以提供多种实验材料。实验前，学生采集了新鲜的绿叶和红叶。他们知道绿色植物之所以能给自己提供养分，主要是因为其叶肉细胞叶绿体中含有光合色素，能进行光合作用。他们还知道红色叶片植物是自养的，也是因为叶肉细胞叶绿体中含有光合色素吗？他们用纸层析法“提取和分离红色叶肉细胞叶绿体中的光合色素”，尽管红叶制备的滤液是红色的，但实验结果和绿色滤液一样，滤纸条上只出现了4条色素带，并没有红色。那么，叶肉细胞中发红的物质又在哪里呢？这时，教师引导学生运用批判性思维，质疑一些有逻辑关联的问题：(1) 植物叶肉细胞中，含有色素的细胞器有哪些？(2) 液泡中含量最多的物质是什么？(3) 液泡中发红的花青素有什么特点？(4) 提取叶绿体中光合色素为什么用无水乙醇？(5) 分离叶绿体中光合色素用的层析液是什么？学生讨论并分析这些问题，再结合化学知识进行推理：液泡中含量最多的物质是水，液泡中发红的花青素是水溶性的；实验用的无水乙醇中没有水，花青素是不会被提取出来的，因而实验结果看不到红色。这样的推理过程看似合乎逻辑，很有道理，再继续运用批判性思维，就会发现新的问题：花青素能溶于乙醇吗？如果花青素溶于乙醇，而不溶于层析液，实验结果仍然看不到红色。学生带着新的问题查阅相关资料，获取的信息是：根据相似相溶原理，花青素易溶于极性溶剂乙醇，而难溶于石油醚、汽油等弱极性或非极性溶剂中；实验用的层析液是93号汽油，实验结果看不到红色的原因是花青素不溶于汽油而不是乙醇，这才是科学结论。

2. 滤纸为什么不能替代尼龙布?

高三实验题中，将绿叶研磨液迅速倒入玻璃漏斗中进行过滤时，漏斗基部只能放一块单层尼龙布，不能放单层滤纸。多数教师的解释是必修1教材上明确写的是尼龙布，但是，学生会质疑：滤液难道不能透过漏斗基部放的单层滤纸吗？他们通过探究实验来求证自己的想法时，亲眼看到滤液透过漏斗基部的滤纸进入试管，再用此滤液继续做纸层析法分离色素实验，结果在滤纸条上从下向上依次出现了黄绿色、蓝绿色、黄色和橙黄色 4 条色素带，这和正常实验组分离出的色素带几乎一样，滤纸为什么不能替代尼龙布呢？带着这个问题，学生又去查阅资料，得知其原因是滤纸吸附滤液中的色素较多。所以，漏斗基部最好放一块单层尼龙布。如果多放一些新鲜绿叶呢？实验证明这样做可以弥补滤纸吸附滤液中较多色素的不足。

3. 不同形状滤纸的实验结果一样吗？

高三实验题中，在圆形滤纸的中央滴 1～2 滴滤液，经过合理的实验处理，会得到近似同心的四个色素环，由外向内依次是胡萝卜素、叶黄素、叶绿素 a 和叶绿素 b。学生对实验结果存疑，又设计出相关实验：先在圆形滤纸的中央滴 1～2 滴滤液，盖在小烧杯上，待其干后，用一根棉线，一端浸在层析液中，另一端垂直固定在圆形滤纸的中心位置。一段时间后，观察到的实验结果不是很明显，与实验题中描述的实验现象不完全相符。到底是什么原因呢？反思实验过程，观察到教材中画有滤液细线的长条滤纸插入层析液时，滤液细线接触不到层析液，而是离层析液距离很近，滤纸上的色素很快会溶解在层析液中。而实验时的小烧杯有一定高度，圆形滤纸上的色素与层析液的距离较远，连接层析液和滤纸的棉线中浸有的层析液就少，所以，实验效果不好。怎么解决这个问题呢？好奇心激起了学生探究新知的主动性，他们查阅了大量资料，终于找到了好方法：将小烧杯换成培养皿，将一根棉线换成 2 cm 长滤纸揉成的小棒；为了减少层析液挥发，还可以在滤纸上盖一个培养皿。[3]

（二）实验“观察植物细胞的质壁分离和复原”

1. 质壁分离的细胞会自动复原吗？

紫色洋葱鳞片叶外表皮细胞浸润在 30%蔗糖溶液中会发生质壁分离，这时，要想使发生质壁分离的洋葱鳞片叶外表皮细胞复原，必须人工在临时装片的盖玻片一侧滴入清水，在盖玻片的另一侧用吸水纸吸引，这样重复几次，洋葱鳞片叶外表皮细胞浸润在清水中[4]，从而达到质壁分离复原的目的。那么，如何使紫色洋葱鳞片叶外表皮细胞质壁分离后能自动复原呢？学生展开了积极、热烈的探讨，设计实验时选择了10%的硝酸铵溶液，由于硝酸铵固体会爆炸，学校的化学实验室和生物实验室都没有纯的固体硝酸铵。经过反复思考，学生决定将以硝酸铵为主的化肥配置成约10%的溶液，替代30%的蔗糖溶液。这样，化肥中的NH_4^+和NO_3^-都会以主动运输的方式通过原生质层，进入液泡中，促使发生质壁分离的洋葱鳞片叶外表皮细胞吸水，从而自动复原。

图1

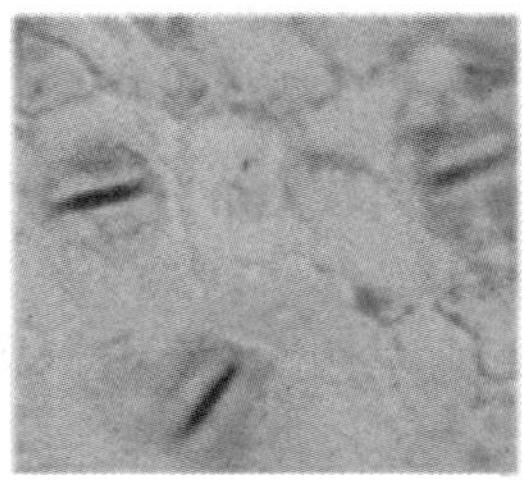

图2

2. 保卫细胞失水会造成气孔关闭吗？

高三练习题中，保卫细胞因失水造成气孔关闭。实验课时，学生采来了冬青叶片，制作了冬青叶片下表皮细胞的临时装片，观察到了许多张开的气孔(图1)；接着，在临时装片的盖玻片一侧滴入30%的蔗糖溶液，在盖玻片的另一侧用吸水纸吸引，这样重复几次，使保卫细胞完全浸润在蔗糖溶液中，发生失水，在光学显微镜下观察到气孔变小或关闭(图2)。此时，可以合理推测：保卫细胞失水会引起气孔关闭。

二、实验教学反思

心理学研究表明：教师给学生创设民主平等的教学情景，使学生有轻松自由的心理环境，学生就能自由想象、自由交流，运用批判性思维,大胆质疑生活中的真问题和高三实验题中涉及的一些拓展性实验问题,有效培养了学生的质疑能力,使其养成运用批判性思维质疑的习惯。

高三学生在生物学学习过程中能主动建构知识网络,并能形成一定的知识体系。他们有能力以学习小组的形式设计出更加完善的“质疑-探究”实验方案,这其中凝聚着学生个人和集体的智慧。在实施实验和解释实验结果、得出实验结论的过程中,培养学生独立思维能力和合作学习能力,动手实验能力、查阅资料能力和解决问题的能力,从而培养其批判性思维能力,提升其生物学核心素养。

参考文献

[1] 袁振国. 教育新理念[M]. 2 版. 北京:教育科学出版社,2007.

[2] 江苏省教育考试院. 2017 年江苏省普通高中学业水平测试(选修科目)说明:理科[Z]. 南京:江苏教育出版社,2016.

[3] 劭佳凌,张玉芳. “叶绿体中色素的提取和分离”实验教学的探究. 生物学教学[J], 2016,41(12):33-34.

[4] 朱正威,赵占良. 普通高中课程标准实验教科书:生物:必修 1 分子与细胞[M]. 2 版. 北京:人民教育出版社,2007.

第三部分 实践案例

本部分主要是各科教学中批判性思维培养的具体案例。

举证与质疑

——例谈批判性思维在叙事性材料作文立意中的作用

徐　飞

叙事性材料作文立意的形成，角度可以很灵活，方法也有多种。但其中也有一定之规：既要尊重材料本来的意思和指向，又要体现写作者本人的经验和思考。而运用批判性思维来捕捉材料的本意并展开自己的思考，是形成立意的一种相对稳妥的办法。

批判性思维直译于英语中的 critical thinking，是通过理解、质疑、逻辑地考察论证的合理性从而决定相信什么或不信什么的思维。[1]必须加以澄清的是，批判性思维绝不单纯为了否定和求异；批判，只是求真相和求合理的过程。因此不妨这样来描述它：

人们在面对（或作出）一些结论时，如果对结论不是简单接受或断然拒斥，而是研究这个结论有没有依据，其中的推理是否合乎逻辑，甚至进一步对依据本身的真实性、代表性进行考察。当然还有思考结论本身是否合理，是否会推出谬误，是否和已知的一切有冲突……这就是在进行批判性思维。[2]

现结合本人的一则课例，谈谈对运用批判性思维探寻叙事性材料作文立意的粗浅体会。

一、材料

材料 1：养牛人和养鸡人赶往一年一度的市集去卖一头牛和一只鸡。需乘舟渡河，渡口无舟。恰逢苏格拉底的船经过。养牛人呼喊："苏格拉底！今天是市集最末一天，我们必须卖出我们的牛和鸡。求您改变行程带我们渡河。我将和您平分卖牛所得的钱！"苏格拉底应允。

来到集市，一头牛的市场价1000元，一只鸡15元。养牛人一头牛只卖10元，但有个条件，必须一起买养鸡人的价格为1000元的鸡。结果很快出手。养牛人给了苏格拉底5元。

材料2：尧经常民间寻访，所以有苗统治者的恶行他能听到。舜以四方人民的耳目为自己的视听，所以共工等人不能隐蔽罪过。齐王广开言路，突破“宫妇左右、朝廷之臣、四境之内”的片面之词，实现了“战胜于朝廷”。李世民听取魏征的逆耳忠言，言行决策大都顺应民心。

二、目标

在教师的帮助下学习用举证和质疑的办法形成立意，并尝试独立运用该办法。

三、过程

课堂主要有两项活动。第一项围绕材料1进行，我带学生通过举证和质疑确定材料的基本观点，并对该观点进行思考，形成相对合理的立意。第二项围绕材料2进行，由学生自己通过质疑对材料的观点进行限定，对相关的论证进行细化。具体有以下几个环节：

1. 明确任务：学习叙事性材料作文立意。

2. 阅读材料1，谈对养牛人的印象。

学生用了聪明、精明、狡猾、奸诈、虚伪、工于算计、忘恩负义等词。

3. 对养牛人的特点做定论，并为自己的结论举证——讲出理由。

较快形成共识的是养牛人运用理智、追求利益这两大特点。争论主要围绕他是否诚信这一问题。认为诚信和认为并非不诚信的学生都为自己的观点找出了理由。

认为不诚信的理由：

骗了苏格拉底。

事实上违背了承诺，因为他故意违反了对“卖牛”的钱的一般理解，把卖牛的钱调换成卖鸡的钱。

认为并非不诚信的理由：

兑现了自己的承诺，确实把卖牛的钱的一半给了苏格拉底。

苏格拉底或者料到了，说明他是认可的；或者没有料到……但这事儿怪谁呢？

想方设法给了钱，心里是有约定意识的，否则不必如此费周折，索性一个子儿也不给。

说他“精明”，其实隐含了一个前提：就是他不仅赢得了利益，而且又没有违反规则。如果仅仅着眼于前者，他可能一个子儿也不给，但那样还会有人说他精明吗？

最后学生基本认定养牛人“不诚”然而“信”。他是遵守契约的。

4. 明确材料的观点。

不妄揣题意，避免过早进行道德审判，一切建立在“举证”——说出自己的理由——的基础之上。

关注“理由”，是批判性思维的要义之一。哲学家马修·李普曼认为从一般思维到批判性思维的发展，在相当大的程度上仰仗于为自己的观念寻找有说服力的理由的能力，而澳大利亚全国性的批判性思维运动又被称为“理由工程”。在这堂课上，一旦要求学生开始举证，他们的心智活动明显趋于理性，表达和接受观点都变得审慎起来。

有前面的理性探讨为基础，学生明确材料的观点为：在规则允许的范围内运用理智实现个人的利益。

5. 比照最初印象，反思观点得出的过程，讨论有何经验值得总结。

(1) 第一印象未必可靠。

(2) 尽量排除感情的影响，不能用感情代替判断。

(3) 为自己的结论举出理由。

(4) 不同观点的碰撞很重要，面对质疑甚至完全相反的观点，你会努力找更好的理由，找不到就改进自己的观点。

如果说"举证"使学生变得理性，"质疑"则使他们更加缜密。从批判性思维的视角看，任何一个进取和开放的思考者，在面对合理的质疑时，他（她）一般会有两种选择：一是进一步举证，以更强有力的理由予以回应；二是发现固有观点的问题，设法对观点进行限定、修正，甚至否定和超越。

6. 进一步思考材料的观点，有没有"质疑"，要不要"改进"？

引导学生挖掘观点的隐含前提：每个人都理性地追逐自身的利益，不仅会增进自身也会增进团队的利益，然后放开让学生质疑。

此处鼓励学生质疑的意图有二：一是强化他们审慎的态度和缜密的思维习惯；二是让他们尝试去处理材料的观点和自己的见解的关系。对于材料的观点，理解它和接受它并不是一回事。不能用自己的先见扭曲材料的观点，但也不能用材料的观点代替自己的思考。好的作文立意贵在既来自材料，又有自己的思考。而质疑正是启动独立思考的第一步。

学生的质疑和反例分两种类型、两种视角。

两种类型：

一种用材料的基本元素进行推演。例如：把养牛人和养鸡人作为一个团体，假设两人对利益分配方案产生争执；把两人和苏格拉底作为一个团体，假设两人下次再遇到困难将得不到苏格拉底的帮助。

一种是用生活的例子进行反驳：最典型的是有学生提出"囚徒困境"（来自电影《美丽心灵》主人公原型约翰·纳什构建的非合作博弈均衡的模型），囚徒困境证明了有些情况下个体的理性的利己行为不仅不能带来团队的收益，而且会造成个人的损失。比较典型的事例是"北大清华生源大战"，北大清华为了抢生源耗费巨大资源，但如果双方都不抢生源，生源的分配结构并不会有多大变化。"囚徒困境"对"理性经济人"的假设是一个动摇。

两种视角：

一种是利益视角：即便遵守规则和运用理性，一味利己有时仍会得不偿失。上述质疑都属于此。

一种是超越利益的视角：除了利益，人生还有许多值得追求的东西，如感情、道德和生活本身的乐趣。如一位学生说：如果我遇到苏格拉底，我首先不会考虑牛和鸡的问题，我会向苏格拉底索要一个签名。

梳理以上质疑，得出两个观点：社会需要有人超越个人利益；除了利益之外，精神生活也值得追求。

7. 进一步追问：是不是用这两个观点代替或否定材料的观点？

追问的目的，是为了防止学生偏题，或从一个极端走向另一个极端；促进他们形成全面、辩证地分析问题的思维方式（事实上这节课学生对材料 1 的认识恰巧完整地经历了"正—反—合"的过程）。更重要的是，对三个观点综合考量，就是在设法协调和统一材料观点和个人思考，最终萃取合理的立意。

讨论后明确：

三个观点每一个都有一定合理性，也有很大局限性，综合在一起才相对妥当：

(1) 肯定敬畏规则的同时运用理智追求利益的人。不肯定合法利益，社会生产缺少普遍性的动力，所谓"有恒产者有恒心"（首先把材料的观点写进去）。

(2) 赞美能超越自身利益思考和行事的人。所谓"无恒产者有恒心，士也"，没有这些人，团队会瓦解，市场会失灵。

(3) 欣赏有时能超然于功利和算计之外，追求精神生活的人。如果一切思想和活动都围绕利益，社会很压抑，生活也无趣（扣住材料的观点把自己的思考写进去，(2) (3) 可择一）。

8. 针对部分同学的疑惑，讨论：后两种观点不是材料给的，能不能写？

明确：先把材料的观点写进作文，再谈自己的思考，不仅没有脱离材料，而且还是相对稳妥的做法。有些材料还预设了反向立意。与其猜命题意图，不如把材料的观点和自己的思考有机结合起来。例如这则材料的作文可以这样展开：

一个社会要稳定和富足，必须肯定每个人的合法利益，甚至鼓励他们通过聪明才智去寻求这种利益的最大化……但我要把更多的敬意投向另一种人……

9. 简要总结。

叙事性材料作文可以这样立意：第一步，审读材料，得出材料的观点；第二步，对材料的观点进行推敲，形成自己的观点。

无论是审读材料得出材料的观点，还是对材料的观点进行推敲，形成立意，都需要在做出结论时给出理由，在提出质疑的过程中优化理由、改进观点。

10. 迁移运用。

出示材料 2。

学生得出观点：兼听则明。

针对材料及其观点提出质疑：

(1) “三人市虎”“父子骑驴”，听了越多越糊涂，怎么解释？

(2) 为什么齐王听了宫妇左右、朝廷之臣、四境之内的评价还不够，李世民有时听魏征一个人的就够了？

(3) 要听多少人的才叫兼听？兼听则明的内在原因是什么？

……

学生通过对论点进行限定，对论证进行细化，来规避或解释这些质疑：

中心论点：兼听则明

剖析原因：突破局限、拓宽视野

指出关键：在“多”，更在“异”

限定前提：听者有胸怀，善辨别

总结原则：独立思考，为我所用……

四、初衷

(一) 处理好“材料”和“自我”的关系

这堂课其实是在努力求解一个很现实的问题：写作中的主客矛

盾问题。学生作为写作的主体，和材料客体之间有时会存在一种紧张关系。应该说，很多材料都具有内涵的丰富性、思想的延展性与多角度的可视性，可以催生和包容不同个性和取向的孩子的想象与思考。但更多的材料具有鲜明的指向性。对于有独立思考意识的孩子来说，遇到后一种材料，情智投合是幸事，不合则会纠结甚至痛苦。更让学生烦恼的是，有些材料不许反向立意，有些材料允许反向立意甚至必须反向立意，该如何把握呢?

稳妥的做法是，首先“分清楚”材料的观点和自己的想法，然后“结合好”材料的观点和自己的思考。如果“分不清楚”，轻率地将自己的意趣偏好和价值取向加诸材料，则会造成偏题；如果“结合不好”，则缺少对材料观点的丰富或补正，更谈不上写出“个性”。而在不断地举证、质疑过程中，这两个环节能够顺利衔接起来。

（二）运用批判性思维寻求“最合理”立意

很难说一则材料有“最佳”立意，但对具体某位写作者的某一时刻来说，一定存在一个“最合理”立意。所谓合理，大致有三个标准：第一，捕捉到的观点符合材料的原意；第二，写作者的思考得到其生活经验和认知体系的支撑；第三，最后萃取的立意有利于写作者扬长避短。第三点姑且不论，如何让立意既符合材料又能得到自我经验和认知的支撑？在材料作文的入门阶段，对于大多数学生来说，运用批判性思维是比较合理的选择。

在寻求材料作文立意的过程中，运用批判性思维的第一步是原原本本找到材料本身的观点，观点要在材料内部有足够的论据支撑；第二步就是把材料的观点拉到写作者的生活经验和认知框架内来考察，看它在社会生活中能得到怎样的支持度。

（三）质疑和举证是批判性思维的核心环节

无论是出于对处理好“材料”和“自我”关系的考虑，还是基于运用批判性思维寻求“最合理”立意的策略选择，学生的思维活动都要落到“举证”上，进一步还要落到“质疑”上。它将帮助孩子们依据材料本身寻求其本意，并加入自己的考察形成立意。

批判性思维既是专门之学（国内外众多高校开设批判性思维课），又是人类自古就有的一种认知方式。[3]把批判性思维运用到高中语文的教学中，不宜使其成为增设的目标和额外的任务，而应使其在“语文性”统领下和固有教学内容水乳交融，因此必须抓本质、求简单、找结合，高中语文教学中的批判性思维培养应扣住三个要点：会质疑、有理由、讲逻辑。[2]

举证，就是为了“有理由”。断定材料表达了某种观点，一定要从材料中找出证据来；对材料的观点展开自己的思考，也一定要从生活经验中找出依据，这就是举证。

那为什么还要质疑？不仅因为质疑是思维训练的要求，独立思考的开端；更因为质疑还有一个巨大的价值——促使论证者寻找更有说服力的理由，或对论点本身进行修正和限定，并使论证框架更严谨和富有弹性。这节课上，在审读材料的过程中，由于认为养牛人“不诚信”的一方强调养牛人行为的“欺骗性”“偷换概念”等，持“并非不诚信”看法的学生就会不断找出新的理由，从养牛人的行为到养牛人的动机，从“卖牛的钱”的词义理解到“价格”“价值”的区别，甚至从养牛人说到苏格拉底……理由越来越多，也越来越精致：这就是质疑带来的理由的优化。而最后双方同意养牛人“信”而不“诚”，则是质疑带来的观点的改进。

此后，在对材料观点的考察中，“囚徒困境”的质疑非常有力（比空谈群己关系直观，也深刻），如不对材料的观点进行补充将无法应对这一反例。法律要求“谁主张谁举证”，思辨则要求主张和质疑都要举证，反例就是一种“有举证的质疑”，是一种强质疑。无论推敲自己的观点还是考察别人的观点，“反例意识”都是必要的，这也是“图尔敏论证模型”中一个重要的思想。而在“兼听则明”的论证构架中，质疑——包括对话语结构、逻辑关系的质疑以及基于反例的质疑——更是至关重要的，如果没有对这些质疑的思考，写作者很可能想到的只是一大堆和材料相似的例子，写出“观点＋材料”这种扁平化的文章。而为了回应质疑、解释反例，写作者不得不思考“兼听则明”的实质原因和前提条件，“兼听”的根本标准和基本原则：一个严谨的论证框架渐渐成型。

至于说逻辑，虽非本课专门设计，却是课上无处不在的要素。任何举证和质疑，都必须以逻辑为支撑。学生举证支持或反驳某种观点时，会自然靠向逻辑的轨道。例如："苏格拉底或者料到了，说明他是认可的；或者没有料到……但这事儿怪谁呢？"这是二难推理。"想方设法给了钱，心里是有约定意识的，否则不必如此费周折，索性一个子儿也不给"是反证法的运用。

五、事续

这节课之后两三天，我让学生读芥川龙之介的作品《竹林中》(后被改编拍摄成电影《罗生门》)。没想到他们的读书笔记都自然写成两大块，一是梳理情节和细节，努力揣测作者本意；二是表达作品对自己的启示以及自己对作品的思考。

有一位学生，很耐心地逐个分析证词和背后的人物心理，然后总结：

"'竹林'交代了地点，也象征着复杂晦暗的社会(人性)像竹林一样难以看清其本质"。

但随后他又道：

"虽说真相扑朔迷离，人性晦暗难测，但认识到这一点不正是走出迷局的第一步吗？假设我既是故事中人物又是故事的读者，我先是不自觉地在供词中维护自己，后来又客观地审视每一个人的供词，也许就能看清自身的弱点和盲点……作品告诉我们每个人的认识都有很大的局限性，而我们要做的就是直面这种局限性，努力克服这种局限性去追寻真相。"

我不能断言这种既尊重材料又独立思考，既实事求是又亮出自我的做法是不是受了那节课的影响，但看了这样理性而进取的文字，真高兴。而且，那最末一句，正体现了批判性思维的灵魂。

参考文献

[1] 徐飞.会质疑　有理由　讲逻辑:略论语文教学中批判性思维的培养[J].教育研究与评论,2015(5):6-9.

[2] 徐飞.文言文教学与批判性思维培养[J].中学语文教学参考,2017(7):12.

[3] 费希万,蒂瓦里,等.作为普遍人类现象的批判性思维:中国和美国的视角[J].北京大学学报(哲学社会科学版),2009(1):55.

(该文原载于《中学语文教学参考》2017年第34期)

如何理解“靴子的本质”

——《品质》解读

徐　飞

用“本质”这样的词来描述靴子这样的制品，大概只有高尔斯华绥想得出来。如同一匹文字黑马，它突然出现在读者眼前：

只有亲眼看过靴子灵魂的人才能做出那样的靴子——这些靴子体现了各种靴子的本质，确实是模范品。

还有一处是这样的：

人们不可能时常到他那里去，因为他做的靴子非常经穿，一时穿不坏的——他好像把靴子的本质缝到靴子里去了。

然而，“靴子的本质”究竟是什么？笔者注意到，《品质》入选苏教版高中语文教材以来，引起了很多的关注和讨论，但这个问题却很少被触及。难道作者此处只为标新立异，只求视觉冲击？或者如配套《教学参考书》所说的“措词出人意料”而已？笔者认为，虽然这只是语言表达的一两处细节，却与整个文本的核心密切相关。与此类似的措辞还有“靴子的灵魂”“靴子梦”“靴子理想”等，这一切围绕着“靴子的本质”，几乎构成了格斯拉兄弟的生活世界的全部。他们带着怎样的信条走向人生尽头，必须由这个“本质”来解读；他们为何不容于那个时代，也必须由这个“本质”来解答。

一、“靴子的本质”与性格的悲剧：至死坚持手艺人的职业操守

细心琢磨文本，关于“靴子的本质”，其实不难给出一个基本的回答。先从出现“本质”一词的上下文开始考察。第一处是在开头，描

述了橱窗里的几双靴子之后，作者写道："这些靴子体现了各种靴子的本质，确实是模范品。"由于此处有"美观""看了舍不得离开"这样的话语，加之文中"我"这么多年也看不厌，可以断定这里的"本质"是"耐看"的意思。第二处则是"人们不可能时常到他那里去，因为他所做的靴子非常经穿，一时穿不坏的"，很容易推断这里的"本质"是指"经穿""牢固"的意思。此外，还需要关注格斯拉做靴子的一些独到的地方。例如："他把我的脚放在一张纸上，用铅笔在外沿上搔上两三次，跟着用他的敏感的手指来回地摸我的脚趾，想摸出我要求的要点。"这样的细致与贴身的服务令人吃惊。于是又概括出"本质"的第三个要点——"合脚"。

耐看、经穿、合脚，这就是格斯拉兄弟的"靴子的本质"，这同时也体现了他们的敬业、诚信和对顾客无微不至的体贴。可以说，他们的奋斗、荣誉和价值全部凝结在"靴子的本质"之中。他们追求制作的完美几乎可以用苛刻与刻板来形容，为此他们放弃了效率与效益，固守传统手艺人的本色和气节，终其一生没有走出来。如果说王国维是死于一种文化的话，那么格斯拉兄弟是死于一种手艺，这种手艺是和某种美感和道德联系在一起的。格斯拉兄弟对这种美感与道德近乎教徒般的执拗与坚守，正是故事成为悲剧的重要前提。

二、"靴子的本质"与社会性悲剧：徒劳挣扎在社会化大生产的潮流中

当格斯拉兄弟沉浸和困守在对"靴子本质"的内在追求之中，他们丝毫没有察觉到大工业生产以及相关的商业、消费方式已经使靴子的本质发生了蜕变。

因为固守"靴子的本质"，格斯拉兄弟渐渐失去顾客。为什么"做出了顶好的靴子"，结果却"生意一年一年清淡下去"呢？最根本的原因是他们的"靴子的本质"渐渐难以吸引顾客。他们做的靴子虽然好，却不符合人们的要求。

不妨估量格斯拉兄弟眼里的"靴子的本质"对消费者的意义。首

先，靴子合脚固然很好，但对于大多数顾客来说，却远没有时髦来的重要，文中写“为了讲究时髦，我左脚上的靴子有一处使人很不舒服”，看来越来越多的人已经学会为了时髦而忍受生理上的痛楚。其次，靴子经穿也变得不那么重要甚至有点碍事了（重要的是不断拥有新的式样），文中提到的“人们好像不要结实靴子了”就证明了这一点。第三，耐看也显得不那么必要了。二战之前的发达国家已经初步具备景观社会和消费社会的重要特征，在这样的社会文化环境中，人们一般不会长久盯着谁的靴子看，因此只要第一眼吸引住人的靴子就是好靴子。试将格斯拉兄弟的靴子理念和顾客的消费趣味加以对比（见表1）。

表1　靴子价值的对比

格斯拉制作的靴子	耐看	耐穿	合脚
消费者需要的靴子	抢眼	常换	时髦

如果格斯拉看重的是靴子的使用价值和审美价值，大公司看重的是靴子的交换价值，那么消费者看重的是靴子的什么呢？文中两次提到别人用的“为王室服务”的标记，可见很多顾客消费的不仅是靴子，而且是一种地位和生活方式的象征，即所谓商品的“符号价值”。这些是沉浸在“靴子的本质”中的格斯拉兄弟所没有意识到的。

因为固守“靴子的本质”，格斯拉兄弟无法拥有和大公司竞争的任何优势，因为其“靴子的本质”是和手工制作紧紧联系在一起的。在机器大生产如日中天的时期，格斯拉的“承做定货”如何与大公司的批量生产与销售竞争呢？可以做一组简单的对比（见表2）。

表2　承做定货和批量生产的对比

	制作	营销	目的	结果
格斯拉	承做定货	没有任何为王室服务的标记	做顶好的靴子	生意一年一年清淡下去
大公司	批量生产	利用广告	效率效益	把一切都垄断去了

通过比较，不难得出结论，批量性的机器大生产与大公司的垄断是格斯拉兄弟悲剧的社会原因。格斯拉兄弟的没落并不是一个单独的事件，而是带有某种普遍性与必然性的。当年，大工业生产以其规模效益的巨大优势几乎冲垮了所有的手工业作坊，也摧毁了与手工业制作有关的一些观念、文化和美感。我们所看到的，正是这种观念、文化和美感的“代表人物的失败和死亡”。

三、“靴子的本质”与悲剧的价值:过时的手艺与不过时的品质

既然手工业的没落是必然的，那么我们该如何看待与评价格斯拉兄弟的悲剧呢？仅仅是无可奈何的悲伤吗？

两个不可思议的可爱老人以及这么高超的手艺和如此优秀的品质，就这样被时代的潮流吞没，以一句“社会发展的必然”蔽之，怎么掂量也太“轻”了。由此笔者想到恩格斯关于悲剧性的定义:“历史的必然性要求和这一要求的不能实现，至少暂时不能实现。”但费解的是:格斯拉兄弟能够代表“历史的必然性要求”吗？按照通常的理解，历史的必然要求难道不是毁灭格斯拉兄弟的机器大生产吗？

其实，只要认真审视我们当下所处的时代，就不难回答这个问题。虽然手工业在当时很难生存下去，但是到了现在又有了复苏的迹象，如今很多做工精致、价格不菲的商品都是手工制作的。对于手工业，经过一个曲折的阶段之后，人们又重新认识到它的内在价值。

这种价值具体是什么呢？仍可以通过“靴子的本质”来回答。在提到“靴子的本质”之前，先看这样一段话:“要想说明橱窗里的那些靴子为什么老不更换，我总觉得很为难，因为他只承做定货，并不出售现成的靴子……”它给人的感觉就是在格斯拉那里没有统一的成品，在他们的观念中没有抽象的靴子，也没有抽象的脚。“合脚”乃是靴子最为重要的本质，格斯拉兄弟做的每一双靴子都属于不同的脚，他们的每个顾客的靴子都会和别人的不一样。而标准化和批量性生产的靴子是绝对不可能体现每个人的独特性的。从这一点来看，手

工业最重要的价值就在于“贴身的个性化服务”。

据此，我们不难设想如果格斯拉兄弟活到现在他们的生意会怎么样！

当然，我们不能断定高尔斯华绥是否洞见了物质世界的进退和人的精神异化与复归的复杂纠葛，但一个忠于现实的作家往往会在不经意间揭示生活的本质和历史的趋势。在他的那个年代，大工业生产无疑促进了社会的富足，也给更多消费者带来诸多好处，但也牺牲了手工业时代的艺术和美感，抹杀了消费者个人化的特殊体验。时至今日，商品的批量化、规模化、标准化已经泛滥到无以复加的地步……人们开始厌倦和拒斥这些齐一性、无个性、千篇一律的消费体验，那种贴身的制作和个性化的服务重新受到推崇和青睐，大有与机器流水线生产并行不悖之势。而历史，也许正是这样沿着“正—反—合”的轨迹螺旋式上升的。于是，我们可以这样看待问题：个体手工业作为一种生产方式是低效的，但其负载的一种观念和品质，只会暂时被遗忘，却远未过时，因为它蕴含着对人性的呵护、对个性的肯定。而格斯拉兄弟身上的那种诚朴敬业、坚定执拗的人品也同样会在历史的长河中发出恒久的光芒。

因此，当人们怀抱着优胜劣汰的进步主义雄心大步前行时，请同时审慎和宽容地对待那些准备抛弃的东西，替未来多留一些美好！这是高尔斯华绥的《品质》留给当下的我们最为重要的启示。

（该文原载于《中学语文教学》2013 年第 1 期）

“乘天地之正,御六气之辩”是不是“有待”?

徐　飞

《逍遥游(节选)》一文入选高中语文教材将近10年,我所教的学生,无论是80后还是90后,大多对这篇文章表现出了极大的兴趣和热情,而争论的最多的也是同一个问题:“乘天地之正,御六气之变”是不是“有待”。

在《逍遥游(节选)》中,蜩、学鸠、斥鷃以及“知效一官,行比一乡,德合一君,而征一国者”固然是作者所揶揄、嘲讽的对象,但无论是“水击三千里,抟扶摇而上九万里”的鲲鹏,还是“举世而誉之而不加劝,举世而非之而不加沮”的宋荣子,抑或是“御风而行”的列子,也都算不上“逍遥”,因为“犹有所待者也”。只有“乘天地之正,御六气之辩,以游无穷者”才是真正的逍遥。

然而,问题是“乘天地之正,御六气之辩”为什么就不是“有待”?

如果从语词、语法、概念、事理、语境这5种不同的角度分析,会得出不同的结论。

观点1:“乘天地之正,御六气之辩”是有待,因为仍然有所依凭

方法:语词分析

“乘天地之正”书上的注释是“顺应天地的法则”,“顺应”也是一种依赖,至少称不上“逍遥”。“天地的法则”则意味着一种无法超越的必然性。“御六气之变”,“御”的解释是“驾御”,似乎突出了主体对外界的操控,然而“列子御风”的御何尝不是“驾御”?驾御虽然更具主动性与主导性,但根本上仍然不能脱离驾御的对象。可以参证的是,庄子在其他地方描述这种精神的遨游时,似乎也不能摆脱某些工具化的对象。例如“乘云气,御飞龙,而游乎四海之外”(《逍遥游》),

“乘云气，骑日月，而游乎四海之外”（《齐物论》），无论是“乘”“御”还是“骑”，都还是有待，无论是“天地之正”“六气之辩”还是“云气”“飞龙”“日月”，都还是所待的条件和工具。

这一观点还引申出一个推断：绝对的逍遥并不存在。

观点 2：“乘天地之正，御六气之辩”是有待，这正是“游无穷者”的条件、方式或原因

方法：语法分析

仔细揣摩“若夫乘天地之正，御六气之辩，以游无穷者”这句话，其中一个“以”值得重视。首先明确“以”在这里只可能用作连词。“以”作连词通常有五种用法：表目的、表修饰、表并列、表转折、表结果。可以肯定这句话前后并不构成转折关系。另外，“以”用作并列关系很少见，而且一般用在名词或名词性短语之间。那么剩下三种可能：如果是表目的，那么上文的“乘天地之正，御六气之辩”就是条件，那就表明是“有待”；如果是表修饰，那么上文就是方式，那也是“有待”；如果是表结果，上文就是原因，“乘天地之正，御六气之辩”是“游无穷”的充分条件，还是“有待”。

观点 3：“乘天地之正，御六气之辩”是无待，因为所依凭的不再是具体的事物

方法：概念分析

翻阅整部《庄子》，不难发现，庄子笔下的“所待”往往是具体的事物。《逍遥游（节选）》中的所待是自然界的风。《齐物论》中罔两有待于影，影有待于实物本体（罔两问景曰：“曩子行，今子止；曩子坐，今子起。何其无特操与？”景曰：“吾有待而然者邪？吾所待又有待而然者邪？”）；《田子方》中万物有待于太阳的运行（日出东方而入于西极……有目有趾者，待是而后成功。万物亦然，有待也而死，有待也而生）。而抽象的范畴，比如“道”“自然”，似乎并没有列入有待的对象范畴。

“御风”和“御六气之辩”虽然同为“御”，却有具体和抽象、形下与形上的区别。按照课文注释（苏教版），“天地之正”就是天地的法则，就是自然之道；“六气之辩”就是六气的变化，是自然动态的内在规律性。这两者都是抽象的存在。和大鹏对风、大舟对水、路人对粮

食这样具体事物的依赖不同,“乘天地之正,御六气之辩”是遵循天地本性,是秉承自然之道,这就彻底摆脱具体事物的羁绊,因此不能看作是有待。

观点4:“乘天地之正,御六气之辩”是无待,因为其本身就是目的而非条件

方法:事理分析

有待无待的问题涉及一对范畴:条件与目的。所谓“有待”是依赖某种条件,而依赖某种条件正是为了达到某种目的。大鹏培风是为了徙于南冥,列子御风是为了远行。风是两者为了达到某种目的而必须依赖的条件。但“乘天地之正,御六气之变”不再是为了达到某种目的,其本身就是一种自由自在的状态。既然其目的在其自身,就谈不上什么条件,谈不上依赖什么,就不是有待。

观点5:“乘天地之正,御六气之辩”是无待,因为“无己”就无法区分依赖的主体与对象

方法:语境分析

这一观点来自下文的启发,下文是“故曰:至人无己,神人无功,圣人无名”。无己,课文(苏教版)的注释是“没有自我的偏见”,但如果暂时撇开这一见解,从字面上看,“无己”可以简单地理解为没有自己,也没有异己。这应该是对宋荣子所谓“定乎内外之分”的否定与超越。郭象注也是支持这一猜想的。郭象认为“无己,故顺物,顺无而至”,此处不妨逆向推断,之所以“顺物”乃是化解了自我的执着,破除了主体与对象的对立,消弭了自我与外物的界限——这正是“无己”的具体内涵。这也完全符合庄子的基本取向——“天地与我并生,万物与我为一”(《齐物论》)。那么,既然无法区分天地万物与自己,那就谈不上孰为主体孰为工具,谈不上孰为目的孰为条件,也就不存在“有待”的问题。

以上五种分析方法得出五个结论和两种立场,都有各自的道理。也许相对合理化的解释就在其中,也许这只是触摸到冰山的一角。不妨先把观点的确定性搁置一边,这有待专门的研究做出定论(或许根本就没有定论)。但尝试着和学生一起,从不同的视角切入来分析

文本，是一种非常有趣的“语文游戏”。师生合作共创这样的游戏，可以深入体会语言文字的独有魅力，并且渐渐摸索出分析语文问题的一些思路和办法。

（该文原载于《中学语文教学参考》2011年第6期）

在“质疑-共解”中寻求有意义的对话

——对《花盆》(Flowerpots)教学的思考

徐　飞

什么是有意义的对话？笼统说，就是参与各方从中得到收获的对话。理想的课堂就应该有这样的对话，对话的收获就是知识和感悟。

然而，课堂有意义对话是难的。教学目标和授课时间所构成的巨大压力往往使对话发生偏曲：学生绞尽脑汁猜测老师想要什么回答，教师想方设法把学生的发言改造成自己想要的样子……也许，在目前的授课条件和机制下，真正的有意义对话更多是一种理想状态，但总有一些办法可以让人偶尔接近这一状态。

“质疑-共解”的所谓质疑，就是针对学习材料提出问题；共解，就是师生针对问题共同进行探究。在“质疑-共解”的过程中，学生需要基于材料呈现来提出问题，基于充足证据来作出结论，基于逻辑推理来构造论证，基于心灵开放来砥砺思想。[1]这些，都为有意义对话提供了平台和契机。

《花盆》(Flowerpots)的教学初衷是让学生体会如何通过质疑来进入材料核心，同时领会阅读的基本原则——尊重文本、独立思考。采用的是“质疑-共解”教法。整堂课大致过程是：观看短片，提出问题；求解问题，理解短片；反思短片，探讨争鸣。回顾整个过程，有如下思考：

一、质疑，从一则材料带来的兴致与困惑开始

《花盆》(Flowerpots)是一则 5 分钟短片，大致情节：

第一段:“树人”长在花盆之中,盆体破裂,根须露出,树人跳跃着出门……

第二段:树人从怀里拿出长梯攀上高地,将自己移植到地里,又从怀里拿出一个长竿……

第三段:树人用长竿扰动云团,引致降雨,雨过,树人长大……

第四段:树人发现自己所在的“高地”实为一个更大的花盆而已,于是再次跳跃出行。

对应以上四段,观看停顿了三次,分别请学生猜想:

树人出门去干吗?

树人准备用长杆做什么?

有可能是怎样的结局?你希望是怎样的结局?为什么?

短片过程中的三次猜想,是为了让学生集中注意力,深入关注材料;也是在预先揭示一种和树人不同的人生选择,用于最后的争鸣与评价。

学生看完影片后就提出问题,执教者将问题的要点都记录在黑板上。学生先后提了11个问题:

① 为什么树人最后还在盆中?

② 这种循环的尽头在哪里?

③ 这种重复(循环)有意义吗?

④ 为什么树人能从衣服里掏出那么多工具?

⑤ 为什么第二次没有盆裂?

⑥ 为什么树人那么急于成长?

⑦ 树人的帽子起到什么作用?

⑧ 计时器起到什么作用?

⑨ 为什么表现树人淹到了水里?

⑩ 大雨前降落的第一滴水表现了什么?

⑪ 树人拿出长杆前对着天空吹了个口哨,那是干吗?

学生之所以能提出这么多问题,主要是短片的构思和表现形式激起了他们的兴趣,同时执教者不止一次诚恳表明:觉得某个问题很重要,就提出来,不用去猜老师要什么问题。学生渐渐放开思路,提问从常规走向个性，从宏观走向细节，逐渐变得有意味起来。课堂对话由此有了一个好的起点。

二、共解，基于逻辑和证据，追求人情与灵性

“质疑-共解”并非生问师答，也不是一问一答，为保证一定的秩序和效率，应先集中让学生提完问题，师生对问题进行分类或排序，然后再展开共同求解过程。[2]

此时执教者已经有了对11个问题的大致分类(序号代表学生实际提问的顺序)：

一是关于树人的追求：⑤⑥⑧⑩

二是关于树人的能力：④⑨

三是关于树人的命运：①②

四是关于读者的价值判断：③

其实还有一类问题，它们指向不明，可能关系到树人人性中点点复杂和微妙的念想，例如⑦ 树人的帽子起到什么作用？ ⑪ 树人拿出长杆前对着天空吹了个口哨，那是干吗？

问题的分类其实决定了求解策略：

一是利用每类问题的内在联系。例如：问题⑥预设了“树人急于成长”，这其实是对⑤⑧⑩的回答。因为成长成为一种自觉，所以第二次不待盆裂就寻找新的平台；因为急于成长，计时器才成为类似“倒计时”的象征，表达了成长的焦虑；因为急于成长，才迫切而专注地等待雨的降临，才会细心捕捉到“第一滴雨”的降临。

二是利用全部问题的内在逻辑。树人的追求——成长，加上树人的能力——变出各种工具，决定了他会创造平台供自己快速成长，但成长到一定程度平台就会成为束缚，树人就会突破束缚寻求新的平台：由此构成一种循环。当然，学生在理解上述逻辑的基础上，还应思考这样的循环是否值得进行下去。这样一来，第一类、第二类问题的解答就为第三类问题的求解奠定了基础，是实事求是对材料的解读；而第四类问题则与阅读者的主观态度和价值判断相关，是在客

观解读材料基础上读者的独立思考；至于说第五类问题，看起来是旁出的问题，但往往旁出的问题更能激发思想的争鸣，提供个性化阅读的契机，执教者对此有所期待但未做预设。

然而，上述问题分类和求解策略，只是执教者内心的“谱”。这堂课之所以特地不预先整合问题、提示思路，就是刻意淡化逻辑序列对学生求解过程的限制，充分保护学生被材料和同伴激发的自由思考状态。

执教者要求学生选择自己感兴趣的问题求解即可，并“安慰”学生：

“不要担心这么多问题解答不完，深入思考一个问题，说不定其他问题也会迎刃而解。”“有些问题找不到答案也不要紧，先有求解的思路也可以，等有些条件具备了再继续作答。”

当然，在保护学生“自由”“灵性”的同时，逻辑和证据意识也是必要的，在求解具体问题时，执教者要求：

“任何一个问题的结论都要有证据支撑，证据主要来自短片所提供的信息或大家公认的常识，而且要能推得出结论。”

课堂上出现了可爱而又符合规范的论证。例如：

“成长是树人唯一的目的，他的一切行为都可以用想长大来解释。似乎没有其他能让他振奋的事情。你可以看到他的唯一一次笑容，是在暴雨过后，他迅速蹿高的时候。”

“我想说说帽子的问题。帽子是唯一看似和成长无关的东西，这就让我觉得除了成长之外，他还有另外的追求，他可能自己都没有意识到。但是到最后，帽子滚在了脚边，被替换，被抛弃了。我想这意味着即使他有其他的念想，比起成长来说也是微不足道的。”

是的，树人的每一次突破都是一种发展，但是有没有想过，这种发展不可能永远延续下去，因为人自身的能力总有一个边界，即使能力无边，可利用的资源毕竟是有限的。到那时，活着的意义是什么呢？这样想，就算树人一开始就长在大地上，他也不可能一直长大，因为到最后大地就是他的一个限制，《小王子》里的猴面包树就是越长越大把星球撑爆的。

三、争鸣，互相批判又互为援手、互成阶梯

有意义的课堂对话会使人产生先前未有的想法，但这个想法基于自己艰苦的思考，基于对多元意见的开放，这也是教育和洗脑改变别人观点方式的根本不同。

一个人产生新的想法，有时是来自别人的启发，有时是来自于别人的批判。对于理性而进取的人来说，遇到了基于证据和逻辑的良好反驳是幸事，因为反驳的结果有三：一是针对反驳弥补自己的漏洞，这样论证就得到加强；二是接纳反驳限定自己的观点，这样论证就更加全面；三是被反驳驳倒，这很可能是走出误区的一步——前提是双方都基于证据和逻辑。

如此说来，理性而诚恳的批判，其实是认知的阶梯。

课上的集中争鸣出现两次：一次是理解短片，求解质疑，尤其是求解第一个问题的时候；第二次是反思短片，思考树人的宿命，考量树人的人生追求的时候。

求解第一个问题“为什么树人最后还在盆中”，学生一开始并没有意识到树人的追求、能力、缺陷三者深刻的关系，而是把这个问题转化成了另一个问题：

树人爬到高处再移植自己，知不知道自己只是进入了一个更大的花盆？

学生很快分成两个立场，而且双方的理由因为对方的反驳而不断丰富、改进和发展。

树人一开始就知道自己进入新盆；树人一开始不知道自己进入新盆。

原先就在盆里，思维定式会使他再找一个盆。正是在盆里被束缚，才会想植入大地。不知道的话，怎么解释他不选择平地，偏要往上爬呢？树人只是一味向高处，而且高处更靠近天空，更多阳光，首先得到雨水……在盆里还可以移动，但太局促；在地上可以尽情生长，但是不能移动。所以树人不停地换盆，这样他既可以移动，又可

以不停生长。从情节来看,移动并不是他的目标,移动过程没有实现任何其他事情,只是为了找新的生长地。如果一开始知道,最后摸一下盆沿意味着什么?

如果一开始不知道,更能体现循环的不可抗拒,以及现实的令人无奈。在迅速长高,志得意满,甚至以为自己是无限的时候,突然发现自己还在一个盆里,作品就更有一种冲击力。

争鸣使各方都寻求更强的理由,论证更为严谨,同时对作品的理解也更加深刻。而且最终促成共识:如果把花盆理解成抽象的东西,不管树人一开始知不知道自己进入新盆,花盆都意味着树人的平台和束缚。即使不进入具体的花盆,也会进入抽象的花盆。即使大地是他的,岩层和水系就是他的边界;即使整个地球都是他的,束缚依然存在,地球就是他的花盆。

同样的热烈并有生成意义的争鸣也出现在对树人人生选择的反思中,所不同的是,此时的争鸣不是基于事实判断的争鸣——可以明辨是非,而是基于价值判断的争鸣——可以和而不同,持不同观点的人之间就更多一份尊重和包容,更少那种针锋相对。这也是这个班的孩子令人刮目和敬重的地方。

赞同树人选择,“循环”是好的;不赞同树人选择,“循环”难以持续也不可忍受。

回旋上升:看似循环,其实是回旋向上,每一次回旋就是一轮提高。假设树人放弃生长,他可能连自己还在一个新盆里都不知道。在《逍遥游》中,蜩和学鸠以及大鹏都有所待,但直上九万里的大鹏的视野是不一样的,心灵所受到的激荡也是不同的。

进取精神:这种无止境的追求,就像人类对完美的追求,就像对地平线的追逐,虽然无法抵达,却不因此放弃,这是人伟大的地方。

整体延续:就个体来说,自己的突破是有终结的,但未来的人赢得了新的平台,给后人留下“巨人的肩膀”。

荒谬:循环、重复,总是把经历的过程再来一遍,一种无法忍受的单调、疲乏和无意义。

不安:树人永远被生长意志推动着,始终焦虑,不能停歇,无法安宁，这是不人性的。树人需要突破这种困境找到安宁和慰藉。

背离本真：生命的意义是多元的，树人也可以回归一棵树的本真，吹吹风，淋淋雨，慢慢长，让鸟儿栖息、筑巢……他一开始吹口哨，就让人以为是在呼唤同伴或者招引鸟类。

资源有限：没有一个平台能支撑起无限的生长，无限的生长是一种毁灭。

四、感悟：一课堂就是一次敞向未来的对话

对话还在进行，但一堂课不能无休无止，执教者总结：这堂课结束了，就希望你们记住两个“不放过”：

不放过自己的疑问，放过了，可能就错过了深入文本核心的机会。

不放过自己的思考——当然前提是先读懂别人的观点。如果是写作文，要把材料的意思体现出来，但也一定要亮出自己的观点。

最后我也说说我关于这部短片的思考：在生活中，那种生命意志异常旺盛，不断否弃过去，不停开疆拓土的人并不多见；那种不受外界任何诱惑，完全沉浸于内心世界的人也不多见。更多的人是往来于两者之间，根据不同的需求和境遇寻找动态的平衡。

执教者面对多元意见的碰撞与生成，力图找到一个解释框架，让不同的观点都在其中找到自己。最后的话都说完了，却发生了一件课堂上很少发生，常态对话中司空见惯的事。

执教者突然不由自主又说了一句：是不是还有同学有话要说？如果有和大家都不一样的观点，还可以说。

这时候，一位同学站起来，很动感情地说了这样一番话：

“我们就是树人，我们无法停止，我们考试、升学、拼命学习准备下一次考试和升学……但我们保留着我们的小帽子，想象着不太一样的生活。虽然只是想象，虽然只是在心里，但有一天，说不定实现了呢？”

明明总结了却不结束，可能是感到还有缺憾，也可能是感到对话

还不该结束。而最后的学生发言或许并不能弥补缺憾，但却带来新的启发："说不定"，大概是有关生命意义对话的恰当收束。这种对话是对当下和过去的思索，又是对未来的敞开；不会始于一节课，也不会终于一节课。

参考文献

[1] 徐飞. 批判性思维与学科教学融合：以高中语文为例[J]. 课程・教材・教法，2018(7)：64-65.

[2] 徐飞，蒋薇. 在"质疑-共解"中培养批判性思维[J]. 教育研究与评论，2016(4)：55.

（该文原载于《语文学习》2018 年第 11 期）

心有猛虎，细嗅蔷薇

——以批判性思维指导学生作文

刘海侠

教学中，我经常发现学生作文言之无物，空洞乏味，甚至不知所云，严重缺乏逻辑性和条理性，要改变学生这种低水平状态，教师试着以批判性思维的视角去审视学生目前作文存在的问题，采取相应的方法去解决，学生作文将是另一境界。

一、学生作文存在的问题：心有猛虎，太感性无逻辑

例如学生在一篇题为《蔷薇花开》的文中写到：鸿雁有凌云之志，海鱼有遨游之心，天高任鸟飞，海阔任鱼游，在这喧闹的尘世中，我们不停地追寻自己的梦想。渐渐的，我似乎忽略了什么，却一直寻找不出，我也因为考试失利而伤心不已，直到那一天，我遇见了蔷薇。它静静地在我眼前开放。一簇簇，一朵朵，似乎满天繁星，却又安静于墙角一隅，一片一片的粉红在流淌、盛开着的花正在梳妆打扮，显得很羞涩。“我还没睡醒”花骨朵抱歉地看着我，“我出生时，太阳正在升起!”我想到了玫瑰，它与蔷薇属于同一科目、同一属，却与蔷薇相差甚远，玫瑰太过于浪漫、耀眼，身上有太多尘世的影子；蔷薇身处喧闹中，却静静地开放。一缕缕清香扑鼻而来，不似桂花浓烈，又比荷花脱俗，它似乎屏蔽住一切复杂、充满灰尘的味道，将我带到一个极乐世界。我笑着，看着这些看似微小、普通的生命，心里如明镜一般亮堂。

乍一看这篇作文语言优美，作者很有想法，想通过蔷薇来抒发自己的情感，寄寓自己的情思。可是文章开头的“鸿雁有凌云之志，海

鱼有遨游之心，天高任鸟飞，海阔任鱼游”等与下文有什么关系？蔷薇的细节描写是要抒发什么样的情感？与玫瑰比较是要抒发蔷薇花静静开放吗？可能作者都不知道自己真的要写什么，实在是天马行空，牵强附会，缺少依据而任意抒发和寄寓。这种现象在学生的习作中比较常见，常感觉学生空有理想，感情充沛，心中“猛虎”强大，但因缺少逻辑，只能无病呻吟。

二、教师帮助学生走出困境，指导学生“细嗅蔷薇”

（一）让学生先看例文，共同研究探讨例文

例如宗璞的《紫藤萝瀑布》，文中开头写到“我不由得停住了脚步。”我为何不由得停住了脚步？为何以前没有注意到紫藤萝？我停住的原因是什么？是因为“从未见过开得这样盛的藤萝”深深地吸引了我。文中接下来对紫藤萝进行了精心的刻画：“只见一片辉煌的淡紫色，像一条瀑布，从空中垂下，不见其发端，也不见其终极。只是深深浅浅的紫，仿佛在流动、在欢笑，在不停地生长。紫色的大条幅上，泛着点点银光，就像迸溅的水花。仔细看时，才知道那是每一朵紫花中最浅淡的部分，在和阳光互相挑逗……”这些对紫藤萝的细致描写，使得作者表达的情感呼之欲出，作者接着写道：“我只是伫立凝望，觉得这一条紫藤萝瀑布不只在我眼前，也在我的心上缓缓流过。流着流着，它带走了这些时一直压在我心上的关于生死的疑惑，关于疾病的痛楚。我浸在这繁密的花朵的光辉中，别的一切暂时都不存在，有的只是精神的宁静和生的喜悦。”我们觉得作者到这里已经把对紫藤萝的喜爱之情表达出来了，也写出了“我不由得停住脚步”的原因，是因为紫藤萝开得太盛、太美。如文章写到这里就搁笔，感觉还不够深刻，逻辑性不强。开得繁盛的花很多，为何只写紫藤萝，接着交代了紫藤萝不仅在眼前，而是在作者的心中缓缓流过。“忽然记起十多年前家门外也曾有过一大株紫藤萝，它依傍一株枯槐爬得很高，但花朵从来都稀落，东一穗西一串伶仃地挂在树梢，好像在察言

观色，试探什么……”这段对以前紫藤萝衰败的描写，更加突出眼前紫藤萝的繁盛。正是用细致的描写做铺垫，更能引发出对生命意义的思考，“花和人都会遇到各种各样的不幸，但是生命的长河是无止境的……在这浅紫色的光辉和浅紫色的芳香中，我不觉得加快了脚步。”作者对紫藤萝的细致观察、生动形象的描写，有理有据的联想，反映出紫藤萝与作者的经历及内心世界有着某种关联。作者宗璞对紫藤萝产生的情感并非无本之木、无源之水。正如王国维《人间词话》中所说：“以我观物，故物皆着我之色彩”，宗璞对紫藤萝的描写浸透着对紫藤萝的情感。情感的产生与抒发存在着很强的因果逻辑关系。

（二）帮学生分析原因，寻找策略

学生作文《蔷薇花开》中对蔷薇的描写，要抒发的情感不明确，似乎有很多情感要抒发，可是这些情感与蔷薇花是什么关系？文中没有描述，更谈不上因果逻辑关系。想把心中的这种强烈情感“猛虎”写好，还得“细嗅蔷薇”，在作文指导中，教师最好的策略方法就是要用批判性思维指导学生，让学生的情感或情思的产生有依据，合情合理。

蔷薇怎样开花，王明阳说：“你未看此花时，此花与汝同归于寂，你来看此花时，则此花颜色一时明白起来，便知此花不在你心外。”蔷薇花为何闯入你的眼帘？是因为“渐渐的我似乎忽略了什么，也是因为考试失利”，为何“直到那一天，我遇见了蔷薇”？引导学生思考为何看到蔷薇花心理会有变化，对写作对象深度观察与思考，也就是要有感而发。对生活中的现象有了感发或感触，围绕这一问题进行深入的观察与思考，然后成文。

作家林清玄写文章就是如此，《发芽的心情》中“我静静地立在园中，环目四顾，看那些我曾为它们的生命、为它们的果实而感动过的果树，如今充满了肃杀之气，我不禁在心中轻轻叹息起来。同样的阳光、同样的雾，却洒在不同的景象之上。”作者为何对秋收后的果树肃杀之景产生感叹和伤感。当园林工人修剪枝丫，“看到拇指粗细的枝丫被剪落，还流着白色的汁液”，作者提问“如果不剪枝丫呢”，这些感发需要在文中解释，通过园林工人之口得出“当然了，今年不落尽叶子，明年就长不出新叶；没有新叶，果子不知道要长在哪里呢！”这是问题的起点，也是文章生成的起点。

当学生有了问题之后，心理和情绪都会发生某种变化，这时引导学生寻找变化依据，那就是观察并描写景物所具有的相应特征，让情感进一步升华、明晰和深化。学生因为生活中忽略什么再加上考试失利，一直处于低迷状态。看到了满墙院的蔷薇在怒放，连玫瑰都不及它的美，因此感到蔷薇的特别。

提问学生，如果在平时，考试没有失利情况之下会你会注意到这满墙怒放的蔷薇吗？学生回答可能不会，平时都是“没心没肺”，不会去观察路边的花朵，更不会去思考“花开花落”。再引导学生观察一场初夏暴雨之后的蔷薇花，学生接着观察，雨并未对美丽的花有丝毫的怜悯，反而将它们打落成一地残花，那柔美的花瓣粘在地面，被车轮任意践踏，真是“零落成泥碾作尘”。此时人花相应，“我”的处境就如花的遭遇，一样的低迷，找到了两者的相似性，在遇到生活的挫折打击时，我们怎么对待？引导学生去思考，引导学生对所有情境解释做通盘考虑，再得出结论。

林清玄《发芽的心情》提出问题，并回答自己的感受之后，作者并未罢笔，而是继续观察，在春天里，发现有两株果树没有发出新芽，枝丫枯干，一碰就断落，它们已经在冬天里枯干了。

于是又有了疑问：“这些果树是同时播种，长在同一片土地上，受到相同的照顾，品种也都一样，为什么有的冬天以后就活不过来了呢？”

作者因为想这个问题而失眠，推测“是不是有的果树不是不能复活，而是不肯活下去呢？就像一些人失去了生的意志而自杀了？或者说，在春天里发芽也要心情，那些强悍的树被剪枝，就用发芽来补偿，而比较柔弱的树被剪枝，则伤心地失去了春天的期待与心情。树，是不是有心情的呢？”

“那些懦弱的人，就不能等到春天，只有永远保持春天的心情等待发芽的人，才能勇敢地过冬，才能在流血之后还能满树繁叶，然后结出比剪枝以前更好的果实。”

《发芽的心情》一文中作者林清玄除了感性思维之外，更多的是逻辑思维在起作用，作者看到秋天肃杀景象与之前硕果累累的景象形成对比，产生不可思议之感，接着仔细观察冬天及早春的果枝特征，已经枯败，果农还要对果枝雪上加霜，修剪枝丫，使得两棵果树即使是春天来了仍然不愿发芽，作者再由树及人，“跨过去，春天不远了，我永远不要失去发芽的心情。”正是有了这些观察、体验，情感的产生才会自然而然，由景及人，感情的抒发自然而然，主旨的形成才不会虚假和空洞。

学生在继续观察蔷薇的变化，之后的几天，经过墙院，已经不能闻到清香，认为娇弱的蔷薇肯定是元气大伤，也许只有来年才能告别这暗淡的现状。就如“我”每天垂头丧气地上学，有一天早上，突然，一缕熟悉的清香钻入我鼻尖，朝阳照耀下，蔷薇花骄傲地对着路人微笑着，她们再次花开满墙，如一幅水粉画。风雨留给她们的伤口却成为最美的装饰，就是在别人不经意间，她们已经铆足了劲重新绽放。看到蔷薇花的再次怒放，“我”不由得问自己：连无人观赏的蔷薇花都能相信自己会走出困境重新散发芳香，我怎么能在一次考试失利之后就否定自己呢？我感觉到一股力量，在书桌前坐好，拿出笔和纸，开始了新一天的迎考准备。微风过处，我闻到了蔷薇的香味，那是给自己点赞和对自己的认同，她甜甜的，令人心醉。

以批判性思维的视角对学生做思维逻辑的指导，教师可以给学生的写作提供思维支架，为学生心中的“猛虎”情感抒发找到突破口。学生“细嗅蔷薇”具体做到：找到问题的缘由，并进行细致的描写，找出物与情之间的联系，或者物对人情感的启发，通过议论抒情，把心中的“猛虎”表达出来，文章主旨得以鲜明突出，最终升格为一篇优秀的记叙文。

（该文原载于《现代语文（教学研究版）》2017 年第 12 期）

“‘导数及其应用’引言”教学设计

姚发权

一、学习目标

（1）了解导数的起源、发展，在研究函数性质中的作用，以及在实际生活中的应用；

（2）初步理解用无限逼近的思想求函数的导数（即切线的斜率）；

（3）能够尝试提出问题，作出假设，并有一定的理由（或寻找证据）对假设予以判断验证。

二、教学重难点

教学重点：导数产生的起源、发展及其应用；

教学难点：用无限逼近的思想求函数的导数（即切线的斜率）。

三、教学过程

（一）导数的来源

（1）知道可以用$\dfrac{\Delta T}{\Delta t}$来表示气温变化的快慢。

图1是某市2004年3月18日到4月20日的气温曲线图。

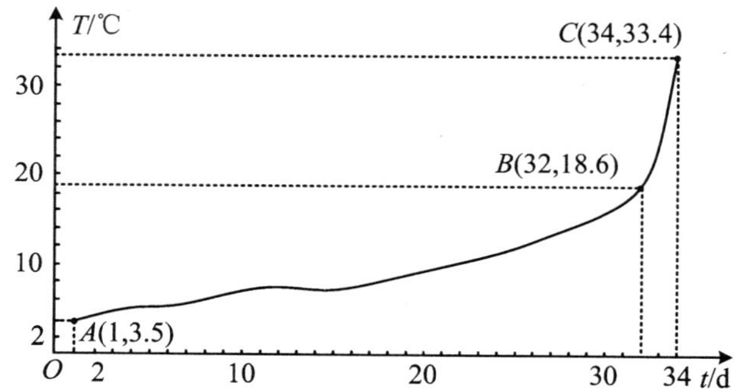

图 1

问题 1:你们对这个图怎么理解?发现了什么?从数学的角度如何理解这些现象?(尝试让学生提出一些问题)

学生:前面 30 天温度的变化很慢,后面两天变化很快。

教师:当地人觉得 3 月 18 日到 4 月 18 日很舒适,但后面两天觉得很难受,感叹:"天气热得太快了!"人们发出上述感叹的原因是什么,其数学意义是什么?

学生:很短的时间气温的变化很大。用气温的平均变化率来刻画气温的变化情况。$\frac{\Delta T}{\Delta t}$越大,气温变化越大。$\frac{\Delta T}{\Delta t}$的几何意义是斜率。

(2) 理解用无限逼近的思想得到瞬时变化率。

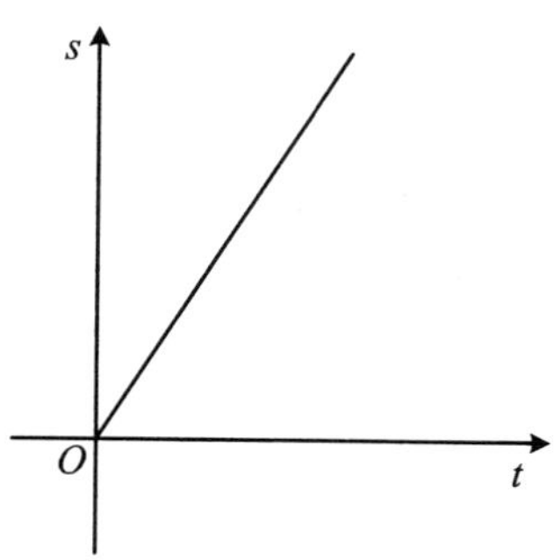

图 2

问题 2:(1) 一物体做直线运动,如图 2,其位移与时间的函数关系是 $s=2t$,其速度是多少?你是怎么得到这个速度的?

学生:速度为 2。因为$\frac{\Delta s}{\Delta t}=\frac{s_2-s_1}{t_2-t_1}=2$,无论 t_2,t_1 取什么值,都是一个常数。其几何意义是斜率。

(2) 一物体做直线运动,其位移与时

间的函数关系是 $s=t^2$，如图 3，你能求出它的速度吗？

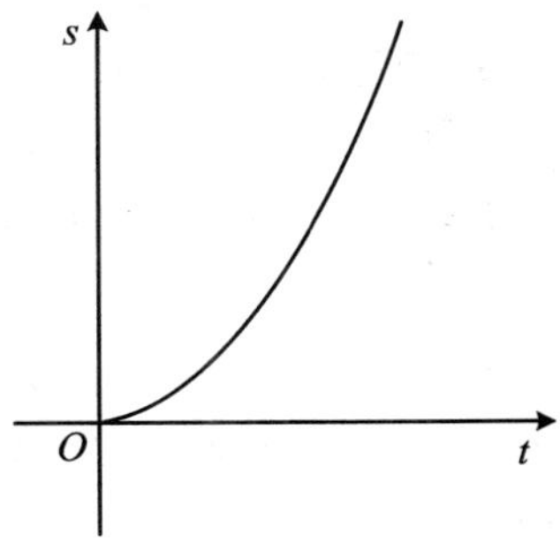

图 3

提示让学生尝试得到 $t=1$ 时的瞬时速度，体会无限逼近的思想。平均速度 $\frac{\Delta s}{\Delta t}=2+\Delta t$，是一个变量。如何根据这个平均速度得到 $t=1$ 时的瞬时速度？

师生共同探讨：让 Δt 无限小。Δt 需要取很小，小到什么程度？

师生总结：用很短时间内的平均速度估计瞬时速度，这毕竟是一个估计值，不能作为精确值，那么看 Δt 需要小到什么程度，它可以任意小。Δt 越小，越精确，Δt 小到不能再小了，它也就精确到不能再精确了。

教师：数学中我们常常需要把生活中的问题或一些描述性的语句用数学语言或符号来刻画，才能被我们数学所承认，如函数的单调性、奇偶性、周期性等都是这样去研究的。对“Δt 小到不能再小了”这句话，你能用数学的语言进行刻画吗？（学生不能够完成，只是让学生形成“用数学语言去刻画生活现象”的意识）

教师：其几何意义是什么？

学生：函数在该点处切线的斜率。

教师：从几何角度，是用距离很小的两点连线的直线的斜率去估计在某一点处切线的斜率，实际上也是将很小距离的两点间的曲线看作是直线。

这部分内容需给学生多一点时间去争论、理解。

（二）导数的发展过程（简要了解导数的发展历史）

教师：同学们非常棒，要知道我们刚才一起讨论的问题，在数学发展的历史中，曾困扰了许多伟大的数学家，经历了很多的曲折，从问题的提出到最终的解决，跨越了几个世纪。

如何求变速运动中某一时刻的瞬时速度？求函数在某一点处切

线的斜率？这些问题的提出要追溯到17世纪的欧洲。当时的欧洲正处于文艺复兴时期，社会和科学发展十分迅速，类似很多这种问题急需得到解决，许多科学家为此做了大量的工作，但在解决这一问题上贡献最大的是英国物理学家牛顿和德国数学家莱布尼兹，他们建立了比较系统的理论体系（微积分），把函数在某一点处切线的斜率称为导数。100多年后的19世纪，法国大数学家柯西和德国数学家维尔斯特拉斯对他们的理论进一步严格化，最终形成现代严格的微积分理论。

（三）导数及其应用（导数要研究的内容）

教师：刚才同学们通过研究，实际上我们得到了函数 $y=x^2$ 在 $x=1$ 处切线的斜率为2，也就是函数 $y=x^2$ 在 $x=1$ 处的导数为2。到目前为止，我们大致了解了导数的来源，了解了可以通过无限逼近的思想得到函数在某一点处的导数。大家想想看在后面的学习中，除了需要研究导数的概念外，我们还需要解决哪些问题？可以研究哪些问题？

学生：还需要知道怎样求出其他点的导数及其他函数的导数，而每次通过逼近的方法求导数比较复杂，需要研究导数的运算。

我们发现曲线 $y=x^2$ 在 $x=1$ 处的导数值为正。导数的值是否都是正数？能找到负号的情形吗（当 $x=-1$ 时）？所以导数值有正有负。让学生观察部分函数图像上每一点导数值的变化。

问题3：导数值的符号什么时候为正？什么时候为负？

学生：导数值在单调增区间上为正，导数值在单调减区间上为负。

教师：看来导数值的符号与函数的单调性有联系，今后我们就多了一种解决函数单调性问题的方法。

问题4：导数值有可能为0吗？

学生：对二次函数 $y=x^2$ 来说，在最低点处导数值为0。

教师：曲线在某点处的导数值为0，曲线在这一点处具有怎样的特征？

生 1:可以通过求函数的导数来解决函数的最值问题。

生 2:导数值为 0,不一定取最值,只能理解为这一点处的附近是最大(或最小)值。

教师:非常好！我们把这样的点(曲线在一点处的附近取最大值或最小值)称为极值点。这也是我们今后需要重点研究的问题。

刚才我们是从有限的图像上观察得到导数值符号的正负与函数单调性有关;导数值为 0 时与函数的极值和最值有关。这些问题还仅仅是我们初步形成的印象,它们之间究竟有着怎样的关系,是否还存在特殊情况,需要我们在今后的学习中进行深入研究。

例　商品的销量往往与其定价有关,经市场调研,某种产品当其定价为 x 元/件时($1\leqslant x\leqslant 3$),其销售量为 $12-x^2$ 万件,问当定价为多少时,其销售额最大?

解:设销售额为 y,则 $y=12x-x^3$。当定价为 a 时($1\leqslant a\leqslant 3$),销售额最大。

$$\begin{aligned}\frac{\Delta y}{\Delta x}&=\frac{[12(a+\Delta x)-(a+\Delta x)^3]-[12a-a^3]}{\Delta x}\\&=\frac{12\Delta x-[3a^2\Delta x+3a(\Delta x)^2+(\Delta x)^3]}{\Delta x}\\&=12-3a^2-3a\Delta x-(\Delta x)^2,\end{aligned}$$

当 Δx 趋向于 0 时,在 a 处的导数为 $12-3a^2$,令 $12-3a^2=0$,$a=2$。

通过“几何画板”演示得到当 $x=2$ 时,y 取最大值。

教师:从本例可以看出,导数可以帮助我们解决实际生活中比较复杂的最优问题。同时从运算过程中能感受到这种算法的复杂性,导数的运算成为我们迫切需要学习的问题。

四、课堂小结

通过本节课的学习,你能概述本章所要研究的内容吗？在研究中要用到怎样的数学方法或思想?

五、回顾与反思

通常来说，章引言课的教学目标是让学生了解本章主要的学习内容、结构及主要的思想方法，是先行组织者，是一章内容的引领，是知识的生长点与归结点，也是知识、方法及数学思想的高度浓缩。通过章引言的教学，可以使学生对全章的学习内容有一个大致的了解，对本章的知识结构有比较清楚的印象。

（一）章引言课首先要体现本章知识学习的必要性

对某个知识的学习总是要有其必要性的，为什么要学习这一章？一定是有所需要，有时候是为了解释生活中的现象，或者是在研究问题时现有知识不够用，也或者是知识的自然生长，等等。

学习本章知识，首先要明白微积分产生的原因，这主要是因为在17世纪的欧洲，当时人们开始研究天体的运动，运动中的瞬时速度以及数学中要研究曲线的切线问题。在本节课的教学中，由一个实际的问题引入（气温图），对其反映的现象进行数学抽象（数学化），并根据物理中物体运动的速度情况，提出数学问题（研究对象），体会在解决这些问题时必须要学习新的知识。在问题解决中生成概念，让学生感知新知识，通过观察，初步形成导数的相关性质（数学应用），最后回到生活实际，体会导数应用的同时，感受尽快弄清导数运算规律的必要性。

（二）章引言课要能体现本章知识研究的基本数学思想

数学思想方法是数学最本质、最具价值的内容，它是数学发展的内在动力，是数学知识的"灵魂"。在章引言课的教学中，重视对数学思想方法的介绍，有利于学生对知识的认知更加清晰、完整，有利于提升学生的思维品质。

历史上科学家们在研究物体运动的瞬时速度及求曲线的切线问题时引入了一些重要的数学思想，包含了运动、变化和无限的思想，用平均变化率去估计瞬时变化率，运用了无限逼近、以直代曲（极限）

的思想。对这些重要的数学思想，实际上学生在初中学习圆的周长与面积公式时已经有所了解，本节课既要向学生予以介绍，同时也需要让学生去体会这些数学思想的运用。

（三）章引言课需要适时、恰当的数学文化引入

引言课的目的在于使学生大致了解将要学习的知识和激发学生对将要学习知识的兴趣，以及学习这些知识的常用思想方法。在教学中适时、恰当地引入数学文化，不仅能激发学生的兴趣，使课堂更加生动，而且对学生整体理解知识产生的根源及学习的必要性都会有极大的帮助。

鉴于微积分的发展过程非常曲折，它在数学发展中有着十分重要的地位，微积分为人类社会的进步做出了巨大的贡献，在引言中有必要简单介绍一下微积分的发展历史。在学习中，让学生体会导数的研究过程及数学思想，及时肯定学生的学习成果，恰当地引入数学文化，使学生了解数学发生、发展的过程，感受人类社会与数学发展的紧密联系，发展求知、求实、勇于探索的情感和态度。

（四）章引言课是培养学生批判性思维的重要载体

通常高中生批判性思维培养的要点可以概括为“会质疑（提出问题）、有理由（寻找证据）、讲逻辑（正确论证）”三个方面。实际上，对学生而言，以下的这些行为也是批判性思维的一个方面：寻找替代的方法；选择最简（优）的表述方式或解法；从不同的视角看问题。

无论是知识学习的必要性，还是基本数学思想的体现，以及今后知识的应用等，在引言课中都需要向学生予以阐述或介绍。对学生而言，学习新知识都会有大量的问题或疑问提出，这些问题怎样解决，在引言课中，会有一个大致的方案（或解决问题的基本思路、思想），在具体深入学习中，则会考虑方方面面的情况。学生现在得到的初步结论是否有足够的理由，是否存在反例，是否可以进行数学证明等，都将为今后的学习埋下伏笔，也一定会引发学生的思考。因此，引言课也就成为培养学生批判性思维的一个重要的载体。

本节课批判性思维主要体现在：(1) 求瞬时速度是一个难点，通

过某种方式直接求某时刻的瞬时速度学生做不到，实际上也是不可能求出的。这时需要寻找替代的办法：用平均速度去估计瞬时速度。(2) 感知导数的应用，学生通过观察发现导数与函数的单调性、最值有关。你的结论是什么，这些结论是否合理，理由是什么，这些理由是否充分。这是学生提出问题，寻找理由的过程，但需要予以论证。(3) 本节课的主要目标是让学生了解本章的研究内容，形成知识框架，达到了解、感知的目的。所以只需要学生能够形成结论，并找到一些证据支撑，形成一个弱论证即可，但需要让学生清楚这些结论是需要进一步的研究和论证的，并用数学的逻辑语言进行表述。

其实对数学学科而言，我们几乎每一节课都在进行批判性思维的培养，但我们也经常发现学生在解决问题时思路单一、答非所问，这都与他们缺乏质疑、不关注理由、不讲逻辑的表现有关。数学批判性思维的培养首先要求教师要理解批判性思维，在教学中有意识地引导，同时有方法去培养学生的批判性思维，在长期的教学中潜移默化地影响学生并使他们逐渐养成良好的思维习惯。

参考文献

[1] 陶维林. 研究章引言，上好起始课[J]. 中国数学教育(高中版)，2010(3)：11-13.

[2] 文卫星. 立体几何引言课教学设计[J]. 数学通报，2005(5)：21-22，24.

(该文原载于《中学数学教学参考》2018 年第 1 期)

一次数学理性思维之旅

濮阳康和

一、案例背景

在现行的高中数学教学中，由于课时紧而教学内容多，笔者在自身的教学及教研活动中常感受到这样两种情况：一是教师不太注重原理和概念的来源，要求学生记住相关的公式、定理或推论，而较少去引导学生思考它们是怎么来的；二是教师在教学过程中很强调解题的过程，引导学生注意解题的思路，老师的讲解几乎都是非常有逻辑性的，每一步推导都十分严密。学生所要做的工作就是顺着老师的思路走，最终理清老师的逻辑，于是觉得老师讲得有道理，从而理解了老师所教的知识。

对于第一种情况，学生久而久之就不再有意识地去思考那些公式、定理或推论的由来，也无形中逐渐失去了怀疑和反思的意识；而第二种情况学生容易形成一种和教师一样的思维模式，成了“直达思维”和“固定思维”，相反的自己应有的“旁通思维”和“发散思维”却没有了。

《普通高中数学课程标准》在“教学建议”中指出：教学中应引导学生初步了解数学科学与人类社会发展之间的相互作用，体会数学的科学价值、应用价值、人文价值，开阔视野，探寻数学发展的历史轨迹，提高文化素养，养成求实、说理、批判、质疑等理性思维的习惯和锲而不舍的追求真理精神。

因此，高中数学教师在日常教学中要注意抓住契机，运用各种方法有意识地培养学生的理性思维。

二、案例过程

在教学高二数学《立体几何》中“平面的性质”有关内容时，课堂上有一道练习题：

1 个平面可以将空间分成______个部分；2 个平面最多可以将空间分成______个部分；3 个平面最多可以将空间分成______个部分。(答案：2，4，8)

课后有一位学生找我谈他的想法，他最开始认为根据前 3 个数据的规律可以猜想出(其实是一种归纳推理)一般性结论，即：n 个平面最多可以将空间分成 2^n 个部分。但又发现当 $n=4$ 时，好像不可能将空间分成 16 个部分，最多只有 15 个。他很困惑，到底是猜测的结论错误呢？还是当 $n=4$ 时确实有 16 个部分而他没有发现分割的方法呢？

我觉得这是一次非常好的机会，如果利用得好不仅可以激发学生对数学的兴趣，还可以培养学生的数学理性思维。所以我选择了没有当场解决他的疑问，而是鼓励他再多想一想，看看能不能获得其中一种更加肯定的答案，并要他把他的发现在第二天的课堂上给其他同学展示一下。

在下一节课上我先让这位同学抛出了昨天的疑问，表扬了这位同学对数学的浓厚兴趣以及所具有的批判性思维，果然这个问题马上激起了其他学生的好奇。我通过事先预设好的分组讨论，指导学生由猜测到验证，从特殊到一般，其中更是横向进行了拓展，抛出了这样两个铺垫性的问题：

① 直线上 n 个点可以将直线分成多少个部分？($n+1$)

② 平面上 n 条直线最多可以将平面分成多少个部分？$\left(\dfrac{n^2+n+2}{2}\right)$

一节课下来，在教师的引导和学生的合作下，终于解决了上述问题。正确的结论为：n 个平面最多可以将空间分成$\dfrac{n^3+5n+6}{6}$个部分。

我观察到，在结论呼之欲出的那一刻，学生们既觉得趣味盎然，情绪高涨，又觉得不可思议，难以置信。一节课在大家若有所思的气氛中圆满结束。

三、案例反思

通过一节课的探究，笔者感受到了学生们身上潜在的数学理性思维以及它们一旦被激发，学生在学习中体会到的快乐。对于教学效果而言，又何尝不是事半功倍？我们在数学教学中应当留有空间，鼓励学生多用自己的视角分析问题、解决问题，养成理性思维的习惯，培养他们的创新意识与创新思维。

那么，从哪些方面可以有效地培养学生的理性思维呢？

（一）鼓励学生提问，引导学生有条件地质疑和发现问题

首先应引导学生学会质疑，激发和保护学生的质疑精神。当然这里所说的质疑不是怀疑一切，是批判性地接受课本上的或老师讲的知识内容和思想方法。要引导学生对不会的问题敢于提问，如果学生所提出的问题超出高考范围，用高考不考来搪塞的做法是不对的。提出的问题有时很容易，有时又很难，无论哪种情况，老师都应鼓励。至于很难的问题，一方面老师不能解决也很正常，应正确对待；另一方面，老师也应结合这个问题去学习相关知识，这应该是所谓的教学相长。其次要鼓励学生敢于怀疑书本上的知识，尤其是一些解题的思路和答案，鼓励学生要自我解答，从而自己发现问题，进而自己有意识地解决问题，慢慢养成自我怀疑的习惯。

（二）培养学生良好的反思习惯和批判心理

教师可经常要求学生对解及其解法的合理性给予解释；要求学生给出尽可能多的解法，对这些解法进行总结与推广，对方法的优缺点进行比较；思考条件与结论的内在联系等。同时对容易出错的问题进行归类比较，让学生进行反思解决，自己总结相同点和不同点以及解决问题的关键所在。对于一些学生能解决的问题，教师应进行班级或小组讨论，让学生们自己在思考的批判中获得一个问题的多

个不同解法。

（三）故意安排一些错题或条件不充分的题，训练学生的理性思维技能

教师在讲课时可以故意示错，或有意留下漏洞让学生去发现，或适当布置一些改错题。这样学生在学习过程中就会有意识地注意是不是教师有错误存在，会主动去探索、去发现、去解决，从而达到训练学生理性思维技能的目的。教师在布置作业时也要注意不同学生的不同差异，对于不同能力的学生进行不同的对待，可以采取不同的作业形式和作业难度，让每一个学生都能在各自的基础和优势上发挥最大的作用，以激励他们去不断地思考和进取，在各自的水平上逐步练习思维技能。

（四）注意营造理性思维的学习氛围和情境

为了培养批判性创造性思维，教师必须建立一个鼓励冒险、增强自信、气氛宽松的学习环境。为了营造一个鼓励冒险的学习环境，教师必须具备以下几个信念：发现错误有利于学习；不要要求学生一开始就什么都能理解，注意循序渐进；重视学习、提高学习质量并持之以恒是非常重要的；好学生也需得到老师的帮助和反馈；不懈的努力、有效的策略是成功的决定性因素；每个人都能成功。只要数学教师树立了以上几个观念，就会真正地转变自己的角色，不仅仅把自己当作一个教育者，更是学生的朋友、指导者和示范者，在对学生说话的时候，就不会总是用食指，而会乐于用拇指，不会总是说“你们”应当如何，而乐于说“我们”应当如何，你就会真正地与学生打成一片，成为学生的知心人，就能营造一种敢于说话、敢于批判和敢于反思的学习氛围。

（五）教师也应当注意自身理性思维的培养

教师是学生的榜样，教师的一举一动都可能会成为学生模仿的对象，因此，数学教师自身也应注意学习教育学和心理学的相关知识，了解理性思维的相关内涵和表现，掌握理性思维培养的科学方法，同时在教学和工作过程中时时注意进行反思和质疑，一方面可以培养自己的理性思维，从而更好地从事教学；另一方面又会在不知不觉中影响着学生，为学生理性思维的养成起到良好的榜样作用。

基于思维品质培养的英语阅读教学活动设计

——以《英语》九年级上册 Unit 7 Reading 为例

张　云

一、引言

根据《普通高中英语课程标准(2017 年版)》(以下简称《新课标》),思维品质是指思维在逻辑性、批判性、创新性等方面所表现的能力和水平。思维品质体现英语学科核心素养的心智特征。思维品质的发展有助于提升学生分析和解决问题的能力,使他们能够从跨文化视角观察和认识世界,对事物做出正确的价值判断。

阅读教学是中学英语教学的一个重要组成部分。《义务教育英语课程标准》(教育部,2011)明确指出,义务教育阶段英语课程的目的是激发和培养学生的学习兴趣,发展自主学习的能力,形成有效的学习策略;开发智力,培养观察能力、记忆能力、思维能力、想象能力和创造能力。阅读文本是培养学生核心素养的主要载体,阅读教学是发展学生素养的主要途径。

英语阅读教学通常包括预测、思考、寻找信息、理解意思和意图、讨论等环节。这些环节都涉及思维过程,如果能有效地设计和实施这些教学环节,阅读教学将能促进学生思维品质的发展(程晓堂,2018)。

《新课标》指出,英语学习活动的设计应以促进学生英语学科核心素养的发展为目标,围绕主题语境,基于口头和书面等多模态形式的语篇,通过学习理解、应用实践、迁移创新等层层递进的语言、思维、文化相融合的活动,引导学生加深对主题意义的理解;帮助学生在活动中习得语言知识，运用语言技能，评析语篇意义，形成正确的价值观念和积极的情感态度，进而尝试在新的语境中运用所学语言和文化知识，分析问题、解决问题，创造性地表达个人观点、情感和态度。

Bloom 于 20 世纪 50 年代提出的思维模型分为六个水平，从最简单的到最复杂的，分别为知识（knowledge）、理解（comprehension）、应用（application）、分析（analysis）、综合（synthesis）和评价（evaluation）。较低层的三个水平（知识、理解和应用）描述了聚合思维的过程。通过聚合思维，学生回忆出自己所知道和理解的内容，并用以解决问题；高层次的三个水平（分析、综合和评价）描述了发散思维的过程，因为学生们有了过去经验中不存在的新见解和新发现。低阶思维关注事物浅层的细节和变化，表现为记忆力、浅层理解力等；高阶思维专注事物深层的原理和内涵，表现为分析评价能力、问题求解能力、迁移能力等。认知水平的六个层次框架为设计多级思维操作活动提供了理论依据。

二、基于思维品质培养的英语阅读教学活动设计

本文将以译林出版社出版的《英语》九年级上册第七单元 Reading 板块 *Hollywood's all-time best—Audrey Hepburn* 阅读文本的教学活动设计为例，阐述如何培养学生的思维品质。

（一）设定教学目标

By the end of the lesson, students should be able to:

1. Learn about Audrey Hepburn's acting career and achievements beyond the film industry during her life.

2. Learn how to describe a person's life in the order of time.

3. Develop their abilities of reading, like predicting, guessing the word meanings from the context etc.

4. Be engaged in class activities and realize that beauty is based

not only on one's face but also in the heart.

5. Write a short passage about their favorite film stars.

以上五个教学目标设定符合思维发展由低阶到高阶的规律，前两个目标是学习理解类活动，第三个目标涉及实践应用，最后两个目标是迁移创新活动。通过层层递进的语言、思维、文化相融合的活动，引导学生不断加深对主题意义的理解，发展语言技能，形成积极的情感态度，创造性地分析问题和解决问题。

（二）设计教学活动

1. 创设情境，预测故事内容，提高思维的敏捷性和开放性

在 Pre-reading 环节

(1) Free talk

T：Do you like watching films? Who's your favorite film star? My favorite film star is Audrey Hepburn. She played the lead role in the film *Roman Holiday*. Now let's watch a short video about *Roman Holiday*.

After watching it, let the students discuss the following questions：

"What do you think of her when you first see her?" "Does she only have beauty on her face?"

用电影片段导入直观，激活学生的背景知识，为后续的文本学习和语言输出做好铺垫。

(2) Predicting

T：Let's look at the title：Hollywood's all-time best —Audrey Hepburn.

What does the article want to tell us?

What do you want to know about her?

Ask questions about Audrey Hepburn using Wh-word.

标题是文本的重要组成部分，是一篇文章的点睛之笔。引导学生在读前通过文本标题预测文本内容、文章体裁等，快速地把握文章

主旨,了解作者写作意图,从而为对文本的深层次理解打好基础。教师给学生提供了记叙文几个要素的关键词(Wh-word),让学生针对标题,快速预测文本可能涉及的问题设问,培养思维的敏捷性和开放性(见图 1)。

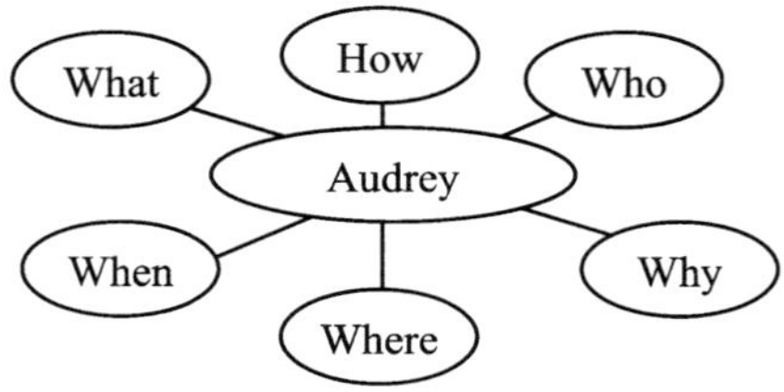

图 1　Wh-words questions

2. 搭建问题支架,梳理文本内容,提升思维的敏捷性、逻辑性、深刻性

在 While-reading 环节

教师设计检测文本内容理解的学习活动问题。这些问题要求学生识记、理解和应用文本的相关词语,因此属于低级思维活动。

(1) Can you find the facts about Audrey Hepburn according to the timeline in the passage? 要求学生根据文本信息提及的时间顺序填写有关赫本人生主要事件表格(见表 1)。此项活动是让学生带着问题快速阅读文本,找出相关事实,训练学生思维敏捷性。

表 1　Facts about Audrey Hepburn according to the timeline

on 4 May 1929	born in Belgium
as a child	dream of becoming a successful ballet dancer
in 1951	meet Colette, play the lead role in *Gigi*
two years later	play the lead role in *Roman Holiday*, win the Oscar for Best Actress
during her lifetime	have four more Oscar nominations
in 1989	make her final appearance in *Always*

续表

in the 1950s	begin to work for UNICEF
in 1991	discovered cancer
on 20 January 1993	pass away peacefully in her sleep

(2) 要求学生聚焦文本语句，对语篇中的生词进行英文释义（见表 2）。“词义既是言语现象，也是思维现象。简言之，词义是一种言语思维现象。”（黄远振，2017）

表 2　Paraphrase the new words based on the context

Words	Paraphrases in English
Hepburn's beauty and <u>charm</u> caught the writer's attention.	an attractive quality
Colette <u>insisted</u> that Hepburn was the perfect girl for the lead role in *Gigi*.	be sure to say that something is true
... although Hepburn had never played any <u>major</u> roles before.	main or important
That event <u>marked</u> the beginning of her successful career.	to be a sign of, to show
Hepburn's achievements went <u>beyond</u> the film industry.	more or greater than
Hepburn is a great <u>humanitarian</u>.	care a lot about people

(3) 要求学生根据文本结构，画出文本段落并概括段落大意（见表 3）。抽象概括是一种高认知活动，归属于高级思维范畴。

表 3　The main idea of each part

Part 1	Paragraph 1	Introduction
Part 2	Paragraph 2	Hepburn's early life
Part 3	Paragraph 3～5	Hepburn's acting career
Part 4	Paragraph 6～7	Hepburn's achievements beyond the film industry

（4）要求同组学生构建体现文本线索和主旨的思维导图。在教师的指导下，同组学生通过合作学习，完成了类似如下的思维导图（见图 2）。

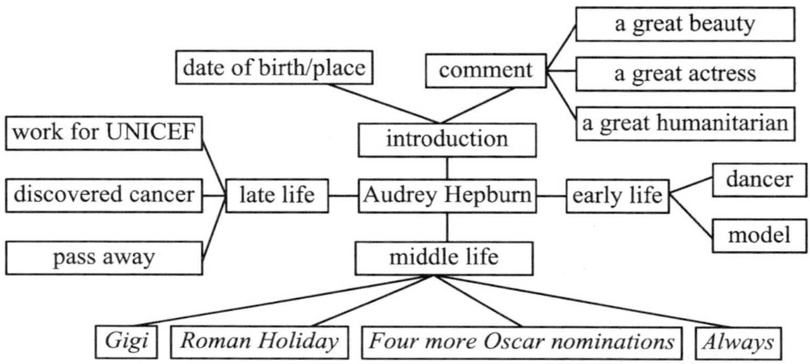

图 2　Hollywood's all-time best—Audrey Hepburn 课文思维导图

思维导图是将文本中各个概念和主题间的逻辑、层级关系用图表形式描绘出来。设计制作思维导图活动旨在帮助学生从形象思维层面掌握文本的主要内容，内化语言知识，为后续的语言输出搭建语言支架。

3. 对话作者，联系现实，促进思维的批判性和独创性

（1）在 Post-reading 环节

在学生学完文本材料后，教师要设计更深层次的阅读活动，引导学生与作者对话，完成文本现实意义的构建，培养学生的批判性思维和独创性思维。

Have a discussion about the following questions in the group of four.

Q_1　At the beginning of the passage, when the writer mentions Audrey Hepburn, the writer uses the word "great" three times (a great beauty, a great actress, a great humanitarian). What do you think of it? Is it necessary? Why or why not?

Q_2　In the view of the writer, what characteristics does Audrey

Hepburn have? Can you find out supporting details in the passage?

Q_3　Which part of the passage impress you most? Give your reason.

Q_4　How do you like the structure of the passage? Do you think there is something that can be improved about the structure of the passage?

阅读的最高层次是读者对作者观点、态度和写作手法的欣赏与评价，这是阅读的高阶思维层次（张献臣，2018）。这篇文本中，作者连续用了三个“伟大”，很好地诠释了赫本美的内涵，她的美貌和才华、她的仁慈和博爱必将永留在后人心中。通过对以上问题的小组讨论，学生运用自己的思维能力去推理、判断、概括作者的写作内容和意图，既能内化所学的内容，促进高阶思维的发展，又能体验作者的情感，提升对真、善、美的认识。

（2）在 Homework 环节

阅读教学只有将信息输入变为信息输出，才能更有效地培养学生的核心素养。教师要设计基于文本、又超越文本，关联学生生活的迁移与运用类活动。迁移与运用是高阶思维，属于创造层次，而创造是 Bloom 思维模型的最高层次。

① What have you learnt from the passage? /What can make a person GREAT?（Write down your opinions）

② Write an article about your favorite film star.

以上两个活动要求学生在理解文本的基础上表达自己的思想，这种既基于文本又高于文本的书面表达方式，形成了新的语言思维产品，培养了学生的创新性思维。

三、结语

英语阅读教学活动设计需要根据学生认知特点和学习发展的情况，在发展学生基本语言运用能力的同时，着重提高学生用英语获取信息、处理信息、分析和解决问题的能力，培养学生用英语进行思维和表达的能力，为学生进一步学习和发展创造必要的条件。听、说、读、看、写等语言技能的培养是持续和渐进的过程。学生只有在具体的学习活动中不断实践，才能达到最终目标。教师应从英语学习活动观的视角重新审视课堂教学设计的合理性和有效性，整合课程内容，优化教学方式，为学生设计有情境、有层次、有实效的英语学习活动。通过学习理解、应用实践、迁移创新等层层递进的语言、思维、文化相融合的活动，提升学生的思维品质，进而促进学生核心素养的养成。

参考文献

[1] 教育部. 普通高中英语课程标准：2017 年版[M]. 北京：人民教育出版社，2018.

[2] 教育部. 义务教育英语课程标准[M]. 北京：北京师范大学出版社，2011.

[3] 程晓堂. 在英语教学中发展学生的思维品质[J]. 中小学外语教学(中学篇)，2018(3)：14.

[4] Bloom B S. Taxonomy of Educational Objectives Handbook I：Cognitive Domain[M]. New York：David McKay，1956.

[5] 译林出版社. 义务教育教科书・英语(English)九年级上册[T]. 南京：译林出版社，2014.

[6] 黄远振. 词义概括：英语深层阅读的着力点[J]. 中小学英语教学与研究，2017(9)：10.

[7] 张献臣. 基于英语学科核心素养的中学英语阅读教学[J]. 中小学外语教学，2018(6)：44.

牛津英语模块十第一单元阅读课文《Teach a man to fish》教学设计

聂 菁

一、紧扣批判性思维内涵——会质疑、讲道理、讲逻辑

本节课的整体教学设计是基于文本的结构框架——Give a man a fish、衔接段落、Teach a man to fish、结论段落四个部分，打乱了部分段落的顺序和“拿走”了部分信息。引导学生在“排序”的过程中“说出理由”，寻找“逻辑关系”进行排序；然后再根据文本结构和内容“找回”衔接段落、结论段落和主题句等。

Part Ⅰ

(　　　　　　) **In wrestling with** (= *to struggle to deal with sth. that is difficult*)/ ________ **the dilemma** (=*a situation which makes problems, often one in which you have to make a very difficult choice between things of equal importance*) of worldwide hunger, the UN set up an agency called the World Food Programme (WFP) in 1963. The WFP has organized a number of programmes, including the Food-for-Life programme, which sends emergency food aid to countries during times of trouble; the Food-for-Growth programme, which targets people most ________, such as babies, pregnant women and old people; and the Food-for-Work programme, which helps people without jobs support themselves by giving them work and paying them ________ food aid. Through programmes like these, the WFP has helped more than one billion people since it was set up.

(　　　　　　　　　)Live Aid was in 1985, but for many people in the developing world, disease and poverty are still a serious problem. According to the United Nations, ten million people die every year of starvation or problems ________ having a poor diet. In fact, hunger is the world's number one health risk, killing more people than any disease.

(　　　　　　　　　)In 1985, there was little rainfall in Ethiopia, which led to poor harvests and the death of many of the country's cattle. The **gravity** (= *seriousness/extreme importance*) of the situation shocked Bob Geldof, an Irish musician, so he organized a charity concert called Live Aid to raise money for the victims of hunger in Ethiopia. The concert took place on 13 July 1985 in two places — London and Philadelphia — and included the biggest stars of the time. Geldof intended the concert to raise money for **hunger** ________ (= *food, money, medicine, etc. that is given to help people in places where there has been a war or natural disaster*) and to make the public more aware of the problem. In the end, $100 million was raised, which was used to buy food and to provide help with development projects in Ethiopia. The concert also **made**/________ **the headlines** around the world, and put great pressure on ________ and ________ to do something about the problem of world hunger.

这是文章的 Give a man a fish 部分。在处理这三个小节的顺序过程中，学生需要排除“时间先后顺序”的“误导”，按照“提出问题”到“分析问题”的思路将此部分梳理排序。

Part Ⅱ

(　　　　　　　　) ________ way to help a country is through the development of private **enterprise** (= *a company or business*) along with job training in order to address the problem of unemployment. For example, in Afghanistan, housewives and widows have been taught to sew clothing, which they can sell for extra income. In eastern Nigeria, young people are being trained to use computer technology to develop their problem-solving and communication skills, and to find new o ________ in the field of technology. In South Africa, a community programme is providing training and help for people without jobs or homes, so that they can learn to make works of art to sell to tourists. Although this is a bit different from **conventional** (= ________) businesses, the programme is growing fast, and many people have been quite successful in it.

(　　　　　　) ________ way to help a country develop is to improve its **infrastructure**. The **infrastructure** of a country is what makes everything well, and it includes things like transport, irrigation, electricity, telephones and s ________. These things provide a **framework** (= *the structure of a particular system*) for new jobs to be created, allowing people to help themselves so that they no longer need to depend on others.

(　　　　　　) ________, we must remember that the future of a country lies in the hands of its children. This is why education and training for young people is so important.

这是文章 Teach a man to fish 部分。这三个小节的逻辑排序，需要学生根据“处理问题”的方法“从基础建设到上层建筑”的思路进行梳理排序。

二、围绕“语篇教学”——强化文本结构

教师先引导学生讨论课文里可能“缺失的部分”，如开头段落、衔接段落、结论段落等。然后再下发“拿走”的信息，让学生将课文“拼接完整”。

(A)

This is beyond doubt an amazing achievement, but is it enough?

(B)

What developing countries really need to do is to stop poverty by fighting the causes of it.

(C)

Today, some developing countries in Africa, Asia and South America stand **at a crossroads.** While they are seeing great achievement, they are still poorer than many countries in other parts of the world, and there is a danger ________ they could fall further behind developed countries. They need help, but the sad truth is that ________ sending loaves of bread is not enough. It is only a short-term solution to a long-term problem. There is a saying that goes, "Give a man a fish, and you feed him for a day. Teach a man to fish, and you feed him for the rest of his life." In order to find a p ________ solution to this long-term problem, countries need to develop so that they can either grow the food they need, or have enough money to buy this food on the world market.

(D)

There are hundreds of success stories from all over the developing world, showing that a lot is being done to fight poverty, yet we cannot pretend that the fight is over. Poverty is still killing people. However, these small victories are a good start towards a better future, as they are not the result of giving a man a single fish so that he can eat for a day. They are the result of teaching a man to fish so that he can fill his belly for a lifetime.

这是课文里被"拿走"的信息。在"拼图"过程中，学生需要甄别"衔接段落"并非"开头段落"，本文的 Introduction 部分已经在第一部分 Give a man a fish 中给出了，需要将 hook 和 topic sentence 正确填入文章。这些部分是语篇教学中重要的部分，也是学生在写作过程中容易忽视的部分。这种"拼图"方式强化了学生对篇章结构的理解和运用。

三、推进思维训练——由浅入深理解"话题"

在课前预习环节，教师让学生以"思维导图"或"段落写作"或"篇章写作"的方式谈谈自己对"授人以鱼"和"授人以渔"的理解。将有代表性的"理解"复印下发，让学生们分享、学习。在这个过程中教师了解了"学生认知的起点"，从而能有效地进行课堂教学设计，在师生、生生共同学习的过程中，从"起点"出发，继续向前走一步，再走一步。

"导入"环节是从课文标题开始的。因为这篇课文的标题曾经是 Give a man a fish，新的版本改成了 Teach a man to fish，可以此激发学生探究原因的学习兴趣。

在梳理了"授人以鱼"和"授人以渔"两部分之后，教师引导学生进行 Give a man a fish 和 Teach a man to fish 的理解讨论（以板书形式呈现，见表 1）。这就是通过课文的学习，帮助学生在原有的基础上往前走了一步。

表 1　板书内容

Give a man a fish	Teach a man to fish

在文本结构全部处理结束之后，布置学生写作任务，再谈对课文标题的理解，并且需要写出文章标题、开头段落、衔接段落、结论段落等。

挖掘教材内涵，凸显“批判性思维”

——谈“牛顿第一定律”的教学设计与反思

钱嘉伟

具有批判性思维的人格是构成健康社会的重要基石，只有具有一定批判性思维能力的人，才能成为具有创新、创优、创造特质的优秀人才，因此人们把批判性思维列为未来社会的公民必须具备的技能之一。联合国教科文组织于1998年发布的《面向二十一世纪高等教育世界宣言：观念与行动》一文中，就强调了“批判性思维和创造性”的重要性。

一、批判性思维简介

批判性思维是一种把一切置于理性范畴内加以检省和评判的意识和能力，常常以否定和怀疑的形式出现，但其最终目的在于建构与创造。[1]批判性思维与质疑探究、问题解决等认知类型的核心素养密切相关，普通高中《物理课程标准》(2017年版)倡导的“基于事实证据和科学推理对不同观点和结论提出质疑和批判”与此相一致。

美国自1991年起，已将培养学生的批判性思维能力作为各级各类学校教育的重要目标，大、中、小学均开设了专门的批判性思维课程。我国对批判性思维的理论研究起步较迟，基于实践的探究更是缺乏，基础教育阶段没有相关的课程建构。全国教育科学“十一五”规划2008年度教育部重点课题“我国高校学生批判性思维能力的调查”曾对江苏、福建、广东、湖北、上海和天津6个省市15所高校近1500名本科生进行测试，调查结果显示，这些学生的CT (“批判性思维”英文 critical thinking 的缩写)能力没有及格，总体上处于低等水平，说明很多学生的批判性思维没有得到很好的发展。[2]

2014 年 7 月，在全国第四届批判性思维教学研讨会上，华中科技大学客座教授董毓提到中国学生的批判性思维能力存在很多缺失——思考既不自由也不严密，既不宽广也不细致；既不自主又不客观，缺乏求真、认真和反思精神；推理能力训练不足，思考是直觉和直观的；学习过程类似于盲从过程，因而不能融会贯通，举一反三……北京大学刘壮虎教授呼吁："作为素质教育的批判性思维教学，应该贯穿学校教育始终！"[3]

二、《牛顿第一定律》教学设计

牛顿第一定律揭示的是运动和力的关系，在其建立的过程中存在四位具有里程碑式意义的人物，如图 1 所示。从亚里士多德到伽利略，从伽利略到笛卡尔，再从笛卡尔到牛顿，每一次后者对前人观点的修正或完善，都伴随着一次认识上的巨大飞跃，让人们离真相越来越近。

图 1 牛顿第一定律的建立历程

阅读人民教育出版社出版的《普通高中课程标准实验教科书物理 1(必修)》中《牛顿第一定律》一节，不难发现教材在介绍伽利略的研究过程时，浓墨重彩，很容易让人领会到编者推崇伽利略不迷信权威，具有质疑精神的意图，对于另外两次认识上的飞跃，教材则介绍得相对简单。因此笔者以前的教学设计一直找不到一条贯穿整节教材的"内核"，只好转而求其次，以时间为主线组织教学。虽然觉得这样处理有些低端，但又不知如何改进。接触了解批判性思维之后，豁然开朗，“批判性思维”不正是那条我一直在寻找的“内核”吗！

自然科学是在不断批判和超越的过程中逐渐发展的，牛顿第一定律的建立过程非常完美地反映出这一点，每一次认识上的飞跃都伴随着批判性思维的火花。我将教材中已经显现和尚不明朗的“批判性思维”的元素挖掘、梳理出来，通过四个环节加以展示，同时尝试对学生的批判性思维进行唤醒与训练。

（一）环节一　从“运动需要力来维持”到“力不是维持运动的原因”

最初，以古希腊思想家亚里士多德为代表的权威观点认为运动需要力来维持。这一观点不正确，但因为符合人们的生活经验，因此错误绵延了 2000 多年，直到伽利略提出质疑，并通过实证和逻辑推理加以否定。他的论证过程如图 2 所示。

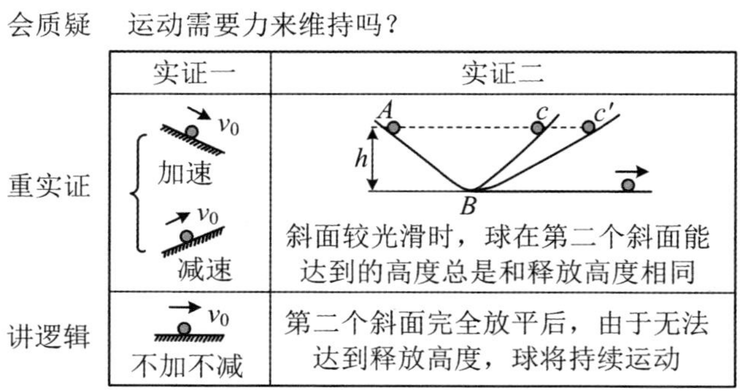

图 2　伽利略的论证

实证一　伽利略发现，当物体沿斜面向下运动时，速度增大；当物体沿斜面向上运动时，速度减小。据此进行逻辑推理：当物体沿水平面运动时，物体的速度应该既不增大也不减小。

实证二　由于阻力的存在，即使在水平面上，物体实际也是减速的。为了阐述自己的“力不是维持运动的原因”这一观点，伽利略进一步用著名的理想斜面实验进行论证。

可以发现，伽利略的研究过程包含了批判性思维的所有要素——“会质疑、重实证、讲逻辑”，因而是一个非常完美、经典的“批判性思维”案例。

这一环节结束时，我再就伽利略取得成功的原因请学生进行分析讨论，强调了批判性思维的价值。同时启发学生也能批判性地看待亚里士多德，客观公正地给予他应有的评价。

（二）环节二 从圆运动缺陷到匀速直线运动

伽利略认为“力不是维持物体运动的原因”。笛卡尔提出“如果运动中的物体没有受到力的作用，它将继续以同一速度沿同一直线运动，既不停下来也不偏离原来的方向”。[4]一眼望去，笛卡尔除了多提到一种静止状态外，观点似乎和伽利略没有什么不同，这导致他经常成为被忽略的一环——很多老师在上这节课时是不提笛卡尔的。那么教材为什么还要写到他呢？第二个批判性思考环节正是围绕这一点展开的。

受到理想斜面实验的影响，我们会想当然地以为伽利略会认定当第二个斜面完全放平后，物体做的是匀速直线运动。但是仔细阅读人教版必修1的教师教学用书后，我们可以发现教材中没有提及的、伽利略在认识上的一个缺陷——圆运动缺陷。伽利略受天体运动的影响，认为自然界最完美的运动是圆周运动，所以在他看来，物体不受力时做的运动也是圆周运动。而笛卡尔认为不受力的物体运动时是没有理由改变运动方向的，他通过一句“以同一速度沿同一直线运动”明确地指出了物体做的是匀速直线运动，所以笛卡尔才是首位提出在不受力情况下，物体做匀速直线运动的科学家，这确实是非常了不起的！

（三）环节三 巨人的肩膀

牛顿认为“一切物体总保持匀速直线运动状态或静止状态，除非作用在它上面的力迫使它改变这种状态”。他的观点粗看和笛卡尔又非常相似，好像就是对笛卡尔观点的重复。在这个环节中，我引导学生认真研读第一定律，品味、揣摩其内涵，深化学生对第一定律的认识，让他们领悟到第一定律前半句话对“惯性”进行了定义，后半句话回答了什么叫"力"。简短的一句话同时提出了"惯性"和"力"的概念，从而使学生心悦诚服地认可牛顿站在巨人的肩膀上，看得比笛卡尔更远。

(四) 环节四　真假"反常"惯性现象

一种理论建立后，可能会与新发现的现象相左。分析研究后，无外乎有两种结果：一种是表面上的矛盾，实质上并没有冲突，这反而能帮助人们更加深刻地理解理论；另一种是的确产生了冲撞，说明已有理论具有局限性或有适用范围，需要完善甚至推倒重建。

图 3　"反常"惯性①

问题 1　水桶内分别悬挂钢球和悬浮泡沫球，如图 3 所示。当桶突然向右运动时，钢球和泡沫球相对于瓶子向什么方向运动？牛顿第一定律还成立吗？

实验表明钢球相对水桶向后运动，这是正常的惯性表现，但是泡沫球会"反常"地相对水桶向前运动。学生经过深入思考讨论后，明白这一现象不违反牛顿第一定律，因为泡沫球的质量小于同体积的"水球"，所以惯性也不如水球大。容器突然运动时，"水球"的惯性表现占据主导，泡沫球要给"水球"让出空间，造成泡沫球被"挤"向容器的前端。泡沫球的"反常"惯性是假性反常。

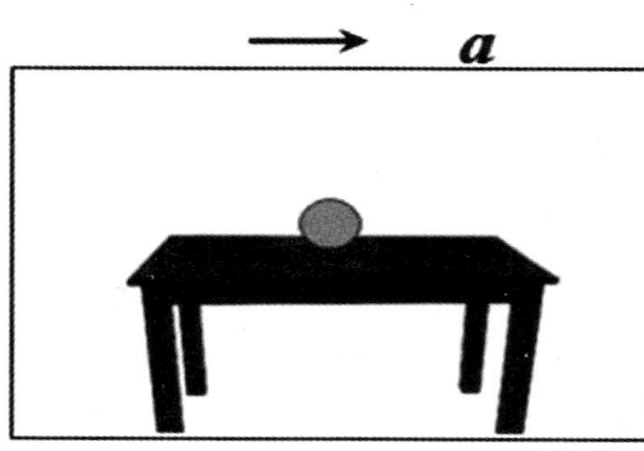

图 4　"反常"惯性②

问题 2　如图 4 所示，在一节火车的车厢内有一个光滑的水平桌面，桌面上有一个静止的小球。如果火车突然向前加速开动，小球的状态会有什么变化？小球的受力情况如何？以加速的车厢作为参考系，牛顿第一定律成立吗？

这里充分利用了教材中“科学漫步”的素材。学生思考后，教师总结：小球虽然在运动方向不受力，但它会相对车厢向后运动，的确是“反常”惯性的表现，这说明牛顿第一定律的成立是有条件的。由此引入并扼要介绍惯性参考系、非惯性参考系，使学生初步认识牛顿第一定律的适用范围，并对惯性参考系有所了解。

三、《牛顿第一定律》教学反思

我国开展批判性思维不尽如人意的现状，一方面说明学生缺乏批判性思维的熏陶，另一方面也暴露出我国教师自身批判性思维能力的不足。个人以为，关注批判性思维的价值，加强批判性思维的意识，提高批判性思维的能力，无论对学生还是教师均十分必要，师生双方均急需“补课”。

渗透“批判性思维”的《牛顿第一定律》一课的教学设计给我本人和学生都带来了一定的收获。结合自己的教学体验，我对课堂中批判性思维的开展有以下几点认识与反思。

（一）立足学科自身，自然地渗透“批判”

开展批判性思维应尽可能将之自然、和谐地融入教学中，切忌生硬，不要为了批判而批判，从而把课上得很奇怪。教学设计中首先得突出学科自身的特色，要上出物理味，要让批判性思维为物理教学服务。

物理是一门以实验为基础的自然学科，物理课的物理味应该体现在实验上。本节课我优选了四个实验，每个实验各有意图：用气垫导轨实验直观地验证运动无需力来维持；用理想斜面实验介绍经典，再现历史；通过吹轻重不同的乒乓球，说明质量是惯性的量度；设计“反常”惯性实验，深化学生对“牛顿第一定律”的理解。

（二）创设新颖情景，努力地调动学生

进行批判性思维教学，教师应该努力创造质疑的环境和氛围，可

以设置系列问题，以问题作为主线，引导学生展开思维活动，逐步培养、提升学生的批判性思维技能。问题的创设建议运用直观演示、实验探究、制造"悖论"等手段，努力地将枯燥知识趣味化，抽象问题形象化，从而激发学生的探究欲望与钻研热情。

本节课的知识由于学生在初中有所涉及，所以如何激发学生兴趣，提高学生的课堂参与度显得更为重要，处理不好容易冷场，变成老师自己的独角戏。我在介绍伽利略与亚里士多德的观点碰撞时运用了大师们通过 QQ 群对话的形式，显得比较新颖时尚，抓人眼球。两个真假"反常"惯性现象本着制造"悖论"的意图而设立，同样取得了较好的效果。另外，在实验现象的突显、放大上还想到了用慢视频呈现的方法，有一定的创意。

（三）创建轻松氛围，充分地激发思维

民主、平等是进行批判性思维的前提条件。教师除了要多给学生思考和想象的空间，鼓励学生，让学生敢于说话、敢于质疑、提出不同的见解外，努力营造一种轻松的课堂氛围非常关键。沉闷的课堂气氛会抑制学生的思维活动。轻松和愉悦是打开思维的重要阀门，是加快思维运转的润滑剂，对思想的自由具有重大意义。

参考文献

[1] 徐飞. 会质疑　有理由　讲逻辑：略论语文教学中批判性思维的培养[J]. 教育研究与评论，2015(5)：6-9.

[2] 黄朝阳. 加强批判性思维教育培养创新型人才[J]. 教育研究，2010(5)：69-74.

[3] 崔晋玉. 教育呼唤批判性思维[N]. 中国教师报，2014-09-03(1).

[4] 人民教育出版社. 普通高中课程标准实验教科书物理 1(必修)[M]. 北京：人民教育出版社，2010.

（该文原载于《中学物理教学参考》2018 年第 13 期）

探究性教学在淀粉水解实验中的尝试

李　严

一、引言

培养学生核心素养已摆在中学教育的核心位置，迫切要求教育者把过去以教师为主体的知识传授型学习转变为以学生为主体的自主探究型学习，大力倡导建立自主、合作、探究的学习方式，使学生真正体验创新的自豪、学习的美妙。在“淀粉水解”的教学中，我改变过去教师演示，引导学生得出结论的教学模式，将自主探究引入课堂，不预定具体教学内容，不预设具体教学模式，以学生问题为课堂向导，让学生体验科学研究的过程，培养批判性思维和化学创新能力。

二、案例描述

淀粉的水解教学片段“淀粉是如何消化的”（人民教育出版社出版的《化学与生活》教材）。

师：淀粉在人体内会水解成葡萄糖，那么它在人体外是怎样水解的呢？

由于本实验较为复杂，让学生设计实验方案有较大难度，如果教师直接给出科学方案，做规范演示，最后再象征性地启发学生得出结论，也可以顺利完成教学任务。但是为了提高学生批判性思维和实验探究能力，我改变了过去的做法，把教师演示实验变为学生分组实验。

此时教室里有的学生在讨论，有的学生在阅读，有个别学生甚至动手做实验了，一时较为杂乱。但是我并未慌乱：本来每个学生的性格、水平就不一样，为何要让他们千人一面，都做听老师话的"乖孩子"呢？培养学生批判性思维离不开宽松的课堂氛围。

师：学生 1，本实验要探究的问题有哪些？

学生 1：研究淀粉水解的条件和淀粉能否水解成葡萄糖（看来课前他预习过）。

师：为何一个试管中加入硫酸，一个试管不加硫酸？

学生 2：探究淀粉水解条件，并做对比。

师：怎样检验产物葡萄糖？

学生 3：银镜反应。

为了完善实验方案，于是我继续启发学生。

师：为何要中和试管 2 中的硫酸，试管 1 中硫酸为何不中和？

此时学生有的窃窃私语，有的低头不语，刚才早早做实验的学生 1 也停下实验陷入沉思之中。

那我们就通过实验来解决以上问题吧。学生在明确要探究的问题后，提出的方案明显比之前的方案合理，针对性更强。此时我对学生的实验方案做了总结，并以投影给出，见表 1。

［**投影**］

表 1　方案一和方案二

方案	淀粉	水	是否加热	10% H_2SO_4	NaOH 溶液	取样加碘水	取样加银氨溶液	预期结果	实验结果
方案一	半勺	4 ml	加热	无	无/中和	数滴	1 ml，加热	溶液变蓝，无银镜	
方案二	半勺	4 ml	加热	4 ml	无/中和	数滴	1 ml，加热	溶液不变蓝，有银镜	

为了节约药品和时间，课前准备实验时我发现课本中设计的 0.5 g 淀粉太多，不易溶解，半勺约 0.2 g 足够了。

其实本实验要解决的问题除了上述几点外，淀粉是否完全水解也是必须探究的重要问题之一。由于课本并没有明确指出这个问题，所以学生并没有把探究问题全部回答出来。此时，有些教师会顾及教学的完整性而把该问题答案直接告诉学生，而我不想充当知识的传授者，更愿意作为学生科学探究之路上的向导，引导学生逐步向前。

接下来，各组学生都饶有兴趣地动起手来。我发现有的学生竟然没有按照预设实验方案去做，但是我没有阻止他们。

让学生自主地参与教学活动，课堂民主化，才能更好地培养学生批判性思维和创新能力，正如伟大教育家陶行知先生所说：创造最能发挥的条件是民主。而教师看似规范的实验方案有时却是扼杀学生创造力的罪魁祸首。

不大一会儿，班上平时很活跃的学生 4 忍不住要发言了。

学生 4：老师，我按照方案一未加氢氧化钠做下来为何淀粉中加碘水不变蓝色，违背常理啊？

下面也有学生得出了和学生 4 一样的结果，都满脸狐疑：难道不加硫酸淀粉也水解了？

我刚要做出解答，下面学生 5 发言了。

学生 5：老师，我的淀粉溶液加碘水变蓝色了，一开始热的时候是无色的。

这时，多数学生的淀粉碘水逐渐冷却下来，溶液逐渐变蓝色。通过实验认识到了课本上没有的知识，即淀粉遇碘加热时不变蓝色，常温时显蓝色，这让学生感到特别满足。

施行以学生为主体的探究式学习，教师就要做好随时发生意外情况的思想准备。面对意外情况，教师要因势利导，让学生既是问题的发现者，又做问题的解决者，这样才能不断提高学生探究的兴趣和能力。

几分钟后方案二的实验学生也基本做完了，多数学生在中和了硫酸后，得到了银镜；而不中和硫酸得不到银镜，说明淀粉水解为葡萄糖，酸性条件下难以发生银镜反应；加碘水溶液有的小组变成了蓝色，同学们也没有再像刚才那样大惊小怪，小组讨论后终于明白淀粉只是部分水解了。

师：根据刚才的实验现象，能得出淀粉水解的条件吗？

学生6：加热，并需要硫酸催化。

学生6是班级文化基础较弱的艺术特长生，我故意把这个较为简单的问题留给了她。让班级每一个人都参与探究，这是教师必须注意到的问题。

师：淀粉水解产物是什么？依据方案二的实验现象，能否说明淀粉已经水解完全？

学生7：淀粉水解产物是葡萄糖。依据方案二的实验现象，溶液变为蓝色，说明没有完全水解。

学生8：（补充）我们淀粉水解液未变蓝色，说明水解完全了。

此时顺势引入淀粉水解是否完全问题，学生回答得干净利索。

我正要对刚才学生回答做肯定性总结，班上平时就爱钻研化学的学生9站了起来。

学生9：老师，我不用硫酸也能让淀粉水解，用唾液就行。

师：你的想法非常新颖！请把你的实验方案写在黑板上，并通过实验说明你的设想是否可行。请你的同组一起来完成这个问题吧。两个学生异常兴奋，一番讨论后列出如下方案（见表2）。

［**板演**］

表2　方案三

方案	淀粉	水	碘水	是否加热	唾液	银氨溶液	预期结果	实验结果
方案三	半勺	4 ml	数滴	热水	一口	1 ml，加热	银镜	

这时，讲台下学生们对这个实验方案议论纷纷，有的怀疑，有的赞许。只见讲台上两位学生按照新的方案，便捷地进行着淀粉水解实验，后排学生已经站了起来，伸长了脖子，当看到实验结果与预期完全相同时，讲台下掌声热烈。学生们的情绪达到高潮，从实验探究中享受到创新的喜悦，学生的思维空前活跃。

师：今天，同学们通过实验，探究了淀粉的水解，得出了……

我一句话还没说完，班级那个平时不说话就爱自己“瞎捣鼓”的学生10居然也站起来提出了质疑。

学生10：老师，他们说的都不对，根据刚才我做的实验现象，常温下淀粉遇碘也不一定变蓝色，淀粉溶液不加任何催化剂也能水解，发生银镜反应。我可以做给你看。

“啊？这不可能！”学生9忍不住站起来对着学生10大声说。全班学生也对学生10投来了半质疑、半嘲笑的眼光。唉，谁叫他平时在班级就不太招人待见呢，刚才我看到他在我行我素地做实验，虽忍住未说什么，但心里总是不爽。

此时，我面临着一个艰难的抉择：若再按照学生10的设想探究下去，教学任务恐怕难以完成，而且这个问题也超出了教学大纲，我是否该以“你这个想法我们课后再说”敷衍过去呢？意识到这是一个很有创新思维的想法，于是我临时改变了教学内容。

师：那就请你上台来展示你的独到见解吧。我也趁他实验时把相关资料调了出来。

只见学生10面无表情走上台来，在已经冷却的淀粉溶液中滴了一滴碘水，溶液变蓝色，台下立即有学生投来近乎鄙视的目光——不是还变成蓝色了嘛。此时学生10轻轻震荡试管中的液体，蓝色消失了！啊?！怎么回事？下面学生都傻眼了。原先台下还漫不经心的学生现在已经目不转睛了。又见学生10在淀粉溶液中加入银氨溶液，加热，虽然不多，试管壁上居然有银镜！

学生10做完后就默默地走下讲台，此时教室里居然没有掌声。大家似乎都在等着老师给个说法。关键时刻还是课代表给力。

课代表：老师，淀粉和银氨溶液发生了反应，难道淀粉也有还原性？

还没等我说话，下面学生立即群起而攻之：瞎讲！书上提示卡中第一条就说淀粉没有还原性，不能发生银镜反应。

课本上的就是正确的——这个观念在很多学生头脑中已经深深扎根。由此可见，施行探究性教学是多么必要啊！

这时我及时放映一段刚刚调出的录像，学生的争论才平息下来。

［**录像**］：淀粉的还原性

（录像配音）自然界的淀粉从分子结构看可分为两种：一种是直链淀粉，另一种是支链淀粉。直链淀粉溶于热水，遇碘时，溶液变蓝色；而支链淀粉不溶于热水，遇碘变紫色。市售的淀粉一般是在55℃～65℃间将能溶于水的部分提取得到的直链淀粉。平常说淀粉遇碘变蓝色，是因为我们使用的多是直链淀粉。直链淀粉和支链淀粉的分子结构如图1所示。

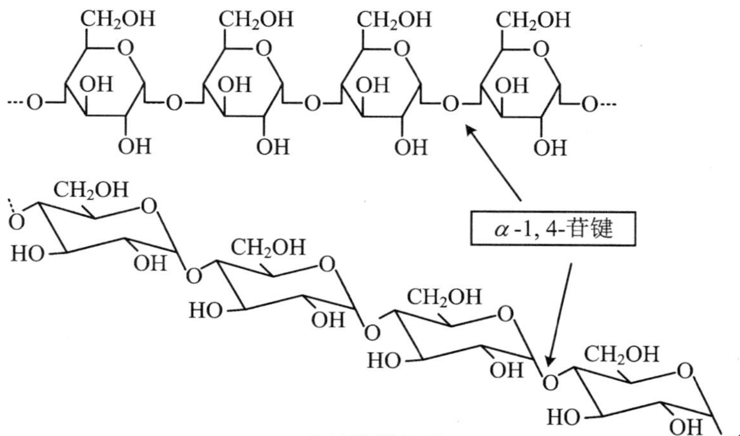

直链淀粉片段

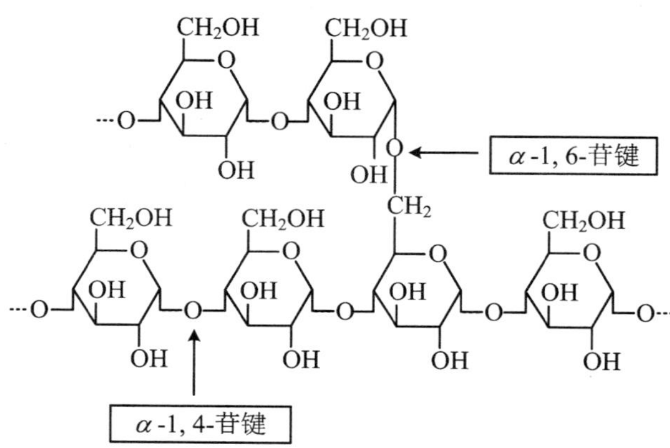

支链淀粉片段

图1　淀粉分子结构

直链淀粉由约250～300个葡萄糖单位通过α-1,4糖苷键连接成的一条长链,每个淀粉分子含有两个端基,其中一个端基(—CHO)有还原性,而每个葡萄糖分子就有一个醛基,直链淀粉的还原值约为葡萄糖的1/250,所以一般不会像葡萄糖那样发生显著的银镜反应;支链淀粉一般含有上千个葡萄糖单位,各葡萄糖单位间除了α-1,4糖苷键外,还有α-1,6糖苷键,所以分子中端基虽多,也只有一个具有还原性,其还原值更小。常温下,只有当淀粉的用量较多,I_2-KI溶液的用量较少时,碘被淀粉等还原性物质全部还原,淀粉、I_2-KI溶液才不会显蓝色。

看完录像,学生终于明白:原来淀粉真的有还原性。

师:刚才学生10的实验方法正确,结论基本合理,需要纠正的是,淀粉没有催化剂还是难以水解的。让我们为学生10不迷信课本,不迷信权威点赞!讲台下响起了经久不息的掌声,虽然来得有点迟。

此时下课铃声响起,时间在不知不觉中过去了,学生对实验探究依然意犹未尽,很多人立即围上来向我展示他们的"奇思妙想"。虽然自己多花了宝贵的上课时间,但是通过探究性教学培养了学生的实验探究能力,激发了学生的创新意识,我觉得是非常值得的。

三、反思

在探究性教学中,教师不再是"知识的权威",而是探究学习的参与者。作为探究主体的学生,在探究过程中常会提出教师事先无法预测的问题,教师必须放下架子,虚心学习,和学生一起提高科学探究的能力。

批判性思维要求具备质疑的目光观察化学现象,不因为表面实验现象就轻信,不因为课本上所写就盲从,不因为权威说过就不再质疑,具备独立思考的能力。

国家发展急需具有创新思维与创新能力的公民,但就创新思维的形成而言,必须首先培养批判性思维的意识和能力。

创新强则国运昌,创新弱则国运殆。让我们为全面提升学生的创新能力一起加油吧!

核心素养背景下发展学生批判性思维的教学实践

——“铝的性质与应用”教学设计

钱　华

一、问题提出

《中国学生发展核心素养》提出中国学生应具备的九大素养，其中“实践创新”素养明确将学生“批判质疑”作为核心内容之一。而美国批判性思维运动的开拓者罗伯特·恩尼斯(Robert Ennis)认为：“批判性思维是合理的、反思性的思考，着重于决定相信什么或做什么”，其根本特征是：大胆质疑、谨慎断言。[1]对应高中化学五大核心素养，如“宏观辨识与微观探析”要求学生能预测物质的性质和变化；“变化观念与平衡思想”要求学生能用对立统一、联系发展和动态平衡的观点考察、分析化学反应；“证据推理与模型认知”要求学生能搜集证据，提出假设，并能基于证据进行证实或证伪；“实验探究与创新意识”要求学生不迷信权威，具有独立思考、敢于质疑和批判的创新精神；“科学精神与社会责任”更要求学生能分析化学过程对自然可能带来的各种影响，权衡利弊，参与决策。[2]以上种种无不体现学生批判性思维和质疑精神作为核心素养的重要组成部分，批判质疑已成为当代教育追求的一个重要目标。

要培养具有批判性思维的学生，首先我们教师应该成为一个真正的批判性思维教师，教师需要做的就是尽快告别传统的教学方式，让自己的课堂有一天没有“标准答案”，只有“更好答案”；通过我们的教学让学生不再迷信权威，敢于合理质疑；摒弃固执己见，学会包容接纳。只有这样，批判性思维才能真正在高中化学教学中生根发芽！

在人教版第三章“金属的化学性质——铝的性质和应用”教学实践中，笔者就核心素养背景下发展学生的批判性思维、实现教学评一致性进行了有效的探索。

二、教学实践

（以“铝的性质与应用”教学设计为例）

（一）课标要求

（1）了解铝的主要性质。

（2）列举铝及合金的重要应用。

（二）教学目标

（1）围绕黑科技展开讨论，回顾铝的存在、物理性质和结构特点，培养学生思维的主动性。

（2）通过对比预测，探究铝与氧气的反应，培养学生思维的严密性。

（3）通过联想质疑，探究铝与酸、碱的反应，激发学生的问题意识，培养学生思维的深刻性。

（4）通过化学史教育，了解铝的制备，同时培养学生积极的科学探究精神。

（三）教学重难点

重点：铝的化学性质，重点与氧气、碱溶液的反应。

难点：铝与氢氧化钠溶液反应的化学方程式书写。

（四）教学方法

（1）多视角研究法。从自然、生活、科技和历史等多个视角让学生研究认识物质。

（2）实验探究法。通过对比预测、交流研讨、实验探究、反思论证等步骤，了解科学探究的思路和过程，并在实验探究中养成良好的观察品质和基于证据推理的思维方法。

（3）概念建构法。以铝的性质、应用、冶炼等为例，建构物质“结构—性质—用途”的关系，初步掌握元素及其化合物的基础研究方法，进而发展学生批判性思维，提升学生核心素养。

（五）教学过程

教学过程如表 1 所示。

表 1　教学过程设计

教学环节	教师活动	学生活动	设计意图
情景引入：黑科技——铝空气燃料电池	讲述：在第 16 届中国西部国际博览会上，有一项黑科技引起了人们的普遍关注。这项科技究竟是什么？接下来我们首先观看一段视频。	观看视频：黑科技——铝空气燃料电池相关新闻报道。 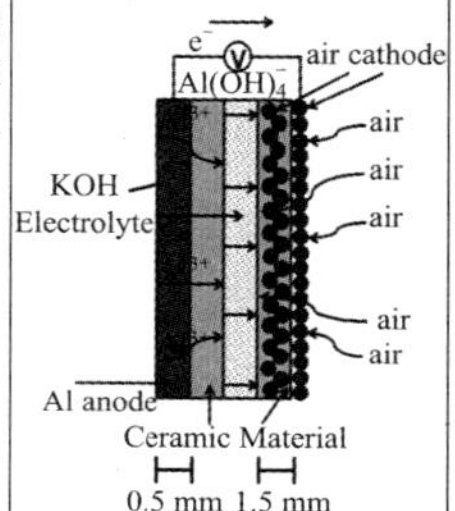 	奠定核心素养培养的基础——通过铝电池的引入，让学生走进生活，激发好奇心，为后续的四次任务驱动埋下伏笔。 形成核心素养培养流程图： 核心素养培养流程图 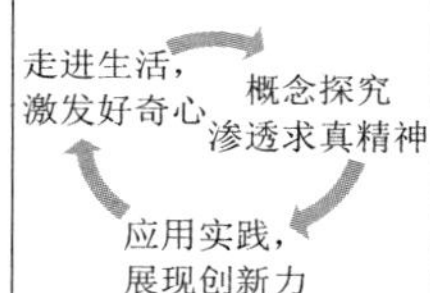
学习任务一：（指向目标 1）讨论科学家热衷铝电池开发的原因可能有哪些？	提问：其实日常生活中各种各样的电池（干电池、铅蓄电池、锂电池等）已经非常普及了，那为什么科学家还会热衷于铝电池的开发呢？可能基于哪些因素的考虑？ 板书：铝的物理性质、存在、原子结构（学生边回答老师边板书）。	小组讨论、思考，回答问题，补充或质疑。（学生回答：储量多，环保，能量储量大，轻便，易失去电子等）。	进入核心素养培养的核心阶段：概念探究，渗透求真精神。 通过对学习任务一的小组讨论，使学生在回顾初中已有知识的基础上继续探究铝的未知性质和应用；在小组合作学习中诱发发散思维，拓展思维的多元性。
学习任务二：（指向目标 2）思考铝电池工作时的电流是怎么产生的？	提问：我们再来看铝空气电池的图示，同学们能判断一下铝电池工作时电流是如何产生的吗？ 从结构图中我们观察到铝将电子给了氧气，那么如何表达这个反应过程呢？ 铝在空气中能直接发生这个反应吗？还是必须在点燃的条件下发生？请大家根据已有金属性质的知识来预测一下金属铝能否在空气中燃烧？理由是什么？	观察电池结构图，进行分析推理。 学生板书，写出铝和氧气反应的方程式，并用单线桥表示电子得失（其他学生评价，看一看反应的条件、配平）。 学生回答：能燃烧，因为根据金属活动顺序表，铝介于镁和铁之间。 学生分组实验 1：铝箔在空气中的燃烧。	

续表

教学环节	教师活动	学生活动	设计意图
学习任务二：(指向目标2)思考铝电池工作时的电流是怎么产生的？	下面我们一起来研究一下铝在空气中的燃烧情况。 请小组代表说一说铝箔在空气中燃烧的现象。其他同学补充，并阐明现象背后的原因。 如果将铝箔表面的氧化膜打磨掉再试着烧烧看呢？ 讲述：因为致密氧化铝薄膜的存在，使得铝箔无论打磨、不打磨在空气中都不能燃烧，那么我们现在能否断言铝在空气中是不能燃烧的呢？ 我们再来试试看铝粉的情况吧。 演示实验1：铝粉在空气中的燃烧。 展示昆山铝粉爆炸事故，  向学生普及实验安全知识，了解铝粉是二级危化品。	现象：铝箔表面迅速失去光泽，加热时呈红热状；铝熔化，但晃动时熔化的铝箔并没有滴落下来。 原因：Al_2O_3 的熔点为2050℃，很致密。 学生分组实验2：打磨过的铝箔在空气中的燃烧。 现象：同前。 结论：Al在空气中很易形成 Al_2O_3 保护膜。 思考并回答：不能这么轻易下结论，可能提高温度、增大接触面积或者提高空气浓度下铝也能燃烧。 学生观察现象并描述：铝粉能燃烧，火星四射，但没有镁剧烈。 学生了解实验安全知识，进一步加深对铝与氧气反应的认识。 易燃易爆危险化学药品 易燃液体：低闪点易燃液体——二硫化碳 汽油 乙醛 乙醚 丙酮；中闪点易燃液体——苯 乙酸乙酯 甲苯 无水乙醇 工业酒精；高闪点易燃液体——二甲苯 原油 煤油 易燃固体：红(赤)磷 硫粉 镁条 铝粉	掌握实验探究法，通过主动预测、交流研讨、实验探究、反思论证等步骤，了解科学探究的思路和过程，并在实验探究中养成良好的观察品质和基于证据推理的思维方法。彰显批判性思维的根本特征：大胆质疑、谨慎断言。 通过实验安全教育提升学生的科学精神与社会责任核心素养，学生能分析化学过程对自然可能带来的各种影响，权衡利弊，参与决策。
学习任务三：(指向目标3)思考铝电池中电解质为什么选用碱溶液？	提问：通过刚刚的探究，我们得知该铝电池的原理实质是：把铝和氧气反应生成氧化铝过程中的化学能转化成为了电能。请同学们继续观察，我们发现这个装置中还用到了一种电解液氢氧化钾，它在这里主要起什么作用呢？	学生板书：铝与稀硫酸反应的离子方程式。 学生分组实验3：铝与酸和碱溶液的反应。 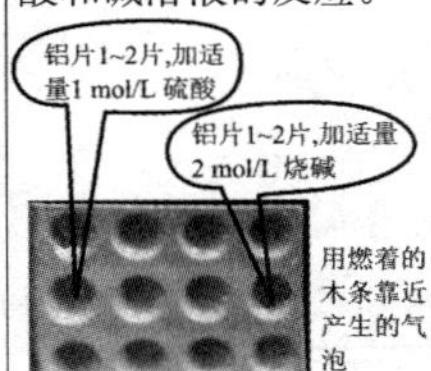	通过对比实验引发学生质疑，学生能通过现象搜集证据，并能基于证据进行理论分析，从而进一步证实或证伪，提升学生证据推理与模型认知核心素养，进而发展学生的批判性思维。

续表

教学环节	教师活动	学生活动	设计意图
学习任务三：(指向目标3)思考铝电池中电解质为什么选用碱溶液？	初中我们学习过金属和酸的反应，根据已有经验，同学们能说一说铝和稀硫酸反应的情况吗？能写一下铝和硫酸的反应离子方程式吗？ 那铝遇到碱的情况如何呢？接下来请大家按照以下实验要求来探究铝和酸碱反应的情况，描述现象并说明理由。 带领学生分析铝与碱溶液反应方程式的书写。 从刚刚的实验对比，大家能否来回答刚才那个问题了？可能是因为什么原因我们会选择碱做电解液呢？ 演示实验：铝与硫酸加热条件下的反应。	学生描述现象：一段时间后铝与烧碱反应生成气体，用燃着的木条靠近气泡，能听到“噗”的一声；与硫酸无明显现象。 结论：铝可以和碱溶液反应生成氢气。 思考并书写反应方程式： $2NaOH + 2Al + 2H_2O = 2NaAlO_2 + 3H_2\uparrow$ (从元素化合价) 学生回答：因为铝材要形成氧化膜，会阻碍电池反应导致电池效率降低，碱做电解液可以较容易溶解氧化膜，提高电池工作效率，而硫酸效果不好。 改变条件，铝与酸也能顺利反应。	
学习任务四：(指向目标4)讨论如何实现铝电池的二次可循环利用？	提问：我们已经知道铝放电的本质就是和氧气作用最终变成氧化铝，为了更环保节能，我们最好能对铝电池进行二次循环利用，那么如何才能实现铝电池的二次可循环利用呢？本质上是实现怎样的转变过程？ 追问：那根据我们的知识，你认为哪些方法有可能实现这个过程呢？ 同学们刚刚举的方法其实也是工业上冶炼铝的重要方法。 展示：铝的冶炼史。	学生思考并回答：本质上是把氧化铝变成铝单质的过程。 阅读铝电池的二次循环图示： 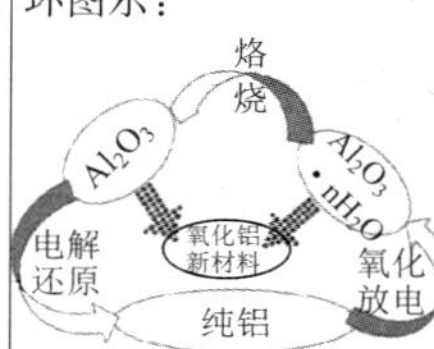 铝电池二次循环利用图示 学生讨论补充：碳、氢气还原法，电解法等。 了解铝的冶炼史 板书：$2Al_2O_3 = 4Al + 3O_2\uparrow$(说明条件：电解、冰晶石)	通过挖掘化学发展史作为情景素材，使学生树立批判性思维意识，认识到化学发展史本身就是一部充满批判的历史，更好地帮助学生克服思维上的盲从性，淡化权威意识，促使学生敢于形成自己的见解。

续表

教学环节	教师活动	学生活动	设计意图
学习目标评价	 1. 试举出铝粉漆的两个优良性能。	思考并讨论：良好的抗氧化效果，防锈；耐高温等良好性能。	实现教学评的一致性，达成核心素养提升的终极目标：利用所学铝的性质进行生活实践应用，发展学生的创新能力。同时让学生深切体会到性质和应用的关系。
	 2. 白色固体颗粒＋银灰色铝粉可以制成家用“管道通”。 (1) 说说“管道通”能够很好疏通管道的原因。 (2) 能将白色固体颗粒换成盐酸吗？	思考并讨论：“管道通”成分为铝粉与烧碱，该反应产生大量气体，并释放出热量，所以能很好疏通管道，且烧碱本身也能使油污分解。 换成盐酸不合适，若是金属管道易被腐蚀。	
学后反思	讲述：通过今天的学习，同学们有哪些收获，还有些什么疑问呢？给大家一分钟的时间回味思考一下。 元素化合物知识的学习往往从每一种物质的结构出发，围绕其化学性质为核心进行学习，在此基础上应用于社会生活和实验生产中的一些问题解决。	回顾思考，进行小结，补充。 元素化合物知识的建构： 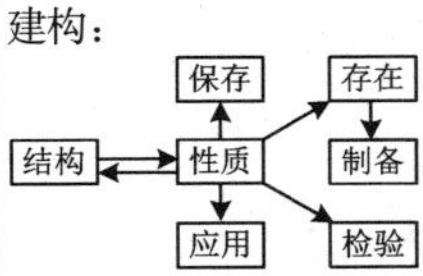	鼓励学生用批判性思维进行质疑和反思，通过最后的一分钟留白，让学生静心反思并记录本节课自己认为最有价值的东西，不仅使所教授的学科知识从内部得到拓展，还为学生提供了更有意义的学习。

三、教后反思

核心素养呼唤批判性思维。《批判性思维工具》一书中曾提出：“一个人可以听一千场讲座，读一千本书，就好像可以通过这种方式获得知识。但是，求知的过程不仅仅是被动地接受，而是让知识进入自己的头脑，思维必须行动起来，主动出击，迎接迎面而来的知识，丰富自己的心智，让自己从无到有”。[3]知识是无穷无尽的，同时知识也会不断更新，但思维方式却可以超越具体的知识，存在并发挥作用，拥有批判性思维的人不容易落伍。

同时我们也要深切地意识到批判性思维是种品质，通过批判性思维培养的实践研究，让课堂有所改变，但不能希冀其发生翻天覆地的变化。批判性思维培养应该是一种常识教育，其培养不可能一蹴而就，必须在日常的课堂教学中，汇聚涓涓细流，最终方能水到渠成，发展成为学生的核心素养。

参考文献

[1] 陈洪磊，夏光州，刘娜娜，等. 高中生物学教学中学生批判性思维能力的培养[J]. 现代教育科学，2014(4)：15.

[2] 教育部基础教育课程教材专家工作委员会，普通高中课程修订组. 普通高中化学课程标准(核心素养版)[M]. 北京：人民教育出版社，2016.

[3] 保罗，埃尔德. 批判性思维工具[M]. 北京：机械工业出版社，2013.

（该文原载于《化学教与学》2018 年第 3 期）

浅谈批判性思维的培养策略

赵瑞芬

一、教材分析及设计思路

“转基因生物的安全性问题”是苏教版生物选修 3《现代生物科技专题》第一章第二节的内容，安排在“基因工程的应用”之后，主要介绍转基因植物的食用安全性和对生态系统的影响，以及转基因动物对人体健康和生态系统的影响，教材中设置了“课题研究”栏目，通过课题研究对转基因植物的安全性等问题开展讨论，引导学生理性看待转基因生物的安全性问题。本课重点是通过调查研究，收集转基因生物安全性方面的证据，开展讨论。本课难点是引导学生关注社会问题，运用批判性思维对不同观点进行分析评价，理性看待转基因生物的安全性。

为了收集有关转基因生物安全性的不同观点和证据，让学生课前分组进行了文献调查和访谈调查，在调查研究基础上，课上采用辩论方式对不同观点进行讨论，通过辩论和连线专家，学会理性看待社会问题。

二、教学目标

（一）知识目标

简述转基因生物的安全性问题。

（二）能力目标

尝试开展调查研究，收集不同观点的证据；运用批判性思维对不同观点的证据进行分析和评价。

（三）情感、态度与价值观目标

认同对转基因生物安全性问题讨论的必要性；养成参与社会问题讨论和承担社会责任的习惯；形成理性看待转基因生物安全性问题的科学态度。

三、教学过程

（一）课前准备

学生分组收集转基因安全性方面的资料，访谈身边老师，完成学生辩论正反方分组与人员分工以及连线采访专家的工作。

（二）播放视频，导入新课

教师自制微视频，导入新课。在微视频中介绍转基因技术的最新成果和转基因技术在农业、食品工业以及医药等领域的推广应用情况，对人们关注的热点问题如食物安全、生态问题以震撼性图片的形式在视频中加以呈现。

设计意图：让学生观看视频，了解转基因技术的最新成果和当前人们关注的热点问题，加强直观感受，吸引学生注意。

（三）访谈调查，聆听观点

为了解普通民众对转基因生物安全性的看法，学生分小组对身边的老师进行了录音采访或视频采访，采访对象包括语文、数学、英语、物理和生物等学科的老师，采访的视频和录音交由老师合成后在课堂上播放，大家看到身边的同学采访熟悉的老师觉得非常有趣，聆听十分专注。采访中大多数老师表示由于对食品安全性的担忧，尤其担心有滞后效应，不敢购买转基因食品，也有少数老师表示不必担心安全性问题，多数受采访者关注的焦点是转基因食品的安全性问题，只有极少数老师关注到生态问题。

设计意图：让学生通过调查了解普通百姓对转基因生物安全性的真实态度以及作为具有一定文化素养的老师对社会性问题思考的角度，为后一环节辩论提供参考。受访谈的都是学生熟悉的老师，能提高学生的参与度和学习兴趣。

（四）组织辩论，表达观点

学生分成正、反两方，每方派出四位选手上台辩论，运用计时器严格控制双方发言时间，通过一场小型辩论会把前期收集的各方证据加以展示，同时进行一次批判性思维的训练，学生通过提出论点、拿出证据、提出反论点和支持性理由，有效锻炼了理性思维能力和口头表达能力。正、反两方对于转基因生物安全性争论的立足点各不相同，正方从转基因技术的应用成果和发展前景出发，提供支持转基因的各种证据；而反方从存在的潜在问题出发，提出反对转基因的多种理由。

设计意图：对不同观点进行理性分析与评估，培养学生的批判性思维和论证能力。

（五）卡片贴图，归纳观点

教师把转基因生物的优点和可能存在的问题写在彩色卡纸上，让两名同学到黑板上进行归类，把支持转基因的观点贴在支持一边，把反对转基因的观点贴在反对一边，通过卡片归类可以将人们对转基因生物安全性的关注焦点较清晰地呈现出来，如图 1 所示。

支持理由	反对理由
解决粮食短缺问题	产生新毒素和过敏原
减少农药使用	降低生物多样性
增加食物营养	抗除草剂的超级杂草
提高产品的产量和品质	疾病的散播跨越物种障碍
带动相关产业发展	滞后效应

图 1　支持理由和反对理由

设计意图:通过卡片贴图加深对转基因安全性的认识,有利于学生辩证看待现代生物科技。卡片贴图还可以发挥课堂板书的功能,但比板书更美观。

（六）走近专家,倾听解读

关于转基因生物的安全性问题各方争议较大,学生希望听到权威分析,课前连线采访一位该领域资深教授,请他以专家身份给同学们谈一谈如何看待这一问题,课堂上播放采访录音。教授就人们关注的食品安全和生态安全问题,分别从目前的试验情况、投放市场的品种和数量以及美国、欧盟、中国政府所持的谨慎态度一一进行了解读,引导学生理性看待转基因生物的安全性问题。

设计意图:让学生走近专家,倾听权威分析,拉近与专家之间的距离,学会理性看待转基因生物。

（七）认识法规,了解标识

提问:究竟有多少转基因食品进入了餐桌?有没有在不知情的情况下吃到转基因食品?这是人们关注的又一话题,这就涉及转基因食品的标识问题,民众希望对转基因食品拥有知情权,在此基础上进行自主选择。但是对于转基因食品的标识问题说法不一,实际情况如何?教师可向学生介绍课前通过调查了解到的情况:我国自2015年10月1日起施行的《中华人民共和国食品安全法》要求转基因食品要有明显标识。大家还关心美国作为种植转基因作物最多的国家对转基因食品有没有标识,目前有两种不同的说法:一种说美国的转基因食品是强制要求标识的,另一种则说美国转基因食品不要求标识。教师通过美国的朋友查阅了美国转基因标识法的相关信息,了解到美国的最新转基因标识法案于2016年7月获国会批准,经由奥巴马总统签字生效,但是美国农业部(USDA)要用两年时间制定和完善具体的标识方案,并制定需要进行标识的转基因成分含量标准。也就意味着目前购买的美国转基因食品未必就有标识,因为具体的标识方案还在制定中。将这些法律法规在课堂上给学生介绍,既满足了学生的知情权,也增强了学生的法规意识。当然也可让学生查阅相关资料，来给大家反馈。

设计意图：让学生了解相应法规，满足知情权，增强法规意识。

（八）畅谈收获，反思总结

让学生针对前期调查研究和本节课的学习，总结收获和感悟，教师随机选择5名同学用一句话表达自己的收获和感悟。每个学生的收获各不相同，学生大多谈到了通过本节课的学习，学会了用批判性思维分析和评价社会性问题，理性看待转基因生物的安全性问题。

设计意图：通过谈收获和感悟的方式进行课堂总结，有利于引导学生思考，不仅给学生以表现机会，有效调动学生参与，同时也有利于课堂教学的再生成，因为所谈内容不是教师预先设定的。

四、教学反思

"转基因生物的安全性问题"作为社会性议题具有多元性、情境性特点，学生可以根据自己的日常生活经验、价值观作出相应的抉择与判断，如何让学生面对争议性较大的社会问题进行理性分析，作出正确的评估，教师教学中不仅要给予方法的指导，还要给学生创设思考、讨论、表达的机会。

在本节课教学中，学生在调查研究基础上分析各方观点和证据，进而形成自己的观点，通过辩论进一步检验自己观点的合理性，在此过程中，学生能够运用证据和逻辑对社会性议题进行思考和展开论证，应变能力和口头表达能力得到加强，批判性思维能力得到有效训练，增强了合作意识和社会责任感，养成用辩证的眼光看待社会性问题的良好习惯，为继续学习和走向社会打下必要的基础。

（该文原载于《生物学教学》2018年第2期）

高中生物教学中批判性思维培养课例研究

——高三复习课“提取和分离叶绿体中的光合色素”

陆　俊

“提取和分离叶绿体中的光合色素”是《普通高中课程标准实验教科书生物必修 1》中的一个重要实验。笔者在开设本节实验课前，发动学生以学习小组形式，商讨实验设计方案，并撰写成文字稿，明确本小组探究方向。让每个学生都明确实验原理、实验材料和实验操作步骤，老师可以根据每个学习小组的要求，准备相应的实验器材。

一、学生展示设计方案

1. 第 1 组：探究用无水乙醇作为层析液的可行性。

学生 1：纸层析法的原理是各种光合色素在层析液中的溶解度不同，溶解度高的随层析液在滤纸上的扩散速度快，反之则慢，从而使各种色素相互分离。教材中推荐用无水乙醇提取色素，理由是色素可以很好地溶于其中。我们想探究用无水乙醇作为层析液的可行性。

2. 第 2 组：探究用单层尼龙布、纱布、滤纸过滤的效果。

学生 2：试卷中考到相关问题，我们组很多同学都把过滤操作中使用单层尼龙布错填成了纱布或者滤纸，所以我们特别想知道三者的过滤效果有什么差异。

3. 第 3 组：探究清水提取色素的效果。

学生 3：教材中选用有机溶剂无水乙醇提取色素，老师说色素不溶于水，以前做过一个模拟题，问清水提取色素的现象，答案是无色。

可是，日常生活中用清水洗净蔬菜后，有时候会看到水变成淡淡的绿色，所以我们产生了疑惑，想探究用清水提取色素的效果。

4. 第 4 组：探究铅笔、圆珠笔、钢笔等画线操作效果。

学生 4：画滤液细线之前，需要用笔画一条直线，便于滤液细线画得更细、更直。教材建议用铅笔画线，我们组对此产生了疑问。既然只是起辅助作用，是不是可以用其他笔画？我们想看看实验效果。

5. 第 5 组：探究实验材料的选择及其可能对实验产生的影响（本组学生制作了 PPT 汇报）。

学生 5：我们组探究的方向是实验材料的选择及其可能对实验产生的影响。能够进行光合作用，含有光合色素的植物有很多，为什么教材推荐新鲜的菠菜叶作为实验材料？我们从校园里选用了另外三种植物叶片，第一种是桂树叶，因为菠菜叶含有大量水分，可能会降低无水乙醇的浓度，从而影响实验效果，而桂树叶是良好的燃料，含水量低，我们猜想桂树叶叶绿素提取液浓度会更高，有利于析出更清晰的色素带；第二种是红花檵木，这个季节很多植物的叶片颜色会发生改变，但它们并没有停止光合作用，所以我们选择了一种深红色的叶片，尝试是否能够析出与绿色叶片同样的色素带，同时探究叶片的红色色素会对实验产生怎样的影响；第三种是麦冬，它是一种多年生常绿草本，种植范围比较广泛，在校园内随处可见，取材便利，我们将分成 4 个小组，分别采用菠菜叶、桂树叶、红花檵木叶、麦冬叶作为实验材料，进行对照实验，希望实验结果能够解答我们的疑惑。

6. 教师组织与引导：高三复习过程中，学生不仅要掌握知识性的内容，还要形成批判性的学习思维，从更多的维度分析，更加深入地思考。鼓励学生从不一样的视角发现问题，学习的时候多问几个“为什么”。给予学生足够的空间，学生确实可以提出各种探究话题。当然，并不是所有的问题都值得探究，都适合在 40 分钟的课堂上探究。例如，另外一组学生提出的探究方向是滤纸剪角角度对于本实验的影响。通过多次实验，我们发现，最终色素带是否平整取决于很多因素，滤纸剪角角度对于本实验的影响很难在中学课堂上进行实验探究。以上小组提出的探究方向都具有一定可行性并且具有一定的研究价值，是值得探讨的话题。

二、学生分组探究实验

1. 学生分组：学生 2 人一小组，前后 4 小组构成一大组，便于相互观察、探讨。由汇报本大组实验方案的学生负责，按照本组研究方向分工，进行组内对照实验。实验过程中，可以组内讨论，汇总意见，确定一名同学代表本组汇报实验现象及本组的分析、思考。

2. 教师组织与引导：学生实验前，提醒操作规范，确保实验安全，尤其是涉及有机溶剂和玻璃器具的使用。实验过程中，教师和各组交流。用手机拍摄图片，导入电脑，为后续学生汇报做准备。

三、学生分析实验现象

1. 第 1 组：探究用无水乙醇作为层析液的可行性。

学生 6：我们观察到的现象是跑出了色素带，但是各条色素带间隔很小，相对于对照组，现象不明显。我们的分析是几种光合色素在无水乙醇中的溶解度相当，扩散速度相仿，所以才出现了以上现象。

2. 第 2 组：探究用单层尼龙布、纱布、滤纸片过滤的效果。

学生 7：我们小组用三种材料进行了探究。一种是滤纸过滤，几乎过滤不下来，所以滤纸并不合适进行本实验过滤操作；第二种是用纱布，用单层纱布，通透性过强，滤渣较多，后续的分离实验现象还是比较明显的，用双层纱布，通透性明显下降，需要挤压帮助过滤，从层析现象看，效果不佳；第三种选用的是单层尼龙布，整体操作顺利，实验现象明显。所以，我们小组的结论是用教材中推荐的单层尼龙布过滤效果最好，单层纱布也可以，效果次之；滤纸不合适。

3. 第 3 组：探究清水提取色素的效果。

学生 8：和无水乙醇比较，用清水进行色素提取，过滤后，滤液颜色几乎没有差异，并不是无色的。色素不溶于水，不能形成溶液，通过现象观察，形成的可能是浊液。最让我们惊讶的是，用清水提取的色素进行层析,因为时间的原因,层析时间比较短,就目前的现象看,我们这一小组和对照组都跑出了色素带,并没有明显的区别;另一实验组没有跑出色素带。所以还需要时间进一步探究。

4. 第4组:探究铅笔、圆珠笔、钢笔等画线操作效果。

学生9:用钢笔或水笔画线,在层析的时候,墨水会晕染开,影响实验;我们还用了荧光笔画线,由于荧光笔是有颜色的,对色素带的分析影响也很大;用蜡笔、圆珠笔画线,由于其本身是油性的,同样对实验造成了干扰;铅笔画线,铅比较稳定,对实验几乎没有影响。所以,铅笔是非常好的辅助画线的选择。

5. 第5组:探究实验材料的选择及其可能对实验产生的影响。

学生10:我们这组发现了许多有趣的现象。首先是实验前被我们看好的桂树叶,太硬了,不合适用研磨的方法提取色素,它水分含量少的优点被难以研磨的缺点完全抵消了;然后是红花檵木,研磨的过程中,叶片变绿了,我们认为可能是研磨过程中酸碱度的改变造成颜色的变化,也可能是液泡更容易被研碎,其中的红色花青素释放出来,原本被遮蔽住的叶绿素显现出来了;另外,我们发现在层析的过程中,在画线的位置有一条淡紫色色素带,但没有随层析液跑动,我们分析这是一种不溶于有机溶剂的物质,应该是花青素;麦冬在研磨的过程中,散发出一股难闻的味道,实验效果和菠菜差不多;四种材料中,菠菜是最容易研磨的,但含水量偏高,对实验有影响,如果能够降低它的含水量,应该就是比较理想的实验材料了。

6. 教师组织与引导:实验之前,很多小组对于实验结果已经有了预期。重点关注实验现象和预期相差较大的组,及时发现、引导,让学生更加深入地去思考问题。在学生分析的过程中,对于一些值得继续探讨的话题,通过连续的追问,引导学生思考。例如,探究用无水乙醇作为层析液的可行性,学生分析后,老师出示人教版中层析液成分(由20份在60℃~90℃下分馏出来的石油醚、2份丙酮和1份苯混合而成),为什么是多种有机溶剂?为什么比例不同?这些都是值得思考,同时也是学生可以回答的问题。

四、本节探究实验反思

本节课尝试培养学生的批判性思维，通过引导学生自主设计探究方案，对教材中以结论形式出现的一些操作等方面提出质疑，通过小组合作探究，尊重实验现象，结合自身已掌握的知识，对实验现象进行分析，对教材中的操作进行评价。形成“质疑—探究”的教学模式，尝试让学生形成初步的批判性思维习惯，不迷信权威。需要特别强调的是，并不是发现错误才是批判性思维，通过实验证明教材的正确也是批判性思维。批判性思维是一种通过理解、质疑考察证据的合理性从而决定应当相信什么或不信什么的思维。

1. 鼓励学生认真思考，学会质疑。

学会质疑是学生认识变得主动、思考走向深入、思维趋于严谨的重要前提。苏格拉底认为“一切知识都来自疑问”，“知识越多，疑问也越多”。实际情况是，高三的学生已习惯知识仅以结论形式存在。对于他们而言，首先需要做的是重拾儿童时期的良好习惯，回归本源，多问“为什么”。作为教师，需要帮助学生恢复和提高质疑的能力。教师需要转变教学观念，杜绝观点的灌输，尊重学生的主体地位，同时创设宽松的课堂氛围，增加与学生的互动和交流，让学生能够主动参与到课堂活动中，发表自己的意见。学生习惯质疑、乐意提问只是第一步，教师还应进一步指导学生提升质疑的能力和问题的质量。不断提醒学生，探究方向是什么？理由是什么？有时还需要追问“为什么”。明确了探究方向，确定实验步骤，分小组开展探究实验，观察实验现象，尊重实验现象，思考分析。实验本身存在一定的偶然性，实验现象可能不同，学生的知识储备有限，实验分析也不一定完全正确。这些并不妨碍教师对学生所做一切的肯定，同时对于学生实验中出现的问题加以引导，对于实验进行再思考。

2. 发现问题深入思考，继续探究。

在探究过程中，出现了一些意料之外的现象，通过讨论，在已掌握的知识基础之上，在课堂内不足以解决的问题，需要课后查阅更多资料，继续思考，产生新的质疑，设计新的实验方案继续探究。例如，研磨过程中红花檵木变绿的原因，究竟是学生分析的哪一种可能，或者是课堂分析之外的其他原因，这些都不能主观臆断，需要尊重后续的实验现象再做分析。

本节课，学生通过“质疑-探究”的过程，证明了教材中大量操作、选择的正确性，这并不意味着学生没有收获。很多实验现象和学生的讨论分析证明了部分选择的不唯一性，为课本实验的改进创造了条件，拓宽了学生的思路，加深了对知识的理解，不仅知其然，而且知其所以然。想要在生物教学中培养学生的批判性思维，不妨从探究实验做起。

参考文献

[1] 中华人民共和国教育部. 普通高中生物课程标准(实验)[M]. 北京：人民教育出版社，2009.

[2] 徐飞. 会质疑　有理由　讲逻辑：略论语文教学中批判性思维的培养[J]. 教育研究与评论，2015(5)：6-9.

（该文原载于《中学生物教学》2018 年第 1 期）

强化问题意识　培养批判性思维

——以两个网络热点事件案例教学为例

庄晓卉

初中道德与法治学科承载着引导学生逐步实现形成正确世界观、价值观、是非观，帮助学生过积极健康生活的任务。《义务教育思想品德课程标准(2011年版)》明确指出："使学生初步认识和理解社会生活的复杂性，能够做出正确的道德判断和选择"。要想达到这个目标，培养学生的批判性思维尤为重要。

批判性思维，是把一切现象置于理性范畴内检验和评判的意识和能力，是通过理解、质疑逻辑地考察论据和论证的合理性，从而决定应当相信什么和否定什么的一种高级思维。批判性思维包括批判精神和批判技能两个方面。批判精神是指有意识地进行批判的心理准备状态、意愿和倾向，它能够激活个体的批判意识，促使个体朝某个方向思考，时刻用审视的眼光批判、辩证地看待问题。批判技能是指进行批判性思维活动所应具备的技能和策略。批判性思维的培养，重点在于培养学生勇于质疑的批判精神和基于实证的逻辑思维能力，从而在面对现实事件时决定应当相信什么和不相信什么。

围绕学生批判性思维的养成，笔者在教学过程中以"问题意识"为主线，做了一些尝试，收到较好的成效。本文通过两个网络热点事件的授课和多层次的问题设置，做一个展示。

从认识论的角度来看，我们认识事情、分析问题都是从感性的现象出发，通过"去粗取精、去伪存真，由此及彼、由表及里"，从感性认识上升到理性认识，再从理性认识回到实践。要让学生正确、科学地认识世界、改造世界，就需从培养学生的问题意识起步，从而真正掌握科学的认识论和方法论。

一、精心设问，让批判性思维熠熠生辉

（一）教学案例

2016 年 11 月 30 日上午，一篇《罗某笑，你给我站住！》的文章刷爆朋友圈。文中称深圳本土作家罗某 5 岁女儿罗某笑，被查出患有重病，医疗费每天高昂。心急如焚的父亲没有选择公益捐款，而是选择“卖文”，如果多转发一次这篇文章，便会为笑笑的治疗筹款多增 1 元钱，当天共筹集善款 250 多万元。随即，有网友称此事为营销炒作，罗某笑的治疗花费并不像文中所说的那般高昂，而且罗某在东莞与深圳均有房产，治病的钱也早已筹齐。

（二）教学过程

第一次授课：完整展示“罗某笑事件”并设置问题：你是如何看待这件事情的呢？有学生认为，罗某不够诚信，利用了人们的善良。有学生认为，捐款是一种爱的表现，这种对社会的关爱是值得提倡的。教学感受：学生具备了多角度分析问题的能力，但对该事件的认知还不够深刻和全面，没有达到笔者设定本案例的教学目标和预期效果。

第二次授课：展示该事件求助捐款阶段内容及网络热度，朋友圈截图：15 分钟内被刷屏、阅读量和点赞量均超过十万次。设置问题 1：你是否会帮助转发？为什么？大部分学生都不假思索地说会转发，并阐述了理由。

展示该事件后续发展的逆天反转。设置问题 2：此刻你有什么感受？笔者感受到学生情绪上的变化。很多学生觉得上当受骗了，并纷纷指责起罗某的行为。也有学生提出，要提高自我辨别能力，遇事要想一想。

学生指责激烈与讨论之时，设置问题 3：出现下一个“罗某笑”时你还会转发、捐款吗？有学生说还会转发，哪怕是上当，也希望帮帮那个孩子。有学生说不会，网上信息可信度不大，不想上当受骗。有学生说，要确保情况真实才会转发并捐款。有学生说，她一定选择捐

款，她想帮助别人，不会因为可能上当而失去一个帮助别人的机会，但是在没有证实信息真实的前提下不会转发，她要对自己的行为负责。

第三次授课：在此前授课问题的基础上，设置问题4：回顾你对该事件的思考过程，现在又有怎样的感受？在自我反思认识变化的过程中，学生们达成共同认识：不要轻易地对某件事下结论；在给出判断前要充分搜集证据，分析事情的逻辑；事情在不断地发展变化，认识、思考和言行也应随之做出相应的调整。

（三）教学反思

表1对三次授课内容进行了对比分析。

表1　三次授课对比分析

次数	材料出现方式	设问(任务)
第一次	整段出现	你是如何看待这件事的？
第二次	分段出现	Q_1：你是否会帮助转发这篇文章？为什么？ Q_2：事情如此逆天反转，你是什么感受？ Q_3：出现下一个“罗某笑”时你还会转发、捐款吗？
第三次	分段出现	$Q_1+Q_2+Q_3+Q_4$ Q_4：回顾你的思考过程。

同一案例、三次授课、三次不同的教学设计，从初次、表层的问题设置，到分情境、分阶段设置问题，再到全过程、反思问题的设置，让学生感受到了反思、归纳、对比等思维的轨迹，触摸到了思考的实质，感受了理性之美和思维之美。通过对比，第三次授课，学生的思维明显活跃，获益也明显增多。这既是教学过程逐步提升的过程，也是学生问题意识、思维模式升华的过程。

二、生成设问，让批判性思维光彩夺目

（一）教学案例

2017年大年初二下午，宁波雅戈尔动物园老虎撕咬一名逃票翻

墙落入虎山的成年男子。事后，围观游客被驱散，被咬男子不治身亡，肇事老虎被击毙，动物园被封停。

（二）教学过程

第一个任务：看完这个新闻后，请提出几个你觉得有价值的问题，先自己回答(可以上网收集资料)。学生提出如下问题：

1. 老虎吃人是谁的错？
2. 男子明知道翻墙很危险，为什么要这么做？
3. 为什么游客要逃票？
4. 为什么事后要击毙老虎？
5. 其他国家有没有类似的事情？
6. 为什么动物园接待那么多游客，只有那几个人被咬伤？
7. 动物园对野生区的管理是否有不完善的地方？
8. 如果你在现场，你会怎么办？

第二个任务：在小组中选出两个最感兴趣的问题，小组成员一起回答。

第三个任务：在小组讨论过程中，你是修正了自己的答案，还是说服了小组同伴，还是……请大家思考并分享自己答案变化的过程。

学生 1：被同伴说服了，认为同伴讲得很有道理，我改变了自己的想法。

学生 2：我用证据说服了同伴，让别人认同了自己的想法。

学生 3：在相互的启发下，我们彼此的答案都有所调整。

学生 4：我们谁也没有说服谁，我们的认识没有发生任何变化。

教师：你认为你们的认识没有发生变化，能说说为什么吗？

学生 4：我们的论据和论证都很充分，谁也说服不了谁，甚至越辩越让我们明晰也更坚定自己的立场。

教师：哇，真棒！你们对自己的认识与理解更加坚定，其实这也是一种变化。是什么让我们的理解发生变化的呢？搜集证据、论证、思辨，会让我们更接近真相。

（三）教学反思

与第一个案例不同，在第二个案例中，笔者只设置了引导性问题，而主问题的讨论是学生自己在情境中生成出来的。批判性思维的培养与培养学生的提问和质疑能力是密不可分的。通过问题的不断提出，学生之间相互辩论、相互启发，逐步由浅入深、由表入里，触及问题的本质，学生的问题意识、批判性思维也得以强化。

在这两个网络热点事件的案例教学中，通过不断地设置多样化、多层次和蕴含逻辑结构的问题，精心设问、生成设问、结合初中生的情绪、情感以及心理发展的阶段特征，问在选择的两难处、问在知识的不解处、问在思维的过渡处，不断调整与优化教学过程、设问过程，从而有效地让学生在富有价值的设问牵引下，学会正确地理解、分析、选择，进而把握思维、思考过程与规律，进一步培养和发展学生的问题意识和批判思维。通过培养，希望学生在面对纷繁复杂的世界时，做出的判断是一个有充分理由支持的判断。学生不再满足于自己未经反思的观点，或者不加批判地接受别人的观点，他们懂得可以最终认可一个合理的、相互尊重的分歧。

参考文献

[1] 钟启泉."批判性思维"及其教学[J].全球教育展望，2002(1):34-37.

[2] 罗清旭.批判性思维的结构、培养模式及其存在的问题[J].广西民族学院学报(自然科学版)，2001(3):216.

[3] 白琳，巴特斯比.权衡：批判性思维之探究途径[M].仲海霞，译.北京：中国人民大学出版社，2014.

（该文原载于《生活教育》2017 年第 12 期）

基于学生视角　培养批判性思维

——以《新时代劳动者》为例

夏新峰

一、背景

本课例是笔者 2017 年在全国批判性思维研讨会上开设的一节公开课。批判性思维是敢于质疑的创造性思维，是在主动思维中对已知或结论等积极辨析判断，并能有根据地做出肯定接受或否定质疑的断定，在评判中形成主观结论的较为全面的思维。批判性思维对学生的成长非常重要。这节课的设计凸显了对学生批判性思维的培养。

二、进入案例

（一）教学依据

1. 时事背景：习近平总书记强调"中国梦"是一个让劳动者体面劳动、有尊严生活的梦。实现"中国梦"就要圆劳动者的就业梦、维权梦。十九大报告中提出建设知识型、技能型、创新型劳动者大军，营造劳动光荣的社会风尚和精益求精的敬业风气。

2. 教材分析：《新时代的劳动者》是高一年级《经济生活》第二单元第五课第二框题的内容，是第五课的结论课。在学习了第一框《公司的经营》的基础上，这一框分析了劳动者如何就业、创业；如何维护自身的合法权益，逐步帮助学生树立诚实劳动、合法经营、积极创业的观念，确立正确的择业观以及增强学生的权利意识和法律意识，同时也为学习第六课《投资的选择》打下坚实的基础。

3. 学情分析：本课涉及的现实生活热点问题较多，学生较感兴趣，但这些问题与学生生活有一定距离，学生了解较少，因此理解本课内容有一定难度。针对这种情况，要善于整合教材，创设情境，调动学生积极性，使学生能够主动参与课堂，以达到预期的教学目的。我在本课的设计中，围绕中国梦这条主线，对教材进行必要的整合，通过筑梦、逐梦、圆梦三个环节，指导学生自主生成，形成正确的认知。

（二）教学设计

【教学目标】

(1) 知识目标：

懂得劳动的含义及其地位，就业的作用与意义；

知道如何从政府及劳动者两个方面解决我国的就业问题；

懂得劳动者维护自身合法权益的基本途径与方式。

(2) 能力目标：

正确认识我国就业形势的辩证思维能力；

依法维护劳动者合法权益的能力。

(3) 情感、态度和价值观目标：

培养创新精神和创业意识；增强依法维权的法制观念；

增强进取心和正当竞争的意识；

树立劳动光荣、劳动伟大、劳动平等的观念和热爱劳动人民的情感。

【教学重点】

树立正确的就业择业观。

【教学难点】

(1) 正确认识就业的意义；

(2) 劳动者维护自身权益的途径和程序。

【教学过程】

导入新课：留学生和按摩技师感觉是很遥远的事情，前不久在杭州发生了这样一件事情。

情境探究一：

“花了近两百万送女儿到澳大利亚某知名学校留学，她在澳大利亚留学6年，却迷上按摩。毕业回国后死活要从事按摩行业，在成都找了一家中医理疗馆，拿着底薪，像模像样地上起了班，简直把我和她爸的脸都丢光了。”张女士一边讲述女儿的经历，一边叫《华西都市报》一封面新闻记者评理。

问题：新闻中女儿的选择，你是支持还是反对？

教师：请同学们根据材料，互相交流自己的观点和看法。她这样的选择到底值不值？

归纳总结一：筑梦——尊重劳动

1. 劳动者的地位：

我国劳动者分工不同，地位平等，都应该得到承认和尊重。光荣属于劳动者。

2. 就业的意义

(1) 国家、社会角度

(2) 个人角度

现实生活中有一些留学归国人员，归国后没有积极工作，成了“海待”。

情境探究二：

问题：当出现就业期望与社会现实的矛盾时，需要给个工作，你同意他的看法吗(见图1)？

图1　导入图

教师：请同学们互相讨论一下，有没有同学对此有质疑？工作谁来给？你认为就解决我国的就业问题，需要国家做些什么？

请学生大声齐读：党和政府应从人民群众的根本利益出发，实施就业优先战略和积极的就业政策，制定了劳动者自主就业、市场调节就业、政府促进就业和鼓励就业的方针。

教师：你认为解决问题的根本出路在哪里？

学生：国家经济的发展，大力发展生产力，从而创造出更多的就业岗位。政府也在鼓励大众创业、万众创新；企业承担社会责任；劳动者要积极就业，理性择业。

教师：那劳动者应该怎样做呢？我们通过一个调查来模拟一下。你打算参加哪个岗位的竞聘（见表1）？请同学们互相讨论一下。

表1　人才招聘岗位列表

岗位	岗位数（人）	月薪（元）
高级电气工程师	1	12000
区政府公务员	2	8000
超市营销人员	6	月薪3000+提成
餐厅服务人员	6	4000
物业保洁工	20	2200

问题1：大家在选择这些岗位的时候主要考虑的是哪些因素？

（引导① 树立自主择业观，根据个人兴趣、条件自主选择职业）

问题2：许多同学应聘区政府公务员，这时候怎么办？应选择谁？怎样才能在竞争中胜出呢？给了我们哪些启示？

（引导② 树立竞争就业观。思想上，我们要激发一种忧患意识，树立竞争意识；行动上，我们一定要努力学习，提高技能和素质，抓住机会）

问题3：物业保洁工需求量较大，为什么应聘的人很少？

（引导③ 树立职业平等观，各种正当职业的劳动者，都是创造社会财富所必需的，没有高低贵贱之分）

你打算怎样改变保洁工劳动的强度和劳动的技术含量呢？

学生:我们要有创新思维,创造更大的价值。

问题4:有些没有参加应聘的同学是怎么想的呢?

(通过多种途径,灵活选择不同的就业方式,招聘网站、招聘节目、自主创业、毛遂自荐。引导④ 树立多种方式的就业观)

归纳总结二:逐梦——理性择业

情境探究三:请大家观看在建邺环宇融侨广场讨薪事件的视频。

问题:有人说劳动者的这种维权是无奈之举。这种看法你同意吗? 对此有质疑吗?

归纳总结三:圆梦——依法维权

1. 劳动者权利的内容。

2. 维护劳动者的合法权益,是社会主义制度的本质要求,是调动劳动者的积极性和创造性的保证。

3. 劳动者应如何维护自身的合法权益:

(1) 履行劳动义务——基础

(2) 依法签订劳动合同——依据

(3) 当自己权益受到侵犯时通过合法途径维护——途径

总结:现在是法治社会,我们每个人都应增强法律意识,通过合法手段维护自身权益。同时,在市场经济条件下,每个人都要增强竞争能力、维权能力;企业要增强社会责任感,要守法经营;国家要不断健全法律法规并加大执行力度。

教师:上完本节课,你最大的感受是什么?

学生:劳动光荣、积极就业、依法维权……

三、思考与领悟

(一) 澄清误区——基于学生成长的批判性思维

最初我的顾虑是,思想政治学科核心素养明确指出:要坚持政治认同。我的理解是应该明确告诉学生什么是对的,政治教材的观点怎能质疑? 通过批判性思维理论的学习和实践,我发现,只要我在教学中注重培养学生正确的立场，激励和促进学生朝正确的成长方向努力；注重培养学生思辨理性的表达观点，力争在考虑全面的基础上形成自己的思想见解；注重培养有规则制约的守法公民，引导学生做一个懂法守法的合格公民；注重培养有责任担当的负责公民；只要我坚持立足于提升学生思想政治学科核心素养，批判性思维就更有助于教学，更有助于学生思维能力的提升。

（二）创造机会——在课堂中培养学生的批判性思维

课堂是学生的舞台。在政治课堂上，在授课时，教师应走到学生中间，与学生一起学习、讨论，让学生敢想、敢问、敢说；要力求抓住学生的疑难处，以此为切入点，以学生为中心，引导学生大胆质疑，让知识自然生成。通过引导学生质疑，引导学生之间互相质疑，在质疑、争论中让观点更明晰；教学中通过理论与现实的结合，运用具体事例进一步证实观点的科学性；通过问题反思、追问，通过学生间互相辩论，学生思考更严密，更富有逻辑性；问题要有两难性，蕴含认知冲突，有助于激发批判性思维；给学生机会，让学生从情境中提出问题，让批判性思维由此而生；判断后，学生充分讨论后，给学生时间和空间去寻找实证。

（三）精心设问——批判性思维培养的方法

围绕学生批判性思维的养成，我在教学过程中以"问题意识"为主线，做了一些尝试，收到较好的成效。在每个环节的讨论中，我都设计了一串问题。

情境探究一中设计的问题有：新闻中女儿的选择，你是支持还是反对？她这样的选择到底值不值得？这个问题非常开放，学生在表达观点的过程中，教师特别注重引导学生陈述清楚支持自己观点的理由。

情境探究二中设计的问题有：当出现就业期望与社会现实的矛盾时，需要给个工作，你同意他的看法吗？请同学们互相讨论一下，有没有同学对此有质疑？工作谁来给？你认为就解决我国的就业问题，需要国家做些什么？你认为解决问题的根本出路在哪里？你打算参加哪个岗位的竞聘？请同学们互相讨论一下。大家在选择这些岗位的时候主要考虑的是哪些因素？许多同学应聘区政府公务员，这时候怎么办？应选择谁？怎样才能在竞争中胜出呢？给了我们哪些启示？物业保洁工需求量较大，为什么应聘的人很少？你打算怎样改变保洁工劳动的强度和劳动的技术含量呢？有些没有参加应聘的同学是怎么想的呢？这个环节问题的设置层层深入，在课堂上不仅出现了师生对话，而且还出现多次生生对话，在争论、思辨中，学生们的思维能力得到了培养。

情境探究三中设计的问题有：有人说劳动者的这种维权是无奈之举。这种看法你同意吗？对此有质疑吗？视频中劳动者的哪些权利受到损害？劳动者应如何维护自身的合法权益？学生通过这几个问题的思索和相互观点的碰撞，能够更加科学、全面地看待周围的人或事。

最后，教师留了这样一个问题：上完本节课，你最大的感受是什么？这个问题给了学生反思的时间，学生可以更好地整理一下本节课思考的过程，这有利于批判性思维的培养。

《普通高中思想政治课程标准》的基本理念突出特点是：更加强调学生学习的主体性，要培养青少年的科学精神，提高辩证思维能力。通过本节课的教学实践，我更坚定了政治课更应该秉持课堂是学生的思想，应该坚持批判性思维。

（该文原载于《中学教学参考》2018 年第 34 期）

立足批判性思维　加强区域认知

——“能源资源的开发 第二课时”教学实践案例

赵宏霞

一、问题的提出

批判性思维直译于英语中的critical thinking，关于批判性思维有若干种经典定义，均指向批判性思维的四种特质：独立思考、善于质疑、关注理由、合乎逻辑。针对高中地理而言，批判性思维是指教师及学生个体对于高中地理相关知识产生的背景、过程、机理、方法以及评价标准等是正确还是错误、是合理还是不合理进行思考后，所做出的一个调节性分析与判断，属于个性心理品质的范畴。[1]

高中地理学科核心素养主要包括人地协调观、综合思维、区域认知和地理实践力，它们是相互联系的有机整体。[2]人地关系的认知大致经历了以下四个阶段：崇拜自然—改造自然—征服自然—谋求人地协调。人地关系的认知过程，是对旧的人地观念进行批判性思考、不断完善、形成新观念的过程。在高中地理教学中，区域的认知过程，不仅是地理单个要素的认知和要素的综合过程，更是正确人地观念形成和完善的过程，需要批判性思维能力并能促进批判性思维能力。

本文以人民教育出版社出版的《普通高中课程标准实验教科书 地理3（必修）》中第三章第一节“能源资源的开发 第二课时”为例，探讨区域认知过程中地理学科批判性思维能力的培养。

二、教学实践

（一）课标要求

以某区域为例，分析该区域能源和矿产资源的合理开发与区域可持续发展的关系。

（二）教学目标

（1）理解山西省构筑三条产业链的资源条件及意义。

（2）理解山西省能源的综合与利用、产业结构调整和环境防治的关系。

（3）理解山西省工矿区生态环境建设模式，学会知识迁移，为我国其他工矿区生态环境建设出谋划策。

（4）通过阅读图表、资料，分析能源资源开发过程中存在的主要问题和相应的整治措施。

（5）通过具体问题的讨论，学会因时、因地分析地理问题。

（6）通过生生交流、师生交流，培养学生良好的地理批判性思维。

（7）理解能源资源开发与区域可持续发展的关系，将地理核心素养之“人地协调观”和“区域认知”落在实处。

（三）教学重点

（1）山西过去煤炭能源基地建设措施的现实意义。

（2）山西环境问题的防治措施。

（四）教学难点

（1）山西过去煤炭能源基地建设措施的现实意义。

（2）山西煤炭综合利用过程中产业链的构建。

（3）山西产业结构的调整措施。

（4）以山西为例，理解人地关系发展历程。

三、教学过程

【复习导入】

上节课一开始，围绕山西煤炭能源基地建设，我们讨论了很多问题。山西成为全国煤炭能源基地背景原因有很多；首先取决于山西自身煤炭工业区位条件非常好；20世纪80年代的时候，采取的措施较妥当；取得的成就大(PPT展示)。

上着上着，就有同学表示不服气了。在大众心目中，提到山西，想到的仍然是煤老板。一个煤老板的背后，有许多辛劳的煤炭工人，有着被严重破坏的环境(PPT展示)。

因此，很多同学觉得以上这些结论，并不可靠。这是我收集到的"质疑的声音"(PPT展示)。概括起来，主要有以下三个方面(PPT展示)：

质疑一：山西"煤炭大省"的定位，错了吧？

质疑二：山西"煤炭大省"的建设措施，out了吧？

质疑三：山西"问题大省"的整治，没戏了吧？

为你们"会质疑"的精神点赞！今天呢，我们就围绕这些问题进行讨论。同学们需要发表自己的观点，关键是要有理由支撑自己的观点。

【新授】

(一) 质疑一：山西"煤炭大省"的定位，错了吧？

1. 学生会话

观点一："对"。论据如下：

依据材料编号1：中国能源安全的需求，国家政策的要求。在中国，政策因素对于人类活动的影响比较明显。

依据材料编号2：山西煤炭能源基地建设的自然和社会条件的确很优越。

依据上节课所学内容：山西通过煤炭能源基地建设，的确取得了很多成就。包括经济水平日益上升、基础设施日趋完善等(PPT 展示)。

观点二:“错”。论据如下:

依据材料编号 3:回首山西吕梁市的十几年发展历程:村庄塌陷、煤炭资源日益枯竭、经济增量倒数第一、工资都发不起……总之,吕梁市从“吕梁速度”到“问题多多”。

2. 教师引导深入讨论

师问:可持续发展包括三方面内涵:生态、经济、社会。吕梁市的问题呢?

生答:涉及生态、经济、社会三方面。

师问:放眼山西,环境问题有哪些具体表现?

生答:……

材料编号 4:山西人均收入(元)与部分其他省份人均收入对比——经济效益相对低下。

材料编号 5:中国与世界能源消费市场的差异?

根据资料提问:能源资源的分类方法有哪些?煤炭能源属于哪类?对于消费市场而言,更青睐什么能源?

根据资料提问:你知道中国有哪些著名的能源工程?(来自课本的依据:西气东输、西电东送、多个综合能源基地如东部沿海核电开发。江苏是山西煤炭的消费市场之一,但是 2016 年 9 月 8 日,亚洲最大海上风电场在江苏如东开建)

展示资料:2016 年 6 月 29 日新闻二十国集团能源部长会议开幕。

师问:这一切,都说明什么问题?

生答:能源消费市场在变化,山西煤炭能源基地建设,市场需求受到新的冲击,山西自身优势开始不断下降。

3. 小结

认为山西“煤炭大省”定位准确,理由主要有这些……认为山西“煤炭大省”定位错误,理由主要有这些……大家在陈述观点时,都非常注重用理由支撑自己的观点,为讲理的人点赞!陈述理由的过程中,条理清晰,逻辑严谨,为讲逻辑的人点赞。通过对话,山西“煤炭大省”的定位,并非充满荆棘,也并非铺满鲜花,机遇与挑战并存,鲜花与荆棘同在。在当时的背景下,建设煤炭大省,是一个明智选择。后面的路怎么走,怎么走好,山西的确出现了一些偏差,存在着许多困惑。

(二)质疑二:山西“煤炭大省”的建设措施,out 了吧?

措施一:扩大煤炭开采量?

1. 学生会话

观点一:“同意”。论据如下:如果继续扩大煤开采量,卖煤或者卖煤炭加工转换而成的产品,就可以提高经济效益、增加就业机会。

观点二:“反对”。论据如下:非可再生资源,开采一点少一点。所以不要扩大,避免吕梁地区的悲剧。

2. 教师引导深入讨论

(1)理论蕴藏量>勘探量>开采量。可不可以加大勘探,找到更多矿产然后持续开采?

(2)如果卖煤炭加工产品,有必要扩大煤炭开采量吗?事实上,现在山西有很多原煤并没有加工成产品就直接外卖了。

措施二:加强煤炭的加工转换?

1. 学生会话

观点一:“同意”。论据如下:加强煤炭的加工转换,与卖原煤相比,经济效益更高,运输压力更小。

观点二:“反对”。论据如下:卖原煤,与加强煤炭的加工转换相比,环境效益更高,对水资源需求更少。

2. 教师引导深入讨论

是否要把山西所有的煤加工转化成电和焦炭?实际生产中,山西不少地方仍在卖煤,有些地方已建成坑口电站。比较甲乙两地,推测一下二者自然社会经济条件的差异(见表1)?

表1　甲乙两地条件对比

	水资源数量	交通便捷程度	人口密度	科技水平	环境容量
甲(煤)					
乙(电)					

3. 小结

是否要把煤炭加工转化，要具体问题具体分析，因时制宜因地制宜！有些地方可以对煤炭加工转化，有些地方可能还是以输煤为主。随着时间的推移，甲地的某些条件改善了，也可能将煤进行加工转化。

措施三：提高晋煤外运的能力？也就是说要不要继续修建更多的运煤铁路专线？

1. 学生会话

目前向外输煤为主的地区，可以继续扩大晋煤外运能力。

如果是向外输电的地区，应该以完善电网为主，遵循因地制宜的基本原则。

2. 小结

看来，20世纪80年代采取的一些措施，30多年之后在山西大多数地区的确已经不适用了。

措施四：在过去措施的基础上，如何进一步改进生产方式以获取更大效益？

1. 学生会话

加强煤炭能源的综合利用。通过气化、液化和干馏等方式对煤炭资源综合利用。

2. 教师引导深入讨论

（1）山西省煤炭资源的综合利用过程中，构建了哪些产业链？（煤炭转化成焦炭其实早就有了，现在进一步加工成化工产品）

（2）产业链不是你想建它就能建！山西省为什么能构建以上三

条产业链？

（3）山西省输出产品什么有变化？（煤-电、焦炭-铝制品、钢材等）不仅是从单一向多元发展，而且从初加工走向精加工、深加工。

（4）这种变化有何影响？看煤博士的自述。除了经济效益的提高外，还有什么效益？（各类工厂提供更多就业机会，各类产品满足人们生活生产各类需求，社会效益提高）

3. 小结

30 多年之后，观念的革新、技术的革新，山西走煤炭能源的综合利用之路，带来更好的经济效益和社会效益，山西为此还专门成立了煤炭利用加工学会。

技术的革新、观念的革新，山西单位 GDP 对环境的压力在减小。当山西经济总量提升的同时，大家会不会担心因此而造成的更为严重的环境问题？

（三）质疑三：山西“问题大省”的防治，没戏了吧？

1. 教师引导

山西诸多问题的防治，有没有戏，首先要找到：山西环境问题产生的根本原因是什么？有人说，根本原因是它有煤，好像很多地方资源越丰富，发展越落后。有些地区缺乏资源如长三角、珠三角，发展得反而比山西好。山西这样的地区进入了一个“资源诅咒”的怪圈。同意这个观点吗？（不同意）如果长三角、珠三角自己有矿产能源，可能发展得比现在还好。

山西环境问题产生的根本原因是——人地观念。20 世纪 80 年代，煤炭能源基地建设初期，人地观念比较落后；30 多年的发展，人地观念不断调整，我们有理由相信，山西长大了，就是鲁尔区。

教师提问：具体的防治措施有哪些？

（1）评价该露天采矿区生态建设理想模式图设计得怎么样？好在哪里？有无改进？成功案例：平朔煤矿。

（2）山西环境污染，有四大怪物：废水、煤矸石、煤泥、粉尘。如何打怪？大家讨论一下。

2. 学生讨论

（1）废水：沉淀净化。防止污水随意排放，提高环境效益；与此同时缓解缺水危机。

（2）煤矸石：发电、供热和充填露天矿坑及塌陷区。处理废弃物的同时，治理生态破坏问题，如露天矿坑及塌陷区。

（3）煤泥：干燥前无法使用，干燥后露天堆放，更加容易“遇水流失，遇风飞扬”。干燥后怎么用？

（4）粉尘：在南京，雾霾天气感觉很难受，何况山西粉尘含量那么大，该怎么办？减少粉尘排放量，植树造林，吸烟滞尘。净化大气的同时发展了林业。来看成功案例。

3. 教师引导深入讨论

能否借鉴世界其他地区的成功经验，在治理环境问题的同时，预防环境问题呢？

（1）对原有的重化工业进行调整，使其产品向深加工、高附加值方向发展。（构建三条产业链，提高煤炭能源综合利用技术）

（2）大力发展农业、轻纺工业、高新技术产业和旅游业，降低重化工业的比重。

（3）整理一下思路。山西原来以重化工业为主，与之相对应的概念是什么？所以要发展轻工业。山西的轻重工业都以传统工业为主，与传统工业相对的概念是什么？传统工业与新兴工业都属于第二产业工业，与第二产业相对应的概念是什么？山西一、二、三产业多业并举，构建合理的产业结构，发展经济的同时，缓解“一煤独大”的重化工业带来的环境问题。

（4）具体案例展示

① 发展农业。我们来看看山西的特色农产品，有哪些好吃的？具体来看，这些特色农产品分别来自什么农业部门？

② 发展高新技术产业。面临的瓶颈有哪些？资料：2017 年山西省前 10 名大学排行榜人才储备差，人才流失多，环境质量差……相对而言，哪个城市科技教育水平比较高？成功案例：太原市国家级高新技术开发区。

③ 发展第三产业，如旅游业。对山西发展旅游业条件进行评价。在你心中，山西旅游资源丰富吗？先来回顾一下山西的悠久历史，再来看个宣传短片。光有旅游资源，旅游业未必发展得好，还需要哪些条件？（完善基础设施、提升服务理念等）

教师提问：你对山西发展还有什么建议？一个区域的综合整治，的确需要有创意！大家有好的创意吗？加拿大北部城市用废弃矿井养鱼、俄罗斯废弃矿井成旅游奇观、南京牛首山佛顶宫地下宫殿原本是深地矿坑。

4. 小结

只要想办法，环境问题一定有缓解的措施，怕就怕你不想办法、听之任之。从听之任之到想方设法，根本原因在于人地观念的转变。

【总结】

由于对上一节课的“结论”有质疑，所以诞生了今天的这节课。我们围绕山西重点讨论了三个问题：对山西煤炭能源基地的定位、建设、防治理解更为深入。大家还有什么问题要继续讨论吗？在讨论、辨析的过程中，大家“会质疑、讲理由、讲逻辑”。其实这是一种很珍贵的思维——批判性思维(critical thinking)。它让我们学会思考，明辨是非，并做出明智的决定。当然我要友情提醒大家，批判性思维并不是为了找出他人的错误，从而与他人对话时充满火药味，而是让我们更理性地看待问题，改善自己的思维品质。

最后，我推荐一部非常棒的纪录片《飞越山西》，它从自然地理、人文地理、转型发展三个方面客观详实地介绍了山西。如果大家感兴趣，可以仔细欣赏一下。我们共同期待山西从今日的“晋善晋美”走向未来的“尽善尽美”。山西可以，其他能源基地同样可以！

四、教学反思

基于地理批判性思维的课堂教学设计，应该如何进行？通过这节课的备课、执教过程，我认为应该遵循以下四个原则。

（一）地理性

这是一节地理课。地理课堂可以承载的东西很多。本节课侧重训练的思维是“批判性思维”，与此同时，地理学科的读图分析等基本技能和综合思维、区域视角、人地观念等核心素养也不可忽视。因此，本节课上，出现大量带有地理学科特色的地理图像、视频、文字、表格。

（二）冲突性

质疑，基于冲突。没有冲突则没有质疑。因此本节内容的第一课时学习，主要从“山西成为全国煤炭能源基地的背景原因、山西自身煤炭工业区位条件、20 世纪 80 年代的时候采取的措施；20 世纪 80 年代以来取得的成就”四个方面进行。当第一课时结束之际，学生对于山西的认知，依旧有“煤老板”“穷”“脏”的最初印象。在此基础上，学生将自己对山西发展的疑惑表达在纸上。老师将学生的疑惑加以概括总结，提出第二课时的主要学习任务，即思考以下三个问题：(1) 山西“煤炭大省”的定位，错了吧？(2) 山西“煤炭大省”的建设措施，out 了吧？(3) 山西“问题大省”的整治，没戏了吧？

（三）开放性

通过不断试讲，具体问题的设计也在不断微调(见表 2)。

表 2　问题设计的调整

原来的问题设计	后来的问题设计
山西省煤炭资源的综合利用过程中，构建了哪三条产业链？	山西省煤炭资源的综合利用过程中，构建了哪些产业链？
山西省构建以上三条产业链，需要哪些资源？	山西省为什么能构建以上三条产业链？
某露天采矿区生态建设理想模式图设计有哪些措施？有哪些优点？有哪些可以改进之处？	评价该露天采矿区生态建设理想模式图设计得怎么样？

问题设计得越开放，学生思维的空间就越大，越有利于学生用审视的态度对待地理事项。

（四）深入性

关于山西环境问题的整治，其中的一个问题是：过去的煤炭能源基地建设措施是否可以继续？在第一课时对三个措施有过具体分析，到了第二课时对第一课时的知识加以挖掘，深入讨论：(1) 要继续扩大煤炭开采量吗？(2) 要继续加强煤炭的加工转换吗？(3) 要继续提高晋煤外运的能力吗？(4) 在过去措施的基础上，如何进一步改进生产方式以获取更大效益？

关于山西环境问题的整治，另一个问题是：山西如何从根本上解决生态环境问题？在此基础上讨论：(1) 山西对原有的重化工业如何调整？(2) 农业八大种类的农产品，分别属于什么农业部门？(3) 山西发展高新技术产业面临怎样的瓶颈？(4) 山西发展旅游业的条件如何？(5) 综合整治有何新创意？

问题的不断挖掘加深，使得学生对于山西人地关系思想不断批判、修订，对山西的发展之路、区域认知也就愈加清晰。

总之，通过本课案例教学实践，在一定程度上促进了批判性思维的培养，但是不能希冀学生发生质变。批判性思维是核心素养的工具之一，应该成为一种常识教育，可以走进普通高中校本课程体系，系统培养学生的批判性思维。

参考文献

[1] 钱丽. 浅谈高中地理教学中批判性思维的培养[J]. 新课程学习(下)，2014(5)：12.

[2] 中华人民共和国教育部. 普通高中地理课程标准(2017 版)[M]. 北京：人民教育出版社，2018.

以批判性思维引领高中美术鉴赏教学的实践研究

——对于"什么是美"的推理

左永军

一、引言

美术创作是感性的，需要发散式思维；而美术鉴赏是理性的，需要批判性思维。当一位画家看到美景，赞叹不已，将感受融入绘画之中，这是感性，是发散式思维；当你看到画作，并说出这个作品为什么好时，这是理性，是批判性思维。因为你已经用证据来证明这个作品是好的。证据是否相关合理，结论是否正确暂且另当别论。

所以，学生在学习美术鉴赏时，老师有必要把批判性思维这个工具教给学生。

中华人民共和国教育部制定的《普通高中美术课程标准》(2017版)中将美术鉴赏列为必修课程，并在课程目标中提出："普通高中美术课程以立德树人为根本任务，通过以美育人，引导学生以自主、合作、探究的方式参与美术学习，学会在现实生活情境中发现、提出和分析问题，综合运用美术学科及跨学科知识与技能解决问题，增强社会责任感，形成高中生必备的图像识读、美术表现、审美判断、创意实践和文化理解等美术学科核心素养。"

课程标准中提出的自主、合作、探究的学习模式，与批判性思维中倡导的独立思考、小组讨论、深入挖掘能够相互对应，而发现问题、提出问题、分析问题、解决问题的能力培养与批判性思维中的质疑、提出假设、推理论证、得出结论也能够相互对应。发现、提出、分析、解决问题是需要工具的，这个工具就是批判性思维，一种科学、合理、严谨、自律的思维方式。

二、美之问的重要性

我校在高一年级上学期开设《美术鉴赏》课程，第一课的第一问就提出了“什么是美？”

这个问题提得很好。高一学生正值思想从懵懂走向成熟的关键时期，很多重要的东西在此时茁壮成长，比如价值观、人生观、世界观，而区分什么是美，什么是丑，对于一个人的三观树立有着重要的作用。趋向于美，会引导学生知道应该亲近什么，远离什么。但如果搞错了什么是美，将如同饮鸩止渴，越行越远。

“什么是美”这个问题虽然在美术课上提出，但这个问题绝不仅仅是个美术问题，它涉及人类文化的许多范畴，如历史、心理、道德、哲学等。在中学阶段，与这个问题相关的学科有语文、思想政治、历史、音乐、心理、美术。对于这个问题的认知也绝不仅仅只影响美术学科的学习。

在当前“小鲜肉”审美风行的状态下，有人将梁启超的名句“少年强则国强”缀上了后半句“少年娘则国娘”，因此我愿意花更多的时间来和学生讨论什么是美，更愿意在课堂的思辨中与学生一起通过理智的思考、层层的推理找到美的源头，审视美的变迁，检视当前审美的误区。

三、运用批判性思维推理什么是美

（一）对于“美是愉悦感”的辨析与质疑

上课时，不同班级学生对于“什么是美”这个问题的直觉答案出现频率最高的词就是“愉悦感”。学生回答有两种：“美是愉悦感”或者“美是能给人带来愉悦感的事物”。这两个答案看起来差不多，但实际却岔向了两条道路。

分析：答案一“美是愉悦感”，可以判定美是人类的心理。答案二“美是能给人带来愉悦感的事物”，可以判定美是事物，限定词为“给人带来愉悦感”。显然，心理和事物分属两个不同的领域，一个是主观的，一个是客观的。

分析后，再次请学生判断两个答案，学生很快认定美是人类的心理，是主观的，应该选择“美是愉悦感”。

学生正沉浸在获得正确答案的喜悦里，马上被老师随之而来的反问问愣住了，毒品可以带来愉悦感，你怎么看待吸毒这件事？或者说，你认为吸毒是不好的，但毒品带来的愉悦感是美的？茫然的学生们纷纷低下头，希望在书本上找到答案。

通过这个环节的分析，学生体会到了：辨析关键词、澄清陈述的涵义，才能更准确地抓住事物的本质，更清晰地表达自己的意思；任何概念都要置于理性的范畴内加以检省和判别，包括自己的言论，要质疑，寻找反例。

（二）对于课本文字的逻辑推理

教材第二段：“上古之时，人们便注意到了美好形象，某些事物或某些形式，喜欢的人多了，于是，便自然成为美的，而那些令人讨厌的便成为了丑的。随着一代又一代的口诵相传，便逐渐形成对事物的固定看法，这样，美便随之产生，美的标准随之形成。”

首先询问学生对这一段话的理解，核心意思是什么？有没有疑惑？

分析这一段话，抽丝剥茧，可以读出两层意思：一，因为美好形象喜欢的人多了，所以成为美的。二，因为代代相传，成为固定看法，所以美产生，美的标准形成。

仔细辨别之后，会发现这一段话只说明了美是如何产生的，美的标准是如何形成的，并没有回答“什么是美”。

运用批判性思维工具再来审视这一段话，又会发现新的问题。将文字中的前后关系罗列：

美好形象→喜欢的人多→成为美的→代代相传，形成固定看法

→美产生，标准形成。

学生发现了一个问题，美的标准是经历了很多代人之后才产生的，那么在开始时的“美好形象”是怎么判断是否美好的呢？

这个问题提得很好，一语道破了这一段话中的逻辑错误。所有的逻辑推理，目的只有一个：找出事物的真相。逻辑关系中最基本的原理就是因果，我们根据因果关系重新分析。

将以上的前后关系按因果关系重新排列，会出现如下结果(见图1)。

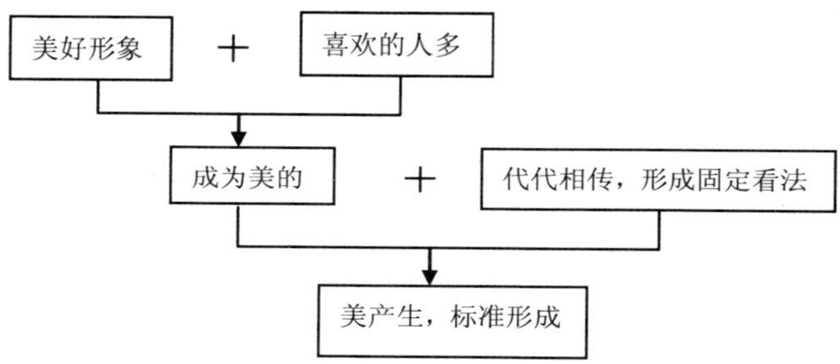

图1　因果关系的排列

第一层因果关系中，用前提1“美好形象”+前提2“喜欢的人多”，推理出结论“成为美的”，逻辑推理如下：为什么是美的？因为喜欢的人多；为什么喜欢的人多？因为它是美好形象。这是一个错误论证，因为这是一个循环论证，结论已经包含在前提之中。

类似的例子有：“小李是谁？老李的儿子。老李又是谁？小李的爸爸。”把这个小笑话用因果关系表示出来“因为小李是老李的儿子，所以老李是小李的爸爸”。结论已经包含在前提之中了。

第二层因果关系中犯了同样的错误，前提1“成为美的”+前提2“代代相传，形成固定看法”，推理出“美产生，标准形成”。这又是一个循环论证。

学生已经明白了，主动发现了从初始的“美好形象”到结果“美的产生，标准形成”又是一个大的循环论证。文中短短的两句话是一个大的循环论证中包含了两个小的循环论证，而循环论证是一种错误的逻辑推理。

老师同时指出文中的“上古之时”和“某些事物或某些形式”属于模糊的词语，容易产生误解，在表述时应尽量避免。

这个环节的分析，使学生明白了：(1) 循环论证的空洞之处，看似说明了原因，其实并没有，所以是错误的论证形式；(2) 教材也会出现错误，可以大胆质疑，小心求证。

(三) 用归纳推理寻找“什么是美?”

事物的存在不是偶然的，它们都有其自身的根源。我们不尽知每个事物存在的理由，但是我们知道它们的存在都有理由。作为理性的动物，我们用相当一部分精力来探寻这些理由。我们想知道“什么是美”。

首先判定，“美”是客观存在还是主观感受。

世间万物皆为生存长成各自的模样，獠牙、利爪、尖刺、长毛都是为了生存。但人类根据自己的喜好将其划分美丑，可见“美”是属于人类的主观感受，而非客观存在。学生一开始也提出“美是愉悦感”，这种认知属于心理范畴。

接下来，我们就应该从心理角度去探究美是什么。这里师生共同讨论，采用批判性思维中的归纳推理。

既然美属于人的心理范畴，我们可以将人们心里认为的美的和丑的事物列举出来，然后寻找两类事物之间最大的共同差异(见图2)，就可以找到判定美丑的标准，进而得知什么是美。

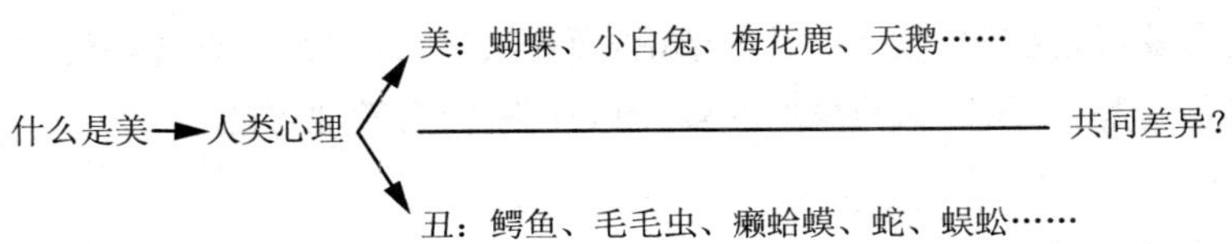

图2　两类事物列举

通过比较发现，人类觉得美的物种基本上都不会对人类产生威胁，而认为丑的物种对人类都是存在危险的。上下两类物种的共同差异在于对人类是否安全。

通过归纳推理，发现安全感在美的概念中起到了重要的作用，对于美丑的判断源于人类的心理是否感到安全，人类在漫长的几百万年的原始生存中，安全是第一位的需求，我们是否可以总结为“美源于安全感”？

“什么是美”这个问题的答案可否总结为“美即安全”？

通过这个环节的分析，教会了学生如何运用归纳法进行问题探究，归纳推理是从有限数量的事件推论到普遍的规律。但归纳法是有漏洞的，因为不可能将所有的样本都考察一遍。

（四）反思已经得出的结论，寻找反例和其他可能

面对“美即安全”的结论，学生提出了质疑：人们觉得老虎、狮子也挺美的，可是它们对人类来说是危险的，所以“美即安全”并不成立。

对于学生的质疑，老师表示赞赏，这是很可贵的精神，是寻找真理的正确思维。

于是，老师又提出了以下四个问题：

（1）“美即安全”这个结论是对是错？

（2）在“狮子危险”和“美即安全”两者之间能否找到合理的解释？

（3）仅有安全感是否就是美的呢？

（4）前面提出的愉悦感好像也很有道理，能否引入结论之中？

这个环节留下了四个问题，但是传达给学生的是：反思，任何结论都要经过检视，包括自己的结论；面对反例时，要深入思考，寻找合理的解释；尽量全面地思考问题，想想还有没有其他可能。

四、总结

这节课并没有画上完美的句号，由一个问题开始，最后以产生了四个问题结束。经过师生共同探讨，也没有得出“什么是美”的最终答案，留下了一个开放式的结尾（后续将继续讨论）。但在这个过程中，学生体会到了什么是质疑，什么是敢于挑战权威，什么是澄清观

念，什么是逻辑关系，什么是推理，什么是归纳，什么是反思，什么是开放思维。这些都是批判性思维致力于培养的学生思维品质和能力。

参考文献

[1] 中华人民共和国教育部. 普通高中美术课程标准[M]. 北京：人民教育出版社，2017.

[2] 董毓. 批判性思维原理和方法：走向新的认知和实践[M]. 北京：高等教育出版社，2010.

[3] 麦克伦尼. 简单的逻辑学[M]. 赵明燕，译. 杭州：浙江人民出版社，2013.

[4] 布朗，基利. 学会提问[M]. 吴礼敬，译. 北京：机械工业出版社，2013.